Archive zur Musik des 20. Jahrhunderts Band 7
Boris Blacher

STIFTUNG ARCHIV DER
AKADEMIE DER KÜNSTE

Lotte Lenya, Boris Blacher und Hans Scharoun in der Akademie der Künste, Berlin, 29. Juni 1960,
Foto: Marie-Agnes Gräfin zu Dohna

Archive zur Musik des 20. Jahrhunderts Band 7

Boris Blacher

Im Auftrag der
Stiftung Archiv der Akademie der Künste
herausgegeben von Heribert Henrich
und Thomas Eickhoff

wolke

Erstausgabe 2003
© Stiftung Archiv der Akademie der Künste, Berlin,
und bei den Autoren, für den Text von Nicolas Nabokov
bei Dominique Nabokov
Alle Rechte vorbehalten, Wolke Verlag, Hofheim 2003
Titelfoto: Boris Blacher (Foto: Unbekannt)
Redaktionelle Mitarbeit: Werner Grünzweig, Lynn Matheson,
Daniela Reinhold, Gudrun Schneider, Gillian Ward
Layout und Satz: michon, Hofheim
Gesetzt in der Simoncini Garamond
Druck: Fuldaer Verlagsagentur
Titelentwurf: Friedwalt Donner, Alonissos

Gefördert mit Mitteln der Bundesregierung
(Beauftragte für Kultur und Medien)

ISBN 3-936000-20-4

Inhalt

Boris Blacher, um 1952, Foto: Anny Breer

Vorwort

Der 100. Geburtstag von Boris Blacher ist Anlaß für die Stiftung Archiv der Akademie der Künste, den Komponisten, dessen künstlerischen Nachlaß sie seit gut einem Jahrzehnt betreut, mit einer Publikation zu ehren. Um so mehr ist ein solches Unternehmen gerechtfertigt, als die Person Blachers sowohl aufs engste mit den Geschicken der nach dem Krieg neu gegründeten West-Berliner, als auch – und dies zeigt die Unbeschränktheit und Weite des Blacherschen Blickes – mit der Ost-Berliner Akademie der Künste verbunden war, und zwar zu einem Zeitpunkt, als wohl kaum jemand von einer Vereinigung der beiden Institutionen, wie sie inzwischen Realität geworden ist, auch nur zu träumen wagte.

Blättert man durch die Akten, die sich im Verwaltungsarchiv der Akademie erhalten haben, so findet sich mancherlei, was Aufschluß zu geben vermag nicht nur über die Persönlichkeit Blachers, sondern auch über die spezifische Atmosphäre einer ganzen Epoche. Über einen Zeitraum von zwanzig Jahren erstreckte sich Blachers Tätigkeit für die Akademie der Künste, beginnend mit der Berufung zum »ordentlichen Mitglied« im Jahr 1955 und endend mit der Ehrenpräsidentschaft, die von 1971 bis zum Todesjahr 1975 währte.

Bereits 1949 fand in der Abteilung für Volksbildung des Magistrats zu Berlin – laut einer Aktennotiz des damaligen Oberinspektors der ehemaligen Preußischen Akademie der Künste – »am 16. August nachmittags eine Besprechung mit geladenen Künstlern und Amtspersonen des Magistrats statt, in der die Frage der Wiederbelebung der Akademie der Künste erörtert wurde.« In der Notiz ist weiter zu lesen:

»Über die Künstler der drei Kunstsparten (bildende Kunst, Musik und Dichtkunst), die künftig der Akademie als Mitglieder angehören sollen, entspinnt sich eine längere Aussprache. Es soll vor allem die Jugend zu Worte kommen. Prof. Höffer nennt für die Musik vor allem Boris Blacher, E. Pepping.«

Es vergingen noch sechs Jahre, ehe der Senator für Volksbildung, Joachim Tiburtius, mit Brief vom 25. April 1955, Blacher anläßlich der Neugründung der West-Berliner Akademie und der Vorbereitung ihrer ersten Mitgliederversammlung zum ordentlichen Mitglied berief:

»Da Ihre Mitwirkung in der Akademie der Künste von größter Bedeutung und Wichtigkeit ist, möchte ich Ihnen die Bitte unterbreiten, der Berufung als ordentliches Mitglied in der Abteilung Musik der Akademie der Künste Ihre Zustimmung zu geben. Ihre Zustimmung wird mir besonders wertvoll sein; von dem Gremium der 53 ordentlichen Mitglieder hängen die Zuwahlen als höchstes Recht jeder Akademie allein ab und damit auch Wirksamkeit und Schicksal dieser für Deutschland so wichtigen Einrichtung.«

Blacher nutzte sein Amt sogleich zur Wiederbelebung jener musikalischen Moderne, die in den Jahren des Dritten Reiches gänzlich zum Schweigen verurteilt war. Besonders setzte er sich dabei für das Œuvre eines 1933 ausgeschlossenen Mitglieds der einstigen »Preußischen Akademie der Künste« ein: Arnold Schönberg. In einer Sitzung der Musikabteilung am 19. Dezember 1955 brachte Blacher den Vorschlag ein, neben einer Kurzoper Busonis auch Schönbergs Monodram *Erwartung* im Konzertsaal der Hochschule für Musik zur Aufführung zu bringen. Zudem ließ er über den Generalsekretär der Akademie der Künste, Herbert von Buttlar, in einem Brief vom 15. August 1956 Gertrud Schönberg den Vorschlag unterbreiten, eine der Komponisten-Witwe »genehme« und von ihr »zu benennende Persönlichkeit« nach Los Angeles zu entsenden, »um die nachgelassenen Manuskripte und Arbeiten Arnold Schönbergs zu sichten, zu ordnen, in einem Œuvrekatalog zusammenzufassen und evtl. zu einer späteren Veröffentlichung vorzubereiten [...]«. Die Geburtsstunde nicht nur von Josef Rufers Werkverzeichnis, sondern auch der unter dem Patronat der Akademie der Künste erscheinenden Gesamtausgabe, die sich inzwischen ihrem Abschluß nähert!

Etwa ein halbes Jahr zuvor – am 3. Februar 1956 – war Blacher mit 17 von 29 Stimmen zum Vizepräsidenten der Akademie der Künste gewählt worden; seine Mitbewerber waren Friedrich Ahlers-Hestermann und Heinz Tiessen, die 8 bzw. 6 Stimmen erhielten. Dieses Amt sollte Blacher an der Seite des Präsidenten Hans Scharoun zwölf Jahre lang bekleiden.

Immer wieder mühte sich Blacher, auf kultureller Ebene die Frontstellung zwischen Ost- und West-Berlin aufzulockern, wozu zweifellos die persönliche Freundschaft mit Paul Dessau nicht unwesentlich beitrug. 1960 zeigte sich Blacher aus ästhetischen Gründen zwar noch skeptisch gegenüber der Idee gemeinsamer Konzerte der beiden Berliner Akademien; im Protokoll einer Sitzung der Abteilung Musik ist diesbezüglich zu lesen:

»Herr Blacher ist der Meinung, daß solche Konzerte nicht publikumswirksam sind und eine schlechte Presse hätten, da die Komponisten der West-Berliner Akademie in Ost-Berlin nicht verstanden würden, in West-Berlin man dagegen die ostdeutschen Komponisten für etwas rückständig halten wird.«

Doch seit Blacher 1966 zum korrespondierenden Mitglied der Ost-Berliner »Deutschen Akademie der Künste« gewählt worden war, kam es zu einem fruchtbaren Dialog auf institutioneller Ebene. Daß dabei auch heikle Fragen nicht ausgeklammert wurden, zeigen die Bemühungen, über Konrad Wolf, den Präsidenten der Ost-Akademie, eine Ausreisegenehmigung für den Schriftsteller Peter Huchel zu erwirken, die schließlich auch erteilt wurde. In Blachers Dankschreiben an Konrad Wolf vom 15. Februar 1971 heißt es:

»[...] die Nachricht, daß die Regierung der Deutschen Demokratischen Republik Peter Huchel, seiner Frau und seinem Sohn die Ausreise nach Italien gestattet, hat mich außerordentlich gefreut. Ich bin sicher, daß diese Übersiedlung, die sich Peter Huchel so stark gewünscht hat, seiner Gesundheit und seiner Schaffenskraft zugute kommen wird.«

Konformer Mainstream lag Blacher fern. Im Zentrum seiner künstlerischen Ambitionen standen die musikalische Vielfalt und das Experiment im technischen Zeitalter. So bestach Blachers Wandlungsfähigkeit immer wieder, unter anderem auch anläßlich eines Kompositionsabends in der Akademie unter dem Motto »Mensch in der Technik«, der – so Werner Oehlmann am 5. Oktober 1962 im *Tagesspiegel* – »durch reiche Varietät der Eindrücke, die vieles aus der Musikentwicklung des Jahrhunderts anklingen ließ« fesselte. Berlin, das, wie Blacher einmal meinte, »schon immer eine Stadt der Experimente« gewesen sei, bot mit seinen Kooperationsmöglichkeiten zur Technischen Universität einen willkommenen Aktionsradius für den Komponisten.

Im Jahr 1968 wurde Blacher zum Präsidenten der Akademie gewählt, so daß seine Aktivitäten zusehends auch in politischem Licht erschienen. Blacher suchte den Kontakt zu Politikern nicht nur aus künstlerischen Erwägungen, sondern auch aus pragmatisch-ökonomischer Notwendigkeit im Zuge knapper werdender finanzieller Ressourcen, die sich auch auf die Akademie-Arbeit auszuwirken drohten. So erhob er gegenüber dem Senator für Wissenschaft und Kunst, Werner Stein, am 10. Februar 1970 eine Forderung, die an Aktualität nichts eingebüßt hat:

» [...] mit ernster Sorge sehe ich schon seit geraumer Zeit die sich ständig erschwerenden Bedingungen, unter denen die Akademie der Künste zu arbeiten genötigt ist. [...] Soll die Akademie der Künste nicht das, was sie bisher erreicht hat, verloren geben, sondern im kulturellen Leben Berlins auch weiterhin eine auch nur begrenzte Wirksamkeit entfalten, so müssen ihr auch Mittel zu Gebote stehen, die es ihr ermöglichen, ihre ihr vom Staat und aus sich selbst gestellten Aufgaben zu erfüllen.«

Blacher war wahrscheinlich eine der letzten Figuren des Berliner Musiklebens, die respektable schöpferische Tätigkeit mit kulturpolitischem Elan, intellektuelle Schärfe und ironisch gefärbten Eigensinn mit der Fähigkeit zum weiträumigen Agieren zu verbinden verstanden. Darin vergleichbar war ihm sicher der Komponist und Organisator Nicolas Nabokov. Wie Blacher, mit dem er viele Jahre eng befreundet war, hatte er einen russischen Bildungshintergrund; doch setzte er nach der Emigration im Jahr 1919 seinen Weg über Deutschland hinaus nach Frankreich und schließlich in die USA fort. Nach 1945 war er im Auftrag der amerikanischen Regierung am Neuaufbau des Musiklebens in Deutschland beteiligt und leitete von 1964 bis 1966 die Berliner Festwochen. Auch Nabokov war Mitglied der Akademie der Künste, und auch er wäre 2003 hundert Jahre alt geworden. Die Aufnahme seiner Hommage an Blacher in unser Buch mag so nicht zuletzt als kleine Würdigung seiner Person verstanden werden.

Verschiedene Personen haben das Zustandekommen des vorliegenden Buches ermöglicht. Unser Dank gilt zuallererst den Autoren der Beiträge. Besonders sind wir Frau Gerty Blacher-Herzog verpflichtet, die das Entstehen des Bandes mit regem Interesse verfolgt hat, sowie Frau Dominique Nabokov, die uns den Text ihres Mannes sowie ihre Photos in großzügiger Weise zur Publikation überließ. Für Hinweise und Ratschläge haben wir weiter Herrn Dr. Harald Kunz sowie Frau Anke Nikolai (Boosey & Hawkes / Bote & Bock) zu danken.

Heribert Henrich
Thomas Eickhoff

Boris Blacher
Nicolas Nabokov

Boris Blacher, or more properly Boris Eduardovitch Blacher, his wife, Gerty Herzog, and I met under unique, extraordinary and unforgettable circumstances. In mid-August 1945, I had arrived by jeep to an as yet undivided, still smoldering heap of rubble called Berlin. I was a civilian employee of the War Department with the »assimilated« rank of a colonel and wore a military uniform. I had signed a year's contract and was to join the Information Control Division (ICD) of the American Military Government of Germany known as OMGUS.[1] Although my »assimilated« rank was that of a colonel, I was told that soon I would become an »assimilated« brigadier general. Being by nature an easily assimilable, but strictly civilian person, I did not have the faintest idea as to what all these »assimilations« were worth. I assumed, not incorrectly, that each upgrading represented an increase in salary, but what it amounted to in the complex hierarchy of the American military brass, was a mystery to me.

My GI driver, a native of Hamburg, explained to me that *all* »civs« in uniform, whatever their rank, were »lumpfish«[2] and that any kind of »assimilated« upgrading was sheer nonsense, or in German, pure »dreck«. OMGUS was just what it sounded like onomatopoetically: a sprawling, para-military bureaucratic octopus, replete with nonsymbiotic sinecurists, that together with its Soviet, British, and French counterparts was supposed to govern the wreck the victorious allies had inherited from Hitler's *Götterdämmerung*. The rule of the allied octopuses was to be severe, but just, and cautiously humane – meting out punishment only to those natives who had in one way or another actively collaborated with the Nazis – in other words, with at least 50 % of the German population (Boris Blacher's figure came closer to 90 %). The four octopuses, among themselves, were to be on friendly terms. They were to work in diligent concord and harmony and govern as efficiently as possible the people and the land they had conquered. Incidentally, the term OMGUS was an afterthought. Originally our military government was to be called differently, something like OMGUT or AMGOT. But someone tipped off General Eisenhower's aides and explained that this earlier term had unpleasant odoriferous

Die Veröffentlichung des Textes erfolgt auf der Grundlage einer Kopie des handschriftlich korrigierten Typoskriptes (Stiftung Archiv der Akademie der Künste, Boris-Blacher-Archiv 1.69.295 und 534).

1 Office of Military Government for Germany (United States).

2 *Cyclopterus lumpus*, Seehase, ein Fisch, dessen Fleisch als wenig schmackhaft gilt und dessen Rogen zur Herstellung von Kaviarersatz verwendet wird.

11

connotations in the Turkish tongue (it meant manure, or excrements). So the good general, ever ready to please an ally, agreed to the proposed change of term. At the end of a staff meeting, he was supposed to have exclaimed: »Oh, shit!… change the G.D. thing to whatever you want and forget about it.« The Information Control Division was in turn divided in subsections, one of which concerned itself with the control of music, theatre and film. This is the section I joined as its vice-chief. But while my colleague »lumpfishes« in uniform were to deal with these variegated controls in the American Zone and sector of Berlin, I was to be available to the ICD chief on the loftier, so-called »quadripartite« level for discussions and general dealings with our counterparts in the Allied Government of Germany. I was given as an aide a young lieutenant highly skilled in such military arts as efficient black-marketeering, and a mid-seasoned, diligent WAC[3] secretary, a dedicated art lover who pasted hers and my office walls with van Gogh postal cards including the »earful« and earless portraits of the master.

It is into this decorated office that one morning in September 1945 walked a thin man dressed in black, bearing an OMGUS pass. He had gentle, searching eyes and a civilized German accent. He said that his name was Josef Rufer, that he was an Austrian musicologist living in Berlin, and that he had been a close friend and a faithful disciple of Arnold Schoenberg. He brought me a few copies of a new music magazine called *Stimmen*,[4] which he and a group of his friends, among them Hans Heinz Stuckenschmidt, whose name I had known from before the war, had just started to publish. I seem to remember that he also asked me to forward a letter to Schoenberg in Los Angeles via the A.P.O.;[5] the German post abroad had not yet begun to function. I, on the other hand, asked him eagerly about what sort of composers and performers were around in Berlin. In a way, it was part of my ICD duty, but mostly the question was purely egotistic. I was eager to establish contact with, or rather to find an inlet to, the world of music after months of doldrums with the American military establishment.

This is when I heard for the first time the name of Boris Blacher.

»Yes«, said Rufer, »Boris Blacher is an excellent, a brilliant composer, already well known in Germany and, to a certain extent, in England. He is also a charming, highly educated and most intelligent person… Yes, he lives in Berlin, in the Schützallee, in walking distance of OMGUS headquarters… His wife is a pianist.« He added that Blacher had always been a dedicated anti-Nazi and his wife was half-Jewish. »Should I bring him to your house?« asked Rufer, »because I am sure you would enjoy meeting him.«

I replied that we'd better arrange some sort of small gathering of German musicians at my billet in Dahlem, which I was then sharing with two friendly colonels and a perpetually drunken »civ« in uniform.

»Of course«, I added warily, »I wouldn't like to meet any ex-Nazis... but neither would you, I suppose?« and I smiled at Rufer. He smiled back and promised to contact me in a few days to arrange for the meeting. We chose a tentative date and I marked it on my calendar. While leading Rufer out of the OMGUS labyrinth, I asked him »But from where does a German composer get himself such an unusual given name? Boris is after all a purely Russian saint's name.«

»Oh, but didn't I tell you that Boris Blacher is a Russian émigré?... he came to Germany in 1922... but from very far... from Kharbin. I believe he still lives with an émigré's Nansen passport.«

I was elated!... A *confrère*! A Russian composer; an émigré like myself. Probably a Balt like my grandmother and like so many of my relatives. To me Balts had always seemed to be people of a higher cultural standing than, for example, White Russians, or Lithuanians, or average Germans. They were a bit Nordic, but culturally mollified by an ancient tradition of belonging to the international trade routes and to world commerce. Hadn't Riga and Reval been Hanseatic towns, before the Russian grab? They also had some of the oldest and best universities of the European North. And weren't Schlegel and Hamann born Balts? I did not think of the barons and counts that infested the Russian, Prussian and Austrian courts – those limp descendants of the fearsome Teutonic knights – although quite a number of them had, in turn, become civilized and scholarly and were equally mollified by intense crossbreeding with Russian, French, English, German and other aristocratic and non-aristocratic males and maidens. I thought mainly of the average *Bürger* of those lovely, neat Baltic cities, from the baker to the banker and from the university freshman to his professor. They, or at least many of them, have been a model of orderliness, of tolerance, and of good housekeeping for several centuries. And I surmised that Blacher must probably belong to one of those Baltic *Bürger* families, some of whom adopted Russian customs and gave their children pretty Russian saint's names, like Tatiana, Nikolai, Andrey and Boris.

Boris Blacher und Nicolas Nabokov, um 1970, Foto: Dominique Nabokov

Rufer called up as promised a few days later. We made a definite date for the small party. I got my two colonels out of the way and the civilian drunk out of town. I had the billet's beautiful Blüthner grand freshly tuned and asked the housekeeper to turn the afternoon tea party into a meal-like affair. It was quite an event! Contrary to rules and regulations of our octopussian brass, I was receiving a group of professional German musicians (still referred to as *Krauts* by some of our military), at an American officer's billet! And I did not even bother to ask permission from my chief, General McLure, which, according to regulations (soon thereafter lifted), I should have done.

I should unfortunately mention an important and a most lugubrious detail: While we (the American occupiers) lived in luxurious, requisitioned villas supplied by all the goodies and foods our commissaries and PX's[6] could provide, the Germans, our neighbors nestled in bombed out, damp and unheated homes with whatever furniture they were able to save from the bombings' fires. Their diets were on the starvation level and their clothing was minimal. Many facilities were out of order and for any kind of repairs, the Allies had first-call priorities.

The usual Pavlovian reflex to this situation among the more boorish Americans was: »Well, they have asked for it...« Indeed they had, or at

6 Post Exchange. PX nannten sich die Verkaufsläden der amerikanischen Streitkräfte.

14

least a part of them had. Still, to see it all, to be neighbor and witness to this human degradation and misery, while being oneself so well provided for by the »Mother of us all« – the U.S. Army –, was not only shocking, but at times insufferable. This is why, or at least *in part* why I looked so much forward to my first meeting with the German musicians. Maybe, I thought, I will be able in the future somehow to help, to share, to show sympathy and compassion.

One of the persons who came into my billet's living room on the appointed afternoon, was so different from what I had expected, so completely »other« than his five or six companions, that it is worth attempting a detailed description of my memory's first snapshot of Boris Blacher. He was much more than a »thin man«. He was razor thin, or rather, he was a kind of platonic form of thinness itself.

There are people who walk around like paintings, either single or multicolored. Others, much more rarely, are like drawings. And not like drawings flung on paper in broad expressionist strokes, but rather like those infinitely sensitive, single-lined ones, for which the pencil has to be sharpened up to a needle's point, the kind of drawings Matisse or Klee did so well, and sometimes Picasso. So was Blacher from head to foot: a drawing of himself come to life. An angularly, awkwardly walking drawing. A drawing in a baggy suit, from whose much-too-long sleeves stuck out bony and twitchy fingers.

Although I know that some of his biographers refer to him as a »brunet«, to me he appeared an albino blond. » какой он белобрысый « (How fair-haired he is) – I said to myself in Russian. I may, of course, have been wrong, maybe indeed he was a »brunet«, but to me there was something unmistakably albinoish about him. Something of a silver-haired-and-feathered bird. An exotic Australian crane, a baby flamingo, or one of those tidy, neat and white little herons that stand on the shores of southern rivers with a quivering silverfish in their elongated, pinkish beaks.

His eyes were clear, sharp and smiling. But their smile was not perfunctory; it was not the put-on polite smile of an average guest at a party. No, it was a seeing smile, a smile that was a part of the drawing. It was an emanation of his »self«. A bit of shyness, a larger bit of irony and on top of it merriment, amusement. A thought went through my memory's mind, a thought that usually arises when I see unusual faces:

»This face is unique,« I said to myself. »It is unrepeatable, there is no other face on earth that could even remotely be like his.«

It is not true that *all* people have unrepeatable faces. Most people conform to types, and these in turn to some sort of prototype, to an »Ur-Type« of Jungean or Chaplinesque lore. Only rarely does one come across unrepeatable unique faces. And when one sees, or meets such faces, like for example Stravinsky's, or Joyce's, or Robert Oppenheimer's, or Picasso's, or Boris Blacher's, or I presume Walt Whitman's – one feels infinitely grateful to mother nature for having succeeded in her complex and cumbersome process of species selectivity to create something totally out of the ordinary, fully and irrevocably un-typological. Those faces are like unrepeatable works of art; like Giorgione's *Tempest*, or a Shakespearean sonnet, or Pamina's aria in *The Magic Flute*.

And usually then, and observably so in Blacher's case, the gestures, the manners, the movements of the body, the form, and intonation of speech conform to the requisites of this kind of indomitable unrepeatability.

Boris Blacher was a person of admirable learning and extraordinary force of character. The learning and most of his skills as a pioneering musician of our century were obtained empirically and, as he once told me, largely autodidactically. Not that he did not go through a thorough schooling in his early years in Berlin, but what he retained from that schooling, or training was only an infinitesimal part of his craft and his skills. In other words, he was not as total an autodidact as were, for example, Schoenberg or Stravinsky (ah, those laughable few lessons Igor Stravinsky took with Russia's greatest musical beard, Rimski-Korsakow!!), but in his art he was fully dependent, not on what he had learned at the Berlin *Hochschule für Musik*, but on what he had discovered by himself in the vast sea of music and music's history that surrounds a dedicated and open-minded musician's life. Like in the case of quite a number of composers – Milhaud, Prokofiev, Stravinsky – Blacher's music resembles his *physis*. His music is draughtsmanlike, it is razor-thin, economical in its means of expression, its contours are always clear and sharp, its rhythms edgy and miraculously asymmetrical, yet thoroughly original and in a way systematic. And they are always lively and gamy. Indeed, when hearing his music one feels that he had great fun composing it but had composed only an admirable

16

skeleton, leaving it to the listener – whatever his or her imaginative capacities – to fill it out (the skeleton) with meat, muscle and fats.

And each piece he composed, even the smallest one, has always been his way of solving a problem, or finding a way of adapting for his own use other people's puzzles. He often said that composers should compose the way that procures them most pleasure or fun. He never settled on any particular system, but used all of them in his own way and invented new ones for his own pleasure and use. He would stick his mind's nose into dodecaphonic serialism and out of it would emerge as (totally) a Blacherish piece – quite unorthodox for the 12-tone pedants – as his delightful *Music for Cleveland*. He would work his way to the bottom of the problem of *musique concrète* (for whatever that odd term is worth), or the possibilities of making music with electronic sounds. In the *Abstrakte Oper Nr. 1* one would also find a purely Blacherish way of toying with syllabic structures bereft of syntactic cohesion and of meaning but related in an uncanny way to certain human situations, or states of mind. What amused him enormously was to pick up a piece of musical dust, tidbits of commonplaces, such as the Clementi Theme of his *Variations for Piano and Orchestra*, or the hackneyed Paganini Theme and build out of them, or with them, or, even better, by gaming with them in an astute and skillful manner most attractive and highly personal musical structures. In this particular case, Blacher was very close to Stravinsky whom he so greatly admired. Stravinsky also loved minimal bits of musical dust and also liked gaming with it. Vide the two minor thirds that form the structural base for one of Stravinsky's most solemn works: the *Symphony of Psalms*.

And like Stravinsky, Blacher had – one feels it, at every moment – great fun manipulating these tidbits of musical matter, shaping them, adorning them with and fitting them into intricate metric and rhythmic inventions or polyphonic devices and ultimately making the listener realize that much good music *can* be done with minimal means, with very few sounds provided they are skillfully manipulated and firmly structured. He seems to be trying to prove that he, or music, does not necessarily need the huge thematic, harmonic and instrumental »apparatus« that had infested the hardware storage house of music in the late 19th and early 20th century.

Blacher was a living encyclopedia of music's tortuous and complex history. When needed, he used this knowledge brilliantly, but what excited and amused him was to deal in his own personal way with the variegated pioneering efforts that were taking place around him during his lifetime, or what was his time's music in use by the people around him.

Blacher did not play a single instrument – at least I never saw him touch one – yet he knew to the utmost detail the technique of all available and unavailable instruments. He knew what harmonics were possible on a contrabass and what would be the proper fingering of a fast, jazzy passage in a work of his for the clarinet for example.

Nothing seemed to be a problem for him. Whether to compose a libretto for a friend out of an uncouth 19th century Russian drama by Ostrovsky (which he did for me), or to experiment with electronic or concrete sounds. »It is easy,« he would say in his amused, ironic way, »it doesn't take long to learn. Come to me for several days in a row and I'll show you how to deal with it.«

There is no genre of music he did not touch or deal with: comic and dramatic opera, operetta, ballet, jazz, film music, aleatoric music, electronic music and *musique concrète*, and of course all forms and types of symphonic and chamber music. He wrote for piano, for the voices and for tricky groups like, for example, the *Blues, Espagnola and Rumba philharmonica* for 12 celli. And it is interesting that often the incentive to write a new piece came by sheer accident. For example he did the 12 cello piece for the cello section of the Berlin Philharmonic Orchestra because one day a cellist hiked a ride with his daughter, Tatjana, and while being driven to wherever he was going asked whether her father wouldn't write a piece for his group of 12 cellists. As usual, Blacher at once obliged and wrote a piece, whose main *charme* resides in the fact that each one of the 12 cellists has something to do – to show off his technical skills and yet remain within the limits of his instrument.

Blacher invented a system of composition based on arithmetic changes of meter, rather simplistic in its mathematical terminology, but most effective for measuring time with orderly sound structures. He wrote in this system a delicious series of pieces for piano dedicated to his fellow composer friends (one of which was me) and used it in many of his compositions of the 1950s.

Blacher was not an ardent traveler. Or rather he did not like the actual process of traveling, but he did greatly enjoy visiting foreign and, to

Boris Blacher und Nicolas Nabokov, um 1970, Foto: Dominique Nabokov

him, new lands. He sat diligently on many advisory committees and was a clever and universally respected head of the Berlin Academy of Arts. But large, uncouth, ill-organized conferences bored him stiff. Yet he would never refuse his collaboration to a friend. And once one became Blacher's friend, one found in him the solid bedrock of indestructible friendship. In my organizational enterprises he always took an active part. He was a member of my C.C.F.[7] Committee for music and later an advisor of the Berlin Music Festival, when I ran it for a few years. He sat on my jury for the European prize for contemporary music in Geneva, where he and I together had a hilariously gay time. He came grudgingly to a festival I organized in Rome in 1954, and with enthusiasm to another one called East-West Music Encounter in Tokyo in 1961. He traveled and taught in Los Angeles and at Tanglewood and came several times to the United States to hear performances of his music and to read.

Blacher, as everybody knows, was for a very long time Director of the Berlin *Hochschule für Musik*. He was, I am told, a brilliant pedagogue. He never *imposed* upon his elected pupils his own style, but he demanded from them a complete and exhaustive knowledge of all possible compositional problems and techniques.

As a human being Blacher was incapable of telling a lie, nor was he capable of doing something he did not like or want to do. He was an avid learner and a possessed reader. He had strong likes and dislikes

7 Congress for Cultural Freedom. Nabokov war ab 1951 Generalsekretär des C.C.F.

19

and hated all forms of sham, superficiality and societal claptrap. All his life he was amused by solving new problems of his art and craft and though being most of his life of fragile health, he never complained.

To me, as to many other friends of his, it is hard to speak about his music in a detached, »objective« way. His death is still too close and the wound is still open. Two things turn around in my mind every time I hear or think about his music. The first one is fairly simple. It can best be put in the form of a question. Here it is: To what nation, or musical »entity« does Blacher's music belong?

My answer is equally simple, but I believe important to those who are prone to accept as unchangeable worn out categories. Blacher's music, like Stravinsky's and Anton Webern's and many other composers' of today transcends national or ethnic boundaries. In fact, to me he is a living proof that these categories, born in the tumultuous rise of European populism and nationalism of the late 18th century have out-lived their use. They mean very little when applied to urban composers of today belonging to our modern industrial civilization. If they have not completely lost their meaning they have lost their usefulness in describing creative phenomena of our century, especially when they are applied to those of us, who belong or have belonged to the vast *Völkerwanderung* of the 20th century initiated by its tyrants.

Obviously one can see in Blacher's music influences of other com-posers and of their music, as one can see the influence of the *Ge-brauchsmusik* of his time. Jazz and Stravinsky's influence are unmistak-ably present in most of it. But all of this means little compared to the phenomenon taken by itself. When one asks »Is he a German or a Russian composer?«, the reply is »Certainly neither and certainly both.« He was Russian born, Baltic bred, but resided later in Ger-many, yet in his razor-thin transparent orchestration, he is also French and in his jazzy, syncopated rhythmic toying around with sounds he is black American. This is why we should stop, I believe once and for all, applying antiquated categories to creative musicians of our time. They are, especially in Blacher's case, misleading and devoid of meaning. He, like all of us, belongs to our modern urban, industrial civilization. One of his great admirers, Sir William Glock, at whose summer music school in Dartington in England Blacher taught for several years, used to say about him: »Boris is nobody's man – he's neither German, nor Russian and yet he is both, and yet much more because he is so much himself.«

The second point and the concluding one is more complicated. All his life Blacher was preoccupied with the problem of time, or rather with the fact that while the other arts – painting, or architecture – deal with time only in an analogical sense, music (like poetry) is constantly concerned with measuring time and memorizing and comparing in memory musically measured time segments. This is perhaps why to Blacher the element of rhythm – a *memorizable*, shock-producing rhythm – was so important. This is why so much of his music sounds ascetically skeletonic. As if the composer wants the *hearer* to notice the outer lines of sounds that measure time, in order to be able to remember better its flow that has been thus musically measured. In a way, Blacher seems to be saying that music is time measured by artfully-contrived, sparsely-used sound structures, that thereby acquire form and, analogically, meaning – nothing else, but perhaps just a little bit more.

Gerty Herzog-Blacher und Boris Blacher, Anfang der 1950er Jahre, Foto: Unbekannt

Gerty Herzog-Blacher im Gespräch
mit Thomas Eickhoff und Werner Grünzweig

Wenn wir im Rahmen dieses Gesprächs einige Stationen aus dem Leben Ihres Mannes beleuchten wollen, lassen Sie uns als Ausgangspunkt zunächst Ihre erste persönliche Begegnung nehmen – wie haben Sie Boris Blacher eigentlich kennengelernt?

Das Gespräch fand am 29. Mai 2002 in Berlin statt.

Ich studierte damals im Jahr 1939. Ich war siebzehn, ging zu Bote & Bock und sah eines Tages ein großes Poster mit seinem Konterfei. Die *Concertante Musik* war gerade uraufgeführt worden – mit riesigem Erfolg! Während der Premiere waren im Orchester einige Ungenauigkeiten passiert und Schuricht hatte das ganze Werk wiederholt, woraufhin es dann hieß: »Wegen des großen Erfolges!« Das war Blachers Paradegeschichte. Aber das Stück machte dann wirklich seinen Weg.

Hat es sich tatsächlich so zugetragen, jenes philharmonische – so Blacher einmal wörtlich – »Kuddelmuddel bei den Synkopen«?[1]

1 Vgl. Boris Blacher, »Neuland Rhythmus«, in: Josef Müller-Marein/ Hannes Reinhardt: *Das musikalische Selbstportrait*, Hamburg 1963, S. 412.

Ja, so war es. Als ich eines Tages eine Kadenz für ein Mozart-Konzert suchte, sah ich ihn und dachte: »Ach ...«. Irgendwie verliebte ich mich einfach in diesen Menschen, den ich überhaupt nicht kannte, von dem ich aber wußte – durch das Poster bei Bote & Bock – wer er war. Ich wohnte damals im Victoria-Studienhaus, einem Studentenheim, wo ich auch Lianne von Bismarck kennenlernte, die spätere Frau Gottfried von Einems, und erzählte dann dort – wie man das so unter jungen Mädchen macht –, daß ich Blacher gesehen hätte. Eines Tages kam dann eine Freundin und sagte: »Du, ich habe gerade einen Anruf bekommen, mein Freund sitzt mit Blacher im Romanischen Café, ich soll kommen und habe gesagt, ich bring dich mit!« Ich war schon im Bett, bin aufgestanden, und dann sind wir ins Romanische Café – und so habe ich ihn kennengelernt. Ich saß unter einem Bild von Goebbels, Blacher mir gegenüber, und die erste Sache, die er sagte, war: »Na, wenn man das sieht, kommt einem das Kotzen.« Das war damals im Grunde genug, um über die Klinge zu springen, und damit war für mich alles klar, denn: meine Mutter war Jüdin, und ich konnte deswegen auch nie an einer Hochschule studieren. Meine Eltern hatten mich nach Berlin gebracht, weil ich dort anonymer leben konnte als im Rheinland. So lernten wir uns kennen. Und wir haben den ganzen Krieg über eigentlich mehr oder weniger zusammengelebt. Meine Eltern durften nie wissen, daß wir befreundet waren – für ein junges Mädchen war das damals unmöglich –, sonst hätten sie mich sofort wieder nach Hause geholt. Und eigentlich durfte es sowieso niemand wissen, aber er kam dann oft mit mir nach Hause in die Ferien und war vor meinen Eltern für mich immer »Herr Blacher«, auch vor meinen Freunden. Daher spreche ich noch heutzutage immer nur von »Blacher«. Nach 1945, als der Spuk vorbei war, haben wir dann heiraten können, aber er ist immer »Blacher« geblieben.

Was für ein Leben führte er damals?

Er wohnte in einer ganz billigen Dachwohnung in Steglitz. Das Mobiliar bestand aus irgendwelchen Stühlen, die völlig durch waren und über die wir später – wenn wir Besuch hatten – Bretter gelegt haben, damit die Leute überhaupt sitzen konnten. Er rauchte ungeheuer viel, es gab einen riesigen Aschenbecher, der meistens überlief von Kippen, bis sich jemand erbarmte und das Ding ausleerte. Ein Flügel war da – ansonsten war es sehr arm eingerichtet –, aber für mich war es eine der schönsten Zeiten. Er war ein echter Bohèmien.

Welche Bedeutung hatte für Blacher das Judentum? Er hatte doch auch jüdische Vorfahren...

Ja, das kam aber erst später raus. Eines Tages wurde er ins »Rassenpolitische Amt« gebeten, hatte keine Ahnung, worum es ging, und als er zurückkam, sagte er: »Siehst du, jetzt sind wir verwandt.« Eine Dame, die mit einem Onkel oder Vetter in Reval ehemals befreundet gewesen war, von diesem jedoch verlassen wurde, wußte, daß Blacher jüdische Vorfahren hatte. Es waren Dissidenten, die zum christlichen Glauben übergetreten waren, von denen einer sogar Pfarrer wurde. All dies war im Zuge dieser Denunziation gespeichert worden.

Blachers Vater war Bankdirektor aus Revaler Kleinadel und sein Sohn trat 1919 – als die Familie in Charbin beheimatet war – unter anderem in Kontakt mit einem dort angesiedelten Emigranten-Orchester, für das Blacher Orchesterpartituren nach Klavierauszügen instrumentierte, so zum Beispiel auch Puccinis »Tosca«, wie Blacher in einer netten Anekdote geschildert hat...[2]

2 Ebd., S. 408.

Ja, er hat als ganz junger Mensch für das Opernhaus die vollständige Oper instrumentiert. Die Fassung ist aber aufgrund des ganzen Durcheinanders mit der russischen Revolution verschollen.

Er selbst bemerkte später, daß er beim erstmaligen Hören der Original-fassung über Puccini sehr erstaunt gewesen sei, weil sich seine eigene »Tosca«-Fassung eher in der Klangwelt Tschaikowskis bewegt habe[3] – sicherlich auch ein Indiz für die »russische Schule«. Als er 1922 schließ-lich nach Berlin kam, begann Blacher sich geradewegs zu einem »Kind der zwanziger Jahre« zu entwickeln, denkt man an die musikkulturelle Bandbreite jener Zeit…

3 Ebd.

Blacher kam ja mit seiner Mutter nach Berlin, nachdem die Ehe seiner Eltern in die Brüche gegangen war. Die Mutter wußte anfangs nicht so recht, in welcher Stadt sie sich niederlassen sollte. Zunächst wurde Paris angesteuert, wo es beiden jedoch nicht gefiel, und schließlich entschieden sie sich für Berlin. Die Mutter ging dann aber zu ihrem Bruder zurück nach Estland und blieb dort so lange, bis alle 1945 eva-kuiert wurden. Der Vater erwartete von Blacher, daß er einen vernünf-tigen Beruf ergreift und Architektur studiert. Nachdem er dieses Studium allerdings eine Zeit lang sehr ungern betrieben und deshalb beendet hatte, begann er schließlich Musik zu studieren. Der Vater strich daraufhin jede Unterstützung und ließ seinem Sohn keinen Pfennig Geld mehr zukommen. Blacher hielt sich über Wasser, indem er in Kinos spielte, Partituren schrieb für andere und so weiter. Er stu-dierte aber auch Musikwissenschaft bei Blume, Schering und Horn-bostel. Seine Situation war also nicht leicht. Außerdem hatte er mit sei-ner Gesundheit Probleme, er hatte ständig Tuberkulose.

So kam Blacher als musikalischer Arrangeur in Berührung mit dem Unterhaltungsmilieu der »Roaring Twenties«. Verstand er diese Gele-genheits-Jobs als finanziell zwar notwendiges, jedoch musikalisches »Übel«, oder spürte er gar eine Affinität zur sogenannten »U«-Musik?

Ich bin sicher, es hat ihm Spaß gemacht, auch wenn ich das natürlich selbst nicht miterlebt habe. Aber solche Sachen haben ihm immer Spaß gemacht. Und außerdem mußte er alles annehmen, um zu über-leben.

Gleichzeitig absorbierte er es für seine kompositorische Arbeit und ließ sich von Tanzrhythmen inspirieren…

Ja sicher. Rhythmische Dinge haben immer eine große Rolle für ihn gespielt. Leider wurde ihm immer der Vorwurf gemacht, daß das leichte Musik sei und die »deutsche Tiefe« fehle. Er hatte immer eine Beziehung zum Jazz, das hört man ja in seiner Musik, und er hat ja auch für das Modern Jazz Quartet geschrieben und später versucht, dort stärker einzusteigen, weil es ihm Spaß bereitete, aber es führte dann nicht weiter. Dieses Jazz-Element geht aber immer wieder durch seine Musik.

Wie kam er zum Jazz?

Das kann ich gar nicht genau sagen. Er hat vieles gehört, wir haben auch vieles zusammen gehört, später, als wir uns kennenlernten. Ich kann mir denken, daß er zu Dingen, die mit Rhythmus zu tun haben, einen besonderen Zugang hatte.

In den 1920er Jahren hat Blacher auch einige politische Parolen vertont: »Hinein in die rote Einheitsfront« wie auch andere sozialistische Gesänge. Wie kam er dazu?

Das war seine politische Einstellung.

Er kannte ja auch Hanns Eisler?

Ja. Sie begegneten sich aber erst, als Eisler aus Amerika zurückkam, soweit ich weiß. Zu ihm gab es aber keine so große Beziehung wie zu Ernst Busch, für den er ganz viele Lieder bearbeitet hat. Da gab es bei »Lied der Zeit« jede Menge Einspielungen. Ich habe die Aufnahmen alle mal dem Brecht geliehen und habe mir gedacht, die kriegen wir dann wieder.

Dem Brecht-Archiv?

Nein, ihm selbst. Bertolt Brecht besuchte uns einmal und sah die ganzen Platten – jetzt sind sie alle weg!

Was verband denn Brecht mit Blacher?

Ach, das war sehr lustig, das waren mehr so oberflächliche Plaudereien. Kennengelernt haben wir uns ziemlich bald nachdem Brecht zurückgekommen war. Brecht besuchte uns in der Schützallee.

Gab es zu Dessau eine engere Verbindung?

Ja, mit Dessau und Ruth Berghaus waren wir sehr befreundet. Das Haus Dessaus war ein Treffpunkt für Ost und West, da kamen Nono und Henze, und wir waren da auch. Auch war Dessau sehr viel bei uns, immer wenn er seine West-Berliner Besuche machte. Er ließ sich nie bremsen und die ganzen Vopos zitterten vor ihm, weil er sich wirklich nichts gefallen ließ.

Obwohl Blacher in West-Berlin eine herausragende Stellung inne hatte, hat er Kontakte in die DDR immer gepflegt ...?

Ja. Er hat versucht, all diese dummen Restriktionen zu umgehen und hat auch allen geholfen, dafür gibt es viele Beispiele. Es hat ihm selbst auch nie geschadet. Er hatte eine gewisse Courage und hat sich durch nichts beirren lassen. Eine Situation werde ich nie vergessen, ich glaube es war die Grundsteinlegung oder das Richtfest für den Theatersaal der Musikhochschule in der Fasanenstraße. Da wurden wir angerufen, und es hieß, es gebe große Krawalle von der Studentenschaft. Die Polizei war aufmarschiert. Wir sind ganz schnell in die Stadt gefahren, und Blacher hat den Studentenführer gesprochen und gesagt: »Wissen Sie was, lassen Sie das doch, das bringt ihnen doch gar nichts!«, gestattete den Studenten aber, ihre Parolen groß auf die Fenster zu malen. Und auf der ganzen Fensterfront haben sie dann in Ruhe ihre Parolen aufgemalt und waren völlig zufrieden. Der ganze Krawall war erledigt, weil sie nun erreicht hatten, was sie wollten. Blacher nahm ihnen den Wind völlig aus den Segeln und hatte immer sehr guten Kontakt zu der linken Ecke.

Er hat die Studentenbewegung somit intensiver wahrgenommen?

Ja, unsere älteste Tochter war auch mit drin.

Stichwort: Politische Restriktion, Autorität, Repression und die Auflehnung dagegen. Vielleicht machen wir noch einmal einen Schwenk zurück: Die zwanziger Jahre, der aufkeimende Nationalsozialismus wurden bereits angesprochen – wie hat Blacher selbst das Jahr 1933 erlebt?

In seinen persönlichen Lebensumständen ging es ihm wahrscheinlich besser, weil er schon mehr zu tun hatte, aber Genaues kann ich ihnen da auch nicht sagen. Daß die Nazis kommen würden, hat er sicherlich schon vorher geahnt.

In den dreißiger Jahren kam er auf Vermittlung von Karl Böhm an das Dresdener Konservatorium. Was führte Böhm und Blacher zusammen?

Blacher wurde aufgrund einer Vermittlung eines Agenten, des Managers von Böhm, engagiert. Es war nicht von sehr langer Dauer, weil er zu viel »Kulturbolschewistisches« unterrichtete, was nicht gerne gesehen wurde. Ob Böhm etwas von Blacher aufgeführt hat, weiß ich nicht. Wer damals seine Schüler waren, weiß ich auch nicht genau, mit einer Ausnahme: Herbert Kegel. Das Verhältnis zwischen Kegel und Blacher war sehr gut; Kegel hat später als Dirigent auch sehr viel von Blacher aufgeführt. 1939/40, also schon nach der Dresdener Zeit, wurde Gottfried von Einem Blachers Schüler,[4] vermittelt durch Johannes Schüler, seinerzeit Kapellmeister an der Staatsoper.

4 Zum Verhältnis zwischen Blacher und von Einem vgl. ergänzend den Beitrag von Thomas Eickhoff in diesem Band.

Welche Bedeutung hat Gottfried von Einem im Leben Blachers?

Das war eine ganz große Freundschaft. Rolf Liebermann nannte das immer »Blacheles-Reden«, wenn von Einem über Blacher sprach. Es war eine ganz besondere Beziehung, die man nicht mit der zu anderen Schülern vergleichen kann. Zunächst war es eine Vater-Sohn-Beziehung und dann eben eine ganz dicke Freundschaft.

Einen nicht zu unterschätzenden Umstand stellte sicherlich auch die Endphase des Krieges dar, in der Blacher und von Einem als eng Vertraute gemeinsam Bombennächte durchlebten?

Das spielte eine ganz große Rolle damals. Wenn man mit jemandem nicht politisch reden konnte und nicht auf einer Ebene war, hatte man miteinander nichts zu tun.

Wenn man die Aussage verschiedener Zeitzeugen richtig interpretiert, entstammte von Einem im Vergleich zu Blacher soziokulturell einem doch eher gegenläufigen Milieu – konkret formuliert: ein in Wagner-Begeisterung aufgewachsener Aristokraten-Sohn trifft auf einen kühl-intellektuellen Antiromantiker, oder...?

Blacher war gar nicht antiromantisch. Er liebte Tschaikowski über alles. Im Grunde war er ein großer Romantiker, was ihm von vielen nur nicht gestattet wurde, die ihn immer wieder in eine bestimmte Ecke geschoben haben.

Sie meinen also nicht, daß bei von Einem und Blacher zwei völlig unterschiedliche Welten aufeinander gestoßen sind, welche nicht unbedingt miteinander korrespondierten?

Äußerlich ja, aber im Grunde waren beide in ihrem Wesen Aristokraten. Sie heckten immer fürchterliche Dinge aus, sie tranken natürlich beide gerne über ihren Durst, dann wurde alles Mögliche an Presse beleidigt – wie die kleinen Kinder manchmal!

Wie sehen Sie von Einems »Lehrjahre« und seine Zusammenarbeit mit Blacher?

Irgendwann hat Blacher ihn weggeschickt, weil er meinte: »So, jetzt ist es genug, jetzt kommt die Entwöhnung von der Mutterbrust und nun mach' mal alleine weiter.« Aber Blacher hat weiter mit von Einem zusammengearbeitet, hat ihm Texte bearbeitet, wie zum Beispiel *Dantons Tod*, den er für das Opernlibretto zusammengestrichen hat, was ja die Hauptarbeit bei einer Bearbeitung ist. Ich glaube, es ist auch sehr gut gegangen, die Uraufführung in Salzburg wurde ein großer Erfolg. Wir waren zwar beide nicht dabei gewesen, aber später kam das Stück auch nach Berlin mit Fischer-Dieskau als Danton, das war wunderbar.

Von Einem wollte zunächst bei Hindemith studieren, aber Hindemith war bereits emigriert. Hatten Blacher und Hindemith eine Beziehung zueinander?

Künstlerisch vielleicht nicht, aber sie haben sich gegenseitig sehr geschätzt, und wenn die Hindemiths nach Berlin kamen, haben wir uns immer getroffen, und es war immer wahnsinnig nett. Hindemith war ja ein sehr witziger Mensch, er schrieb ja auch und malte uns immer herrliche Weihnachtsgrüße.

Es wird generell behauptet, daß Hindemith ein dogmatischer Lehrer gewesen sei. Nach Meinung von Einems war Blacher das genaue Gegenteil, wie er einmal gesprächsweise betont hat…?[5]

Als Lehrer sicher, aber über Kompositionsunterricht haben sich die beiden nicht ausgetauscht.

In seiner Kompositionsklasse an der Hochschule hatte Blacher ja zahlreiche Schüler, von denen einige prominent werden sollten.

Francis Burt, Giselher Klebe, Heimo Erbse, Rudolf Kelterborn waren in seiner Klasse, und die kamen auch sehr oft zu uns nach Hause, das war ein sehr schöner Kreis. Und vor allem war da Aribert Reimann, zu dem Blacher auch eine ganz besondere Beziehung hatte. Die Studenten hatten ein enormes Zusammengehörigkeitsgefühl und haben einander geholfen, zum Beispiel wenn einer kein Geld hatte, obwohl die anderen auch nicht viel hatten. Das war ganz toll!

5 »Werkstattgespräch Gottfried von Einem mit Dr. Günter Brosche (26. November 1984)«, in: *Beiträge zur österreichischen Musik der Gegenwart. Dokumente zu Leben und Werk zeitgenössischer Komponisten*, Tutzing 1992, S. 192.

Gab es auch ein ästhetisches Zusammengehörigkeitsgefühl? In der Klasse gab es doch ganz unterschiedliche kompositorische Standpunkte?

Ja, und entsprechend vielfältig war es auch. Es war Blachers große Gabe, die Persönlichkeit des Einzelnen herauszufinden, vor allem jedem seine Persönlichkeit zu lassen und das zu entwickeln, worin er die Stärke des Betreffenden sah.

Von Einem und Reimann hatten auch miteinander zu tun?

Ja, obwohl sie sich gar nicht näher kennengelernt haben. Ich weiß nur, daß sie immer mit großer Hochachtung voneinander sprachen und von Einem sich sehr gewünscht hätte, mehr Kontakt mit Reimann zu haben, aber vielleicht waren sie räumlich – Wien/Berlin – zu weit voneinander entfernt.

Bei Blacher hatte auch einer der erfolgreichsten jungen Dirigenten der frühen sechziger Jahre studiert, nämlich der aus Dresden stammende Peter Ronnefeld. Haben sie Ronnefeld noch als Studenten kennengelernt?

Ja, da war er noch sehr jung. Er studierte Klavier bei Erich Riebensahm. Einmal gab es einen Vortragsabend, jemand fiel aus, und Ronnefeld ist eingesprungen mit der Schumann-*Fantasie*. Das war phänomenal, er war ein wunderbarer Pianist und hat schon ganz früh konzertiert. Blacher hat ihn auch als Kompositionsschüler sehr geschätzt.

Nachdem sich Ronnefeld fast ganz auf das Dirigieren verlegt hatte und in Kiel der jüngste Generalmusikdirektor Deutschlands war, sind sie ja auch mit ihm aufgetreten...

Das war nicht lange vor seinem Tod, als es ihm schon sehr schlecht ging. Wir waren nach dem Konzert noch zusammen, und da muß er schon unendliche Schmerzen gehabt haben. Ich habe an dem Abend ein Mozart-Klavierkonzert gespielt, und dann gab es noch Schuberts *Unvollendete*. Für mich war die Zusammenarbeit mit ihm wunderbar, zumal er selbst auch Pianist war und daher unglaublich einfühlsam dirigierte.

Wie kam George Crumb zu Blacher?

Er meldete sich einfach. Genau wie auch Klaus Huber.

Es kam in der Musikgeschichte immer wieder an prominenter Stelle vor, daß ein Komponist mit einer Pianistin verheiratet war. Wie sah denn das bei Blacher und Ihnen aus? Haben Sie sich gegenseitig beraten, waren sie füreinander jeweils die ersten Kritiker?

Blacher hat sich niemals in mein Klavierspiel eingemischt. Er ging übrigens nicht einmal in die Proben seiner eigenen Musik. Er hat später viel für Klavier geschrieben, und da hat er mich rein praktisch oft gefragt, ob eine bestimmte Sache funktioniere, aber sonst hat jeder seins gemacht. Er hat immer etwas ironisch gesagt: »Dann kam die gnädige Frau, seit dem mußte ich immer wieder für Klavier schreiben«, aber das war Unsinn, er hat es gerne gemacht und auch viel geschrieben. Sehr mag ich die *24 Préludes*, die ich ja in der Akademie der Künste uraufgeführt habe.

Wie spielte er selbst Klavier? Hat er am Klavier komponiert?

Er spielte ganz gut, aber nicht besonders. Komponiert hat er nie am Klavier, er hat auch nur ganz selten etwas am Klavier überprüft. Ansonsten hat er nur am Schreibtisch gearbeitet.

Hat er nach Proben Dinge revidiert?

Das hat er eigentlich nie gemacht. Wenn er nicht besonders gefragt wurde, ist er nicht zu Proben gegangen. Vielleicht am ehesten noch bei Opern. Da hat er manchmal über Tempi gesprochen, wenn ein Dirigent unsicher war. Insgesamt hat Blacher den Interpreten viel Freiheit gelassen.

Hatte Blacher denn bevorzugte Interpreten für seine Werke?

Rosbaud hat er sehr geschätzt. Und Furtwängler, der einmal die *Concertante Musik* gemacht hat, das war ein rührender Versuch. Einmal dirigierte er das Stück morgens in der Philharmonie, und es war fürchterlich, er hatte wahnsinnige Probleme mit den Synkopen. Und das Erschütternde: Wir waren dann zu Hause, und es ging das Telefon: »Hier Furtwängler«, und er hat Blacher genau befragt, was sonst ein Dirigent nie tut. Er war von einer solchen Bescheidenheit, das fanden wir außergewöhnlich.

Er hatte anscheinend gespürt, daß es noch gewisse Defizite gab. Hatte es vielleicht mit seiner Dirigiertechnik zu tun, die der Musik nicht ganz entsprach?

Ja sicher!

Wie war das Verhältnis zu Karajan?

Karajan hatte auch einmal etwas von Blacher gemacht, das war viel später, aber eine besondere Beziehung gab es nicht.

In diesem Zusammenhang möchte ich noch einen Dirigenten erwähnen, der offensichtlich literarische Interessen hegte und den Text zu Blachers Dostojewski-Oratorium »Der Großinquisitor« geschrieben hat: Leo Borchard. Welche Beziehung hatten Komponist und Dirigent zueinander? Borchard wurde 1945 von einem amerikanischen Soldaten versehentlich erschossen...

6 Vgl. die Erinnerungen von Ruth Andreas-Friedrich, *Der Schattenmann. Tagebuchaufzeichnungen 1938 – 1945,* Frankfurt a.M. 1986.

Die Verbindung entstand während der Nazi-Zeit vor allem durch Ruth Andreas-Friedrich, die ja mit Borchard befreundet war.[6] Wir waren ein sehr großer Freundeskreis, der immer politisch war. Wenn Borchard kam, dann hingen wir am Radio und hörten schwarz die Sender, die man nicht hören durfte. Und dann kamen beide eines Tages auf die Idee mit dem *Großinquisitor.*

7 Vgl. auch bezüglich Blacher ausführlich Matthias Sträßner, *Der Dirigent Leo Borchard. Eine unvollendete Karriere,* Berlin 1999, S. 163ff.

Borchard war aktiv in der Widerstandsgruppe »Onkel Emil« tätig.[7] Hatte Blacher ähnliche Ambitionen?

Er hat nie direkt mit dem Widerstand zu tun gehabt. Wir hatten dann, aus welchen Gründen auch immer, den Kontakt verloren bis zum Tode Borchards, und erst danach standen wir wieder in Beziehung zu Ruth Andreas-Friedrich. Aber mit Konrad Latte, einem jüdischen Musiker, hatten wir sehr viel Kontakt, der machte ja ganz verrückte Sachen. Mit Hilfe von Gottfried von Einem hat er die Hitlerzeit überlebt. Von Einem hatte der Reichsmusikkammer erklärt, daß alles vernichtet worden wäre und besorgte Latte neue Papiere.[8] Und als in Dresden von Einems Ballett *Turandot* Premiere hatte, kam der Latte mit seinem neuen Ausweis, den er durch von Einem erhalten hatte, nach Dresden in dasselbe Hotel, in dem von Einem wohnte – völlig wahnsinnig! Es mußte ja alles registriert werden, und daß es schließlich gut gegangen ist, war wie ein Wunder!

8 Vgl. dazu die autobiographischen Bemerkungen von Gottfried von Einem, *Ich hab' unendlich viel erlebt.* Aufgezeichnet von Manfred A. Schmid, Wien 1995, S. 100ff.

Borchard hat dann auch die erste Orchesterkomposition Gottfried von Einems, das »Capriccio op. 2«, mit den Berliner Philharmonikern uraufgeführt.[9] Verdankte er das auch dem Kreis um Borchard?

9 Vgl. Sträßner, a.a.O., S. 164f.

Da spielte dann die Mama von Einems eine große Rolle. Sie hatte immer eine enorme Gastlichkeit und hat viele Dirigenten bezirct, etwas von ihrem Sohn aufzuführen. Sie war eine hinreißende Person, man hat sie auch die »Mata Hari des Zweiten Weltkriegs« genannt.[10] Auf jeden Fall machte Borchard das *Capriccio.*

10 Vgl. übereinstimmend ebd., S. 165.

*Welches Verhältnis bestand denn zwischen Blacher und seinem Kompo-
nistenkollegen Werner Egk?*

Das habe ich erst nach dem Krieg erlebt, als Egk sehr oft bei uns war.
Es war eine gute Beziehung. Später wurde Egk sehr angegriffen, wir
haben die Sache mit seinem Sohn nie ganz verstanden, aber das muß
eine persönliche Tragik gewesen sein. Der Sohn war vom Militär ge-
flüchtet, und die Eltern haben ihn gezwungen, sich wieder zu melden,
dann hat man ihn in eine Strafkompanie geschickt, und er ist gefallen.
Er war der einzige Sohn. Viele haben Egk das natürlich sehr übel genommen, vor allem auch er sich selbst. Aber Egk hat für zahlreiche
Menschen auch sehr viel gemacht, ähnlich Gustaf Gründgens. Beide
befanden sich oft in Situationen, in denen sie gerade durch ihre
Stellung wirklich sehr viel bewirken konnten.

*Nach 1945 haben Blacher und Egk dann die »Abstrakte Oper Nr. 1« zu-
sammen geschrieben…*

Ja. Egk wohnte auch manchmal bei uns, als wir noch eine kleine
Wohnung in der Schützallee hatten und er mit Rucksack ankam. Das
war ja die verrückte Zeit, als man weite Strecken noch zu Fuß lief, weil
es keine richtige Verkehrsverbindung gab.

Diese Freundschaft war also ungetrübt?

Ja. Aber es gab immer eine gewisse Distanz. Insofern nicht zu verglei-
chen mit der Freundschaft zu von Einem, aber es war eine sehr nette
Beziehung. Blacher hatte diesbezüglich auch ein gutes Gewissen, als
Egk so angegriffen wurde.

*Es existieren Dokumente der NS-Zeit aus denen hervorgeht, daß Blacher
1942 ein Staatszuschuß gewährt werden sollte, er jedoch handschriftlich
von der Liste gestrichen wurde mit der Begründung: »Da Vierteljude.«
Unterzeichnet war das Dokument von Werner Egk.*[11]

11 Vgl. das Dokument bei
Christine Fischer-Defoy,
*Kunst Macht Politik. Die
Nazifizierung der Kunst-
und Musikhochschulen in
Berlin*, Berlin 1988, S. 241.

Das kann gut sein.

*Blacher bemerkte gelegentlich, daß angeblich niemand protegiert wor-
den wäre, weder Orff noch Egk. Wie konnte das angehen? Egk war doch
immerhin Leiter der Fachschaft Komponisten innerhalb der Reichsmusikkammer. Inwieweit war Blacher bewußt, daß er in Egk auch einen
Musikfunktionär der Nazis vor sich hatte?*

Ich glaube, er wußte zu der Zeit nur, daß Egk diese Stellung hatte,
aber genau weiß ich das auch nicht mehr.

Also hat man sich eigentlich erst nach 1945 wirklich kennengelernt. Wußte Blacher vermutlich selbst gar nicht, was gegen ihn hinter den politischen Kulissen unternommen wurde?

Ich glaube, das hat er nicht gewußt, und er hat sich für so etwas auch gar nicht interessiert.

Dürfen wir noch einmal auf Paul Dessau zurückkommen? Dessau, wie wir ihn uns heute vorstellen, hatte zwei Gesichter: Auf der einen Seite konnte er ganz dogmatisch und linientreu erscheinen, gleichzeitig hat er privatim den eigenen Leuten und dem eigenen Regime ganz fürchterlich die Leviten gelesen. Hat Sie das manchmal verwundert?

Wir waren ja wirklich eng befreundet. Die Berghaus war viel dogmatischer in der Richtung als er, und es kam einmal fast zu einem Eklat, ich weiß gar nicht mehr genau warum, aber jedenfalls haben wir beschlossen – um die Freundschaft nicht zu gefährden –, daß einfach nicht mehr über Politik geredet wird, und das war dann auch so. Von Dessau kannten wir eben nur das private Bild, und das war zauberhaft.

Gab es eine Verbindung zu den anderen Komponisten, die im Hause Dessau verkehrten – Nono, Henze?

Zu Nono gab es eigentlich nie eine Verbindung, zu Henze schon.

Welche Komponisten hat er denn überhaupt geschätzt?

Mit Nabokov war er sehr befreundet, aber vielleicht hat er sich für ihn als Komponisten nicht so wahnsinnig interessiert. Strawinsky war für ihn etwas ganz besonderes, Karl Amadeus Hartmann, das war auch eine große Freundschaft.

Es wurde auch eine Gemeinschaftskomposition begonnen, die »Jüdische Chronik«, unter anderem mit Dessau und Henze.

12 Vgl. auch die Korrespondenzen Blachers in: *Neue Musik im geteilten Deutschland. Dokumente aus den fünfziger Jahren*, hg. von Ulrich Dibelius u. Frank Schneider, Berlin 1993, S. 323 ff.

Da gab es politische Unstimmigkeiten, weshalb die Uraufführung auch verschoben wurde.[12] Es gab den Mauerbau, und die DDR war damals auch sehr pro-arabisch, und die Aufführung war daher eine ganze Weile sehr gefährdet. Aber dann hat's doch geklappt. Jeder tat das Seine dazu, Blacher, Hartmann, Henze, Wagner-Régeny und Dessau.

Wie sah eigentlich das Akademieleben in jener Zeit aus?

Alles ging noch viel familiärer zu, man hatte zu vielen Leuten eine persönliche Beziehung. Das hing auch damit zusammen, daß Blacher als

Präsident und Vizepräsident mit allen Abteilungen zu tun hatte. Er war sicherlich eine Integrationsfigur, aber die Architekten mochte er besonders gerne. Er sagte, das sei »die netteste Abteilung, die wir haben«, nicht etwa die Musiker.

Rührte das vielleicht daher, weil er ein gutes Verhältnis zu Hans Scharoun hatte, der über viele Jahre Präsident der Akademie war?

Das Verhältnis war sehr gut. Scharoun, Düttmann und die ganze Architektengruppe kamen oft zu uns nach Hause, das war immer besonders lustig.

Als Direktor der Hochschule und als hochrangiger Vertreter der Akademie der Künste war Blacher in einer herausragenden Position, in der er auch viel Macht hatte. Gab es mit der Kulturpolitik einen ständigen Austausch, wurde er auch zu Entwicklungen befragt, die nun nicht unbedingt mit seinen Häusern zu tun hatten?

Es war die Zeit des Kultursenators Tiburtius, mit dem er einen guten Kontakt hatte. Beide haben sich aber auch oft gestritten. Wenn Blacher sich Freiheiten herausnahm, die Tiburtius nicht paßten, dann gab es auch schon mal diesen oder jenen Konflikt. Sicher wurde er oft gefragt, es lief eigentlich ganz gut.

Welche Werke Blachers sind denn Ihrer Meinung nach besonders wichtig?

Das *Requiem* wie auch *Der Großinquisitor* sind wunderbare Werke. Den *Großinquisitor* hat Herbert Kegel eingespielt[13] – bei ihm waren die Chöre ganz besonders gut –, und Fischer-Dieskau hat ihn auch gesungen. Man hat natürlich seine Lieblingsstücke. Ich habe alle seine Sachen, die ich gespielt habe, wahnsinnig gerne aufgeführt, das vertrackte *Zweite Klavierkonzert* mit den variablen Metren, das Rosbaud dirigiert hat, da muß ich heute noch dran denken, wie er das wirklich aus dem Ärmel geschüttelt hat. Für den Dirigenten ist das wirklich sehr schwer, für den Pianisten nicht so.

Und die Opern – haben Sie da auch ein Lieblingswerk?

Das *Preußische Märchen* natürlich und die *Zweihunderttausend Taler.*

13 Die Einspielung ist als CD inzwischen bei Berlin Classics erschienen.

Boris Blacher aus der Sicht seines Verlegers
Hans-Jürgen Radecke

Allen, die Boris Blacher gekannt haben, erscheint es unfaßbar, daß Anfang des Jahres 2003 sein 100. Geburtstag zu feiern ist. Obwohl er seit über 28 Jahren nicht mehr unter den Lebenden weilt, ist er doch immer wieder in der Erinnerung präsent, und man erwartet seine trockenen Kommentare zu diesem oder jenem Thema wie eh und je.

Der Lebenslauf dieses ungewöhnlichen Menschen und Künstlers ist hinlänglich bekannt und leicht nachzulesen, nicht zuletzt in Publikationen der Akademie der Künste.[1] Schließlich gehörte er zu den hervorragendsten Präsidenten dieses Instituts – wie er auch als Direktor die einst so bedeutende Hochschule für Musik nachhaltig prägte. Dabei war er in seinem Wesen alles andere als eine »offizielle« Persönlichkeit, obwohl er auch diese Rolle wohl oder übel gelernt hat. Er war vor allem ein unglaublich bescheidener Mensch, der mit seiner persönlichen Art die Sympathie der Mitmenschen gewann. Allerdings erwartete er auch, daß man in Offenheit auf ihn zuging. Mich als fast dreißig Jahre Jüngeren erstaunte, wie rasch er mich akzeptierte, obwohl sein Geschäftspartner bei Bote & Bock ja mein Vater war, der fast das gleiche Alter hatte wie er.

Das erste Werk Blachers, das mein Vater verlegte, war die *Kleine Marschmusik*, die im Jahre 1932 – meinem Geburtsjahr – uraufgeführt wurde. Der Vertrag über diese geistreiche Adaption altitalienischer Opern-Märsche kam zwar erst 1934 zustande; es begann damit aber eine Verbindung zwischen Verlag und Komponist, die bis zu dessen Tode bestehen blieb. Für meinen Vater war dieser Vertrag zugleich die »erste Tat« als frischgebackener Prokurist des Verlages, mit der sich dieser nach Jahren der Konzentration auf die Unterhaltungsmusik wieder der Förderung lebender Komponisten der sogenannten »Ernsten« Musik zuwandte. Die Verlagsarbeit war zu Beginn der Nazizeit ein Balanceakt zwischen den offiziell propagierten Komponisten wie Paul Graener – der auch zu den Autoren von Bote & Bock gehörte – und den »Neutönern«, die immer damit rechnen mußten, für »unerwünscht« oder mindestens nicht förderungswürdig erklärt zu werden. Hinzu kam die Forderung eines »Ariernachweises«, den viele bedeu-

1 *Boris Blacher*. Katalog zur Ausstellung in der Akademie der Künste, Berlin 1973, sowie *Boris Blacher 1903–1975. Dokumente zu Leben und Werk*, hg. v. Heribert Henrich, Berlin 1993.

37

tende Komponisten dieser Zeit nicht erbringen konnten. Zu ihnen gehörte übrigens auch Paul Dessau, der einige seiner frühen Werke bei Bote & Bock herausgebracht hatte, bevor er 1933 emigrieren mußte.

Blacher konnte im Jahr 1937 einen überraschenden Uraufführungs-erfolg erringen, als seine *Concertante Musik* vom Berliner Philharmo-nischen Orchester unter Leitung von Carl Schuricht sogar zweimal hintereinander in der alten Philharmonie erklang. Es war typisch für Blachers Understatement, daß er die vom Publikum gewünschte Wie-derholung des knapp zehnminütigen Stücks dem Wunsch des Dirigen-ten zuschrieb, einige vom Orchester rhythmisch ungenau ausgeführte Stellen präziser hören zu lassen als beim ersten Mal.[2]

2 Vgl. Boris Blacher, »Neuland Rhythmus«, in: Josef Müller-Marein / Hannes Reinhardt, *Das musikalische Selbstportrait*, Hamburg 1963, S. 411f.

Als Staatenlosem gelang es Blacher, sich einigermaßen ungeschoren bis zum Ende des Krieges durchzulavieren. Danach begann dann sein großer Erfolgsweg, der eng verknüpft war mit der jungen Pianistin Gerty Herzog, die er nunmehr auch heiraten konnte. Sie erwies sich nicht nur als kongeniale Anregerin und Interpretin seiner Klavier-werke, sondern brachte auch Ordnung in sein Privatleben, ohne ihm das »Bohèmehafte« zu nehmen. Mit der wachsenden Zahl der Kinder war allerdings eine gewisse »Verbürgerlichung« der Familie Blacher nicht zu verhindern, zumal sich Blachers Karriere nicht nur auf schöp-ferischem Gebiet, sondern auch im Bereich der Lehrtätigkeit ein-drucksvoll entwickelte. Bald wurde er zum Professor berufen und kurz darauf, 1953, zum Direktor der Hochschule für Musik im damali-gen West-Berlin gewählt, einem Institut, das in der Nachfolge von Joseph Joachim stand und bis zur politisch erzwungenen Vereinigung mit der benachbarten Hochschule für Bildende Künste weltweiten Ruf genoß. Wenn andere berühmte Komponisten als Kompositionslehrer ihren eigenen Stil gewollt oder ungewollt den gelehrigen Schülern wei-tergaben, so zeichnete sich Blacher als Meister der Erkennung und Entwicklung eigenständiger musikalischer Handschriften aus. Welch unterschiedliche musikalische Persönlichkeiten durch Blachers Schule gegangen sind, zeigen Namen wie Gottfried von Einem (mit dem ihn eine lebenslange Freundschaft verband), Giselher Klebe, Aribert Rei-mann und Isang Yun.

In diesen Jahren begannen meine eigenen Begegnungen mit Boris Blacher. Von meinem Vater wurde ich frühzeitig auf den Beruf des Musikverlegers vorbereitet, indem ich zunächst eine Lehre als Musi-kalienhändler zu absolvieren hatte, um danach in Stuttgart in einem bekannten Musikgeschäft und schließlich in den USA als Volontär in mehreren Musikverlagen zu arbeiten. Nach meiner Rückkehr übernahm ich bei Bote & Bock die Werbeabteilung. Das hieß: jedes Jahr einmal im Frühjahr und einmal im Herbst umherzureisen, um bei Theatern und Rundfunksendern insbesondere die zeitgenössischen Komponisten des Verlages den Intendanten, Dirigenten und Rundfunk-Abteilungsleitern nahe zu bringen. Gottfried von Einem, der recht häufig nach Berlin zu seinem Freund Blacher kam, verfolgte meine Entwicklung mit wohlwollendem aber auch kritischem Rat, wofür ich bis heute außerordentlich dankbar bin. Durch ihn kam es nun häufiger zu Gesprächen mit Blacher, dessen mathematische Denkweise mich ebenso faszinierte wie seine mir immer deutlicher sichtbar werdende Menschlichkeit. Bewundernswert war seine rastlose Neugier, neue Techniken und Stile auszuprobieren, um sie danach gegebenenfalls auch wieder ad acta zu legen. Hier sei an die in der Technischen Universität Berlin realisierten Versuche erinnert, mit elektronischen und raumakustischen Mitteln neue musikalische Wege zu beschreiten. In diesem Zusammenhang entstand eine Oper, die unter dem Titel *Zwischenfälle bei einer Notlandung* an der Hamburgischen Staatsoper ihre viel beachtete Uraufführung erlebte. Hier knüpfte Blacher thematisch an seine frühe Oper *Die Flut* an, die sich ebenfalls damit beschäftigte, wie Menschen sich nach einer Havarie in einer Situation der Ausweglosigkeit verhalten. In der späteren Oper kamen nun elektroakustische Mittel kombiniert mit einer Art »Musique concrète« zu überaus effektvollem Einsatz.

Andererseits setzte sich Blacher auch mit der Abstraktion des Begriffs »Oper« auseinander. In Zusammenarbeit mit Werner Egk, seinem Vorgänger im Amt des Direktors der Hochschule für Musik, schuf er die *Abstrakte Oper Nr. 1*, die allgemein menschliche Grundsituationen durch asemantische Wortsilben charakterisiert. Nur in der Szene »Verhandlung« sitzen sich ein Russe und ein Amerikaner gegenüber und rezitieren infantile Kürzel aus ihrer jeweiligen Landessprache – die böseste und doch liebenswürdigste Karikatur der Berliner Situation im »kalten Krieg«. In seinen ansonsten durchaus »konkreten« Opern beschäftigte sich Blacher stets mit menschlichen Ausnahmesituationen. Das begann schon 1940 mit der *Fürstin Tarakanowa*, deren Titelfigur auserkoren ist, die russische Zarin zu stürzen. War hier ein Roman von Hans von Hülsen die Vorlage, so wählte er zunehmend literarisch hochstehende Texte von Zeitgenossen, wie Friedrich Wolfs

Nachtschwalbe und Georg Kaisers *Rosamunde Floris* oder Witold Gombrowicz' *Yvonne, Prinzessin von Burgund*. Eine besondere Stellung nimmt das *Preußische Märchen* von Heinz von Cramer ein, der die Geschichte des tragischen Berliner Volkshelden Wilhelm Voigt, bekannt geworden als »Hauptmann von Köpenick«, zur bissigen und dennoch liebenswürdigen Parodie auf die letzten Jahre der Kaiserzeit machte – nicht ohne Seitenhiebe auf die restaurativen Tendenzen der ersten Nachkriegszeit. Die Uraufführung an der Städtischen Oper im Rahmen der Berliner Festwochen 1952 war ein ausgesprochener Publikumserfolg. Das Werk hielt sich über viele Jahre im Spielplan, und selbst im Gärtnerplatz-Theater München wie auch in Weimar und Potsdam wurde es bejubelt. Blachers Vorliebe für das Tänzerische zeigte sich im *Preußischen Märchen* in einer karikierenden Form, zum Beispiel, wenn die Soldaten in grotesker Ballettattitüde die Verhaftung des Bürgermeisters vorzunehmen haben.

Das Ballett bildete schon seit Blachers kompositorischen Anfängen einen Schaffensschwerpunkt. 1935 entstand *Fest im Süden* von Ellen Petz, dem 1939 *Harlekinade* von Jens Keith und 1946 *Chiarina* von Paul Strecker folgten. Danach fand Blacher zur Zusammenarbeit mit Tatjana Gsovsky, die mit *Hamlet* (1949) und *Tristan* (1965) den Typus des Literatur-Balletts schuf, zu einer Zeit, als von Amerika aus die pasticcioartigen Ballets Blancs auf mehr oder weniger willkürlich zusammengeklaubte Musiken verschiedenster Komponisten ihren Siegeszug begannen. Auf der mit Tatjana Gsovsky eingeschlagenen Linie bewegten sich auch *Der Mohr von Venedig* (1955) nach Shakespeare, entstanden in Zusammenarbeit mit der Wienerin Erika Hanka, und *Demeter* (1963) von Yvonne Georgi. Interessanterweise kam Blacher auch mit der später so berühmt gewordenen Wuppertaler Ballett-Königin Pina Bausch zusammen, die in seiner letzten großen Oper *Yvonne, Prinzessin von Burgund* die stumme Titelrolle tanzte. Das war im Jahre 1973.

Ungeachtet aller Erfolge mit Bühnenwerken gilt Blacher bis heute als Meister geistreicher Orchesterwerke, von denen es nicht weniger als zwanzig gibt. Nach dem frühen Erfolg mit der *Concertanten Musik* gelangte er zu Weltruhm mit den *Paganini-Variationen*, die zu den meist gespielten Werken des 20. Jahrhunderts überhaupt zählen – und das trotz der thematischen Konkurrenz zu Brahms und Rachmaninow! Auf Initiative der 12 Cellisten der Berliner Philharmoniker komponierte Blacher *Blues, Espagnola und Rumba philharmonica*, die von diesem originellen Ensemble im Jahre 1973 in Tokio zur Uraufführung gebracht wurden. Der Jazz hat Blacher Zeit seines Lebens beschäftigt, was ein Blick in sein Werkverzeichnis beweist: Bereits 1929 schrieb er *Jazz-Koloraturen* für Sopran, Altsaxophon und Fagott. Es folgten unter anderem ein *Konzert für Jazzorchester* im Jahr 1946, *Two Poems*, die 1958 vom Modern Jazz Quartet in New York uraufgeführt wurden, sowie 1973 *For Seven = 3(6+x)* für Sopran und Jazz-Ensemble, worin er seinen mathematischen Neigungen wieder einmal nachgab.

1968 wurde Blacher zum Präsidenten der West-Berliner Akademie der Künste gewählt und konnte hier bis 1971 seine Fähigkeit beweisen, integrierend zwischen den verschiedenen Künsten und ihren Repräsentanten zu wirken. Blacher war der erste Komponist, der dieses bedeutende Amt bekleidete. Auch international hatte sich Blachers Ruhm erweitert, vor allem in den USA. Zugleich gelang es ihm, Verbindung nach Osten zu halten, insofern er – selbst während der Zeit des »kalten Krieges« – die Kontakte zu seinen Kollegen Paul Dessau und Rudolf Wagner-Régeny, die er seit dem Ende der zwanziger Jahre kannte, nie abreißen ließ. Das beweist die Gemeinschaftskomposition *Jüdische Chronik*, die auf Initiative von Paul Dessau je drei Autoren aus Ost und West im Gedenken an den Holocaust zusammenführte. Auf einen Text des DDR-Dichters Jens Gerlach komponierten Boris Blacher, Karl Amadeus Hartmann und Hans Werner Henze aus der BRD sowie Rudolf Wagner-Régeny und Paul Dessau aus der DDR ein Werk für Alt, Bariton, Kammerchor, zwei Sprecher und kleines Orchester, das 1966 zuerst in Köln zur Uraufführung kam und kurz darauf in Leipzig gespielt wurde.

Ein wesentliches Charakteristikum der Blacherschen Musik war von jeher der Rhythmus, und dabei spielte sicher der Einfluß von Igor Strawinsky eine Rolle. Die häufigen Taktwechsel im *Sacre du Printemps* sprachen Blachers mathematische Neigung an und veranlaßten ihn, ein eigenes rhythmisches Prinzip zu entwickeln. Er bezeichnete die von ihm erfundene Methode, die auch einige seiner Komponistenkollegen zeitweilig übernahmen, als »variable Metren«. Hans Heinz Stuckenschmidt schrieb darüber in seiner Blacher-Biographie, daß »das eigentümliche Schwellen und Schrumpfen der Taktlängen methodisch nach mathematischen Gesichtspunkten herbeigeführt«[3] werde. Diese Art von einfacher Addition oder Subtraktion simpler Motive befriedigte das wahrhaft mathematisch geschulte Denksystem Blachers jedoch nicht sehr lange. Zwar kam es noch zu komplexeren Aus-

3 Hans Heinz Stuckenschmidt, *Boris Blacher*, Berlin / Wiesbaden 1985, S. 36

41

formungen dieser musikalischen Technik – vor allem sein *2. Klavierkonzert in variablen Metren* wurde zum Modell eines fast unwirklich schwebenden Kompositionsstils, den Gerty Herzog perfekt zur Wirkung brachte –, aber allmählich legte sich die Faszination, die von diesem Stilmittel ausging. Unterdessen übte das Unwirkliche auf Blacher eine eigenartige Suggestion aus, die man eigentlich nicht mit ihm in Verbindung gebracht hätte. In seiner Oper *Rosamunde Floris* komponierte er eine amorph wirkende »Mondmusik«, die die Gedanken der Titelfigur an ihren fernen Geliebten symbolisiert. Dieser Ton schien so gar nicht zu der bisher gewohnten Dominanz des Rhythmisch-Prägnanten in Blachers Tonsprache zu passen. Blacher bot auch noch andere Überraschungen. So bevorzugte er als gelegentlicher Dirigent das spätromantisch überfrachtete *Poème de l'Extase* von Alexander Skrjabin. Blacher erklärte schmunzelnd, daß dieses Stück sehr leicht zu dirigieren sei.

Meine Aufgabe, als Verleger sein Œuvre zu propagieren, verlangte nicht nur, daß ich mich mit seinen Kompositionsstilen beschäftigte, sondern auch auf seine nicht immer offen zutage tretende Seele einging. Als Deutsch-Russe war er natürlich ein vorzüglicher Schachspieler. Hier konnte sich seine mathematische Kombinationsgabe ohne Berücksichtigung einer musikalischen Wirkung entfalten. Wer das Glück hatte, zu erleben, wie er – in sich versunken und doch hellwach – die Züge der Schachfiguren vorausbedachte und einem trotzdem nicht das Gefühl gab, hoffnungslos unterlegen zu sein, konnte sich einen Begriff davon machen, wie er Souveränität und Menschlichkeit in sich vereinte. Eine Lungenerkrankung, die er sich in jungen Jahren zugezogen hatte, trat nach vielen Jahren eines gewissen Stillstands wieder verstärkt in Erscheinung. So mußte er nach seinem 70. Geburtstag längere Zeit in Sanatorien verbringen, ohne daß es gelang, ihn zu heilen. Mir war es vergönnt, mit ihm wenige Tage vor seinem Tod – als nicht adäquater Partner – bei einem Schachspiel zusammenzusitzen. Diese letzte und menschlichste meiner Begegnungen mit Boris Blacher hat einen unvergeßlichen Eindruck hinterlassen und meine Verehrung für den Meister und faszinierenden Verlagsautor für alle Zeiten geprägt.

Zur Musik Boris Blachers
Aribert Reimann

Betrachtet man das Werk von Boris Blacher, so fällt sofort auf, daß rhythmische, formale und Material-Ordnung bestimmendes Gesetz für seine Arbeiten sind. Gefühlsausdruck, klangliche Ballungen und polyrhythmische Überlagerungen sind so weit gefiltert und skelettiert, daß mit sparsamstem Einsatz der kompositorischen und instrumentalen Mittel ein Äußerstes an atmosphärischer und expressiver Dichte erreicht wird. Die bis auf das Notwendigste reduzierte Sprache wird gebändigt in einer glasklaren Form, die rhythmischen Bewegungen und Variationen, in ihrem Ablauf und ihrer Entwicklung bis ins kleinste Detail ausgewogen, sind ebenso in den formalen Prozeß eingebunden. Die Variabilität des Metrums bestimmt nicht nur das veränderbare und in rhythmische Reihen gegliederte Tonmaterial, sondern auch die formale Disposition: Ablauf der Töne und gegliederte Rhythmik sind innerhalb einer exponierten Form identisch.

Aber nicht nur in den Stücken oder Teilen mit variablen Metren (z. B. im *Orchester-Ornament* und im *Zweiten Klavierkonzert*), auch in Werken mit festgefügtem Metrum finden in wirklich »klassischem« Sinn Form, Inhalt, Gedanke und Ausdruck, Rhythmus und Struktur zu asketisch geistvollem Spiel, ohne jemals den für jedes Stück vorgegebenen gedanklichen Ansatz und atmosphärischen Raum zu verlassen. Das gilt ebenso für den Aufbau der Opern und Oratorien (der formale Bogen spannt sich über kleinere in sich abgeschlossene Teile, die einander kontrastreich, proportional ausgewogen ablösen) wie für seine Kammermusik. Meisterhaft im *Epitaph*, dem vierten Streichquartett, die knapp formulierten, von bohrender Ausdruckskraft getragenen melodischen Kürzel: Aus scheinbarer Distanz wird lastende Schwere spürbar. Auch die Ballungen in den späten Orchesterwerken (*Tristan, Collage, Poème*) verlieren ihre Position nicht an unkontrolliert ausufernde Gestik, sondern verlassen in ihrer rhythmischen Bewegung und in ihrem linear-polyphonen Geflecht, auch noch im äußersten Fortissimo, niemals das innere Gesetz, das wachende Auge über den formalen Ablauf.

In den letzten Stücken von Boris Blacher tut sich eine verlorene, manchmal erfrorene Welt auf, fern vom Diesseits: Mit wenigen Tönen, Linien, die sich verzweigen, abgerissenen Motivfloskeln wie Splitter, Stimmen, oft verfremdeten Klängen entsteht in endlosem Raum eine Musik der Einsamkeit, rein, glasklar, das Gefühl transzendierend; auch hier gilt, wie für alle übrigen Werke Blachers, die das Stück bestimmende Form, der kompositorische Gedanke, der ständigen Variationen unterliegt, Durchsichtigkeit und Klarheit. Musik, absolut eigenständig in ihrer originalen Erfindung, ohne historisierende, neoklassizistische Anleihen. Eine Sprache, unverwechselbar in jedem Takt, in ihrer strengen Ordnung, in ihrem Reichtum und Ausdruck aber noch viel weitergehende Räume umspannend: Kaum eine Musik sagt in ihrer Konsequenz so viel aus über den Geist des 20. Jahrhunderts und hat doch in ihrer Zeitlosigkeit etwas Unantastbares, Unanfechtbares. Gerade darin liegt die Spannung und die Größe von Boris Blachers Musik.

Boris Blachers Dialoge mit Mozart
Jürgen Hunkemöller

>»Da stehen sie denn, die Großen, als Monumente, unantastbar,
als seien sie mit ihrem Werk identisch, in einem Gebiet der
Verklärung, in dem der Unsagbarkeitstopos herrscht.
In Wirklichkeit handelt es sich um Menschen, die schon von
ihren eigenen Zeitgenossen mißverstanden waren, unbequem,
verstörend und oft verstört, für uns so fern, daß unsere
Vorstellungskraft sie nicht mehr erreicht, während ihr Werk,
in immer wieder neuer Form, den Geist des ewig
Gegenwärtigen atmet.«
W. Hildesheimer, *Der ferne Bach* (1985)

>»Wenn Musik die Kunst ist, das Unsagbare zu sagen,
so war Mozart, als ihre Verkörperung, der Mann, dieses
Unsagbare unmittelbar zu erleben, ohne sich darüber im klaren
zu sein. Schließlich war es ihm an seinem Ende noch
nicht einmal vergönnt, sich letzte Klarheit darüber zu
verschaffen, wer er in Wirklichkeit gewesen war.«
W. Hildesheimer, *Warum weinte Mozart?* (1981)

Dialogfähigkeit zeichnet den Menschen als Menschen aus.[1] Dialog ist Gespräch – Gespräch der Menschen untereinander, miteinander, übereinander. Dialoge setzen Partner voraus. Kommt ein Mensch zur Welt, ist dieser Partner bereits da, wie der zur Welt gekommene Mensch dann andern zum Partner wird. Im Dialog manifestiert sich also die *conditio humana*: als ununterbrochenes Gespräch von Individuen in ihrer Rolle als Mitmenschen,[2] als unendliches Gespräch seit den Anfängen der Menschheitsgeschichte. So konstituiert sich im Dialog auch Geschichte.

Wahrheitsfindung und Verstehen geschehen im Dialog, selbst wenn dieser Dialog sich mit einem imaginären Partner, beim stummen Lesen oder in einer Metasprache vollzieht. Das jederzeit zu erwartende »Aber« des Gesprächspartners, als Reaktion und Einwand auf einen soeben geäußerten Gedanken, macht jedoch deutlich, daß Wahrheitsfindung und Verstehen einen unausschöpfbaren Rest vorfinden, mitnehmen und zurücklassen. Religiöse Überlegungen tendieren darum dazu,[3] die endgültigen, unumstößlichen Ergebnisse von Wahrheitsfindung und Verstehen eschatologisch zu erwarten, gleichsam als Summe der in der Menschheitsgeschichte angehäuften Kommunikationen. Was also ist richtig, was falsch, wenn es um das Verstehen des andern

1 Die Skizzen zur Dialog-Thematik sind vor allem der Philosophie Hans-Georg Gadamers verpflichtet. Vgl. den von Jean Grondin herausgegebenen Sammelband *Gadamer Lesebuch*, Tübingen 1997, sowie ders., *Einführung in die philosophische Hermeneutik*, Darmstadt 2001, S. 152ff.

2 Begrifflich-sachlich wird hier angespielt auf Karl Löwith, *Das Individuum in der Rolle des Mitmenschen*, München 1928. Vgl. aus einer andern Perspektive auch Ralf Dahrendorf, *Homo Sociologicus. Ein Versuch zur Geschichte, Bedeutung und Kritik der Kategorie der sozialen Rolle*, Opladen 1958.

3 Vgl. etwa Martin Buber, *Ich und Du*, Heidelberg 1958 (1. Aufl. 1923).

geht – des andern von einem anderen Kontinent, des andern aus einem anderen Jahrhundert, des andern in seiner anderen Persönlichkeit?

*

4 Vgl. »Der Arbeitsbereich der Musikwissenschaft«, in: *Gedenkschrift Jacques Handschin. Aufsätze und Bibliographie*, hg. von Hans Oesch, Bern / Stuttgart 1957, S. 23-28, hier S. 25.

5 Bezüglich der Gesetzmäßigkeiten der Wirkungs- und Rezeptionsgeschichte, die erklären, warum der Mensch immer nur vermittelt mit einem Dialogpartner kommuniziert, vgl. Klaus Kropfinger: »Rezeptionsforschung«, in: *Die Musik in Geschichte und Gegenwart*, Sachteil, Bd. 8, Kassel / Stuttgart 1998, Sp. 200ff.

6 Gernot Gruber, *Mozart und die Nachwelt*, Salzburg u. Wien 1985, S. 5: »In Gesprächen mit Fachkollegen über mein Vorhaben wurde ich immer wieder gefragt: ›Wie haben Sie das Thema eingeschränkt?‹ Meine Antwort, ›überhaupt nicht‹, löste peinliches Schweigen aus.« – Vgl. auch *Mozart in der Musik des 20. Jahrhunderts. Formen ästhetischer und kompositionstechnischer Rezeption*, hg. von Wolfgang Gratzer u. Siegfried Mauser, Laaber 1992.

7 Zu den Bearbeitungen von KV 492 vgl. ergänzend die Angaben des Köchel-Verzeichnisses, Anhang B.

Das eigentliche »Objekt« beim Umgang mit Musik ist paradoxerweise nicht die Musik, sondern der »musikalische Mensch aller Zeiten und Völker«, wie Jacques Handschin den Sachverhalt in den vierziger Jahren des vergangenen Jahrhunderts zugespitzt hat.[4] Demnach führt der »musikalische Mensch aller Zeiten und Völker« beim Umgang mit Musik immer einen Dialog mit einem anderen »musikalischen Menschen aller Zeiten und Völker«. Handelt es sich um einen kompositorisch denkenden, sprechenden und handelnden Menschen, dann schlägt sich dieser Dialog, auch wenn er Zeiten, Räume und Kulturen übergreift, kompositorisch nieder. Der Mensch erhält unendlich viele solcher Dialogangebote von »musikalischen Menschen aller Zeiten und Völker«. Und je nach Alter, Erfahrung und Situation verwandeln sich für ihn bereits bekannte Dialogangebote in neue. Sie zeigen nun andersartige, bislang nicht wahrgenommene Facetten und warten darum erneut auf eine Antwort.[5] So ist und bleibt der Dialogpartner in seinem Anderssein von rätselhafter Eigenart.

Zu den Dialogangeboten des »musikalischen Menschen aller Zeiten und Völker« zählt die Musik Monteverdis, Mozarts und Strawinskys, zählen griechische Inselfolklore, Blasmusik der Alpenländer und Jazz, zählen »Klangtapeten«, Filmmusik und Tonsignets der Rundfunkanstalten... Im immerwährenden Dialog der Kompositionsgeschichte Europas aber haben sich feste Größen etabliert. Darum können Lehrpläne sogar einen Kanon formulieren und ihn in Examina einfordern. Mozart ist immer und überall dabei, ohne ihn bliebe das Musikpanorama Europas fragmentarisch.

Die kompositorischen Dokumente des jahrhundertelangen Dialogs mit Mozart sind längst unüberschaubar geworden.[6] Mindestens drei Ebenen lassen sich erkennen. Da sind zum einen Bearbeitungen, die uneingeschränkt Mozart meinen, ihn jedoch aus »Aktualisierungsgründen« retuschieren. So entstand bereits im 18. Jahrhundert eine Harmoniemusik-Bearbeitung von *Figaros Hochzeit* durch den böhmischen Oboisten Jan Nepomuk Vent[7] oder im 19. Jahrhundert eine Streichquartettbegleitung Meyerbeers für die Rezitative im *Don Gio-*

vanni,[8] während Mozart selbst Händelsche Oratorien bearbeitete. Da sind zum andern Kompositionen eigenen Rechts, die aber Maß nehmen an benennbaren Werken Mozarts. Aus dem 19. Jahrhundert seien etwa Liszts *Réminiscences de Don Juan* für Klavier genannt, aus dem 20. Jahrhundert Regers *Variationen und Fuge über ein Thema von Mozart* für Orchester. Davon zu unterscheiden, doch begrifflich schwer zu fassen, sind auf einer dritten Ebene alle Spurenelemente Mozartscher Musik, oder besser: die Elemente der kompositorischen Grammatik Mozarts, die im Dialog mit seiner Musik (häufig unbewußt) als Möglichkeit und Chance für das eigene Komponieren gewonnen wurden.[9]

*

Dem Monument Mozart konnte natürlich auch Blacher nicht aus dem Weg gehen. Aber hatte er darum schon ein persönlich gefärbtes Verhältnis zu seinem Musikerkollegen aus dem 18. Jahrhundert, eine Art Sonderbeziehung, die »Geist vom Geiste« erahnen ließe? Zu unterscheiden wären Blachers Kenntnisse von Mozarts Musik und die Qualität seiner Wertschätzung dieser Musik. Dabei sollte genauer gefragt werden: Welche Aspekte des Phänomens, welche Werke oder Werkgruppen und welche Elemente der kompositorischen Grammatik könnten gemeint sein, wenn von »Mozart« die Rede ist?

Der in seinen Äußerungen und Mitteilungen notorisch schreibunwillige Komponist hat kaum seriös verwertbare Materialien hinterlassen, und seine Bemerkungen zu Mozart im Familien- und Schülerkreis hatten Seltenheitswert.[10] Die Möglichkeiten Blachers, seit seiner Studienzeit im Berlin der zwanziger Jahre Musik Mozarts kennenzulernen, waren angesichts der Omnipräsenz Mozarts im Musikleben annähernd unbegrenzt. Gottfried von Einem, einer der profiliertesten Schüler Blachers, der Anfang der vierziger Jahre privat bei ihm studierte, erwähnt, daß der Lehrer neben zahlreichen Kompositionen des 20. Jahrhunderts sowie Bachschen Fugen, Etüden Chopins und der *Arlesienne-Suite* Bizets Sonaten und Symphonien Mozarts mit ihm im Unterricht behandelt habe.[11] Der Blacher-Kenner David Drew notiert:

»Unter den Meistern, die Blacher als Komponist wie als Lehrer verehrte, hatte Mozart immer den Vorrang. Andererseits wird von der *Concertanten Musik* an deutlich, daß die Hausgötter, die Blacher im Ge-

8 Vgl. Gruber, *Mozart und die Nachwelt*, S. 164.

9 In dieser Schichtung unberücksichtigt sind die in ihrer Vielfalt nicht systematisierbaren Produktionen der Verwertungsindustrie. Vgl. dazu etwa *Das Phänomen Mozart im 20. Jahrhundert. Wirkung, Verarbeitung und Vermarktung in Literatur, Bildender Kunst und in den Medien*, hg. von Peter Csobádi u.a., Anif / Salzburg 1991.

10 Die Aussage stützt sich auch auf Auskünfte, die der Verfasser im Herbst 2002 freundlicherweise von der Familie Blacher und von Dr. Harald Kunz, dem langjährigen Verlagsdirektor von Bote & Bock, erhalten hat.

11 Vgl. Thomas Eickhoff, *Politische Dimensionen einer Komponisten-Biographie im 20. Jahrhundert – Gottfried von Einem*, Stuttgart 1998, S. 55.

12 Booklet-Text zur CD *Kriegszeugnisse 1914–1945*, Largo 5130, o.J. [1995], S. 65.

päck aus Estland mitgeschleppt hatte, Tschaikowski und Strawinsky waren.«[12]

*

Exkurs:

Verwiesen sei noch auf eine verblüffende, ja irritierende Briefparallele zwischen Blacher und Mozart. Dieser schrieb im Alter von 31 Jahren, am 4. April 1787, an seinen Vater:

13 *Mozart. Briefe und Aufzeichnungen,* Gesamtausgabe, hg. von Wilhelm A. Bauer u. Otto Erich Deutsch, Bd. IV, Kassel usw. 1963, S. 41.

»Da der Tod /: genau zu nemmen :/ der wahre Endzweck unsers lebens ist, so habe ich mich seit ein Paar Jahren mit diesem wahren, besten freunde des Menschen so bekannt gemacht, daß sein Bild nicht allein nichts schreckendes mehr für mich hat, sondern recht viel beruhigendes und tröstendes!«[13]

Blacher schrieb im Alter von 41 Jahren, am 21. Januar 1944, an seine spätere Frau Gerty Herzog:

»Und er ist im Leben wohl das Barmherzigste – der Tod. Es scheint wirklich, daß alle die uns so unverständlichen Dinge... nur dazu da sind, um uns daran zu erinnern, daß der eigentliche Zweck des Lebens der Tod ist, auf den wir uns ein Leben lang vorbereiten sollen... Ich weiß nicht, ich fange mich an mit ihm zu befreunden. Nicht mit den damit verbundenen Schmerzen und Qualen, diese gehören eigentlich dem Leben, aber vor ihm habe ich keine Angst und würde ihn gern begrüßen.«[14]

14 Zit. nach Hans Heinz Stuckenschmidt, *Boris Blacher,* Berlin / Wiesbaden 1985, S. 28.

*

Die kompositorische Auseinandersetzung Blachers mit Mozarts Musik – oder genauer: die Musik Mozarts in der Musik Blachers – läßt sich zweifach aufweisen. Zum einen sind »Gleichklänge« allgemeiner Art zu erkennen, zum andern direkte, ausweisbare, auf konkrete Werke Mozarts bezogene Auseinandersetzungen in Blachers Komponieren dokumentierbar. So vage dies auch anmuten mag, aber »Geist vom Geiste« läßt sich in der Musik Blachers immer wieder erkennen. Damit soll keineswegs eine Abbildlichkeit behauptet, sondern lediglich auf einen »Gleichklang« aufmerksam gemacht werden. In Stichworten:

- rhythmische Intensität,
- transparenter, farbig instrumentierter Satz,
- Durchsichtigkeit des Klaviersatzes, mit klarer Funktionsteilung der Hände,
- Distanz zu jedweder bekenntnishaften Gestik.

Konkrete, werkbezogene Auseinandersetzungen mit der Musik Mozarts sind dreimal nachzuweisen:

- Bearbeitungen Mozartscher Klaviermusik für Orchester,
- Komposition einer Kadenz für den Kopfsatz von Mozarts *Violinkonzert G-Dur KV 216*,
- Hommage-Komposition für Orchester zu Mozarts 200. Geburtstag.

*

In den dreißiger Jahren wurde der Kapellmeister Erich Hannemann, der nach Kriegsende Verlagsrepräsentant bei Bote & Bock war, auf Blacher aufmerksam.[15] Hannemann leitete seinerzeit in Berlin das Deutsche Orchester, ein Arbeitslosenorchester, für dessen Repertoire er auch zahlreiche Kompositionen vom Barock bis zur Gegenwart bearbeiten ließ, bevorzugt von Blacher. Zu diesem Komplex zählen zwei Bearbeitungen von Werken Mozarts, vermutlich aus der Mitte der dreißiger Jahre.

Die eine Bearbeitung trägt den Titel *Marsch aus der Sonate A-Dur*.[16] Dabei handelt es sich um den Schlußsatz der 1778 in Paris komponierten *Klaviersonate A-Dur KV 331*, »Alla Turca (Allegretto)«, gesetzt für Symphonieorchester (Piccolo, Flöte, 2 Oboen, 2 Fagotte, 2 Hörner, 2 Trompeten, Pauken, Schlagzeug, 2 Violinen, Viola, Violoncello, Kontrabaß). Die andere kombiniert unter dem Titel *Zwei Menuette* die von Mozart ohne Überschriften notierten kleinen *Klavierstücke F-Dur KV 15a* und *As-Dur KV 15ff* aus dem 1764/65 in London entstandenen *Londoner Skizzenbuch*, gesetzt für vierstimmiges Streichorchester (Violoncello und Kontrabaß colla parte).[17]

Beide Bearbeitungen sind als Instrumentationen zu verstehen; sie beachten sorgfältig den originalen Klaviersatz, greifen nirgends in die melodische oder harmonische Substanz der Vorlagen ein und respektieren die vorgegebenen Tonarten und die Tempobasis. Bei den Menuetten[18] sind lediglich Streicherphrasierungen sowie dynamische Be-

15 Telephonische Auskunft von Dr. Harald Kunz (29. November 2002). Vgl. auch Stuckenschmidt, *Boris Blacher*, S. 22 u. 81, sowie Gottfried von Einem, *Ich hab' unendlich viel erlebt*, aufgezeichnet von Manfred A. Schmid, Wien 1995, S. 113.

16 Manuskriptmaterial (Partitur und Stimmen) in der Stiftung Archiv der Akademie der Künste (im folgenden zit. als SAdK), Boris-Blacher-Archiv 1.75.159.1-2.

17 Manuskriptmaterial (Partitur und Stimmen) in SAdK, Boris-Blacher-Archiv 1.75.160.1-2.

18 Blachers Vorlage muß die von G. Schünemann besorgte Ausgabe *Mozart als achtjähriger Komponist*, Leipzig 1909, gewesen sein, wenn nicht eine Abschrift, wie er sie – vor allem im Zuge seines musikwissenschaftlichen Studiums – immer wieder von Autographen der Preußischen Staatsbibliothek anfertigte.

zeichnungen, die Mozart im *Londoner Skizzenbuch* ausspart, hinzuge-
fügt.

Der als *Türkischer Marsch* bekannte, populäre Schlußsatz der *Klaviersonate A-Dur KV 331* ist in zahlreichen Bearbeitungen verbreitet.
Blacher hat ihn nach den gleichen Gesichtspunkten instrumentiert wie
die Stücke aus dem *Londoner Skizzenbuch*; doch ist der artifizielle
Aufwand erheblich größer. Der nach Marschprinzipien reihungsartig
konzipierte, motorische und strikt periodisch organisierte Satz gliedert
sich nach Art einer potenzierten dreiteiligen Liedform, bei dem die
Varianttonarten a-Moll / A-Dur formstabilisierend genutzt werden –
schematisch so darstellbar:

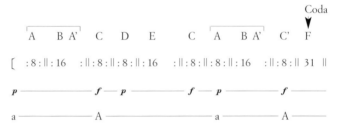

Für seine Instrumentierung wählt Blacher ein »Mozart-Orchester«
ohne Klarinetten, dem er, wie in der Ouvertüre zur *Entführung aus
dem Serail*, eine Schlagzeug-Komponente hinzufügt, um die Janitscha-
renmusik-Assoziationen eines *Alla Turca* sinnfällig zu machen. Die
Wahl und unterschiedliche Nutzung von Instrumentenkombinationen
aber ist strukturell orientiert, das heißt die formale Gliederung des
Satzes bestimmt den Einsatz der Instrumente und Instrumentengrup-
pen. Doch nicht nur die formale Anlage als Ganzes wird von Blacher
instrumentatorisch ausgeleuchtet und verstehbar gemacht, auch strukturelle Details finden gebührende Beachtung (Abbildung 1).

*

19 Autograph (bislang
ungedruckt) in SAdK,
Boris-Blacher-Archiv
1.69.156.

20 Telephonische
Auskunft von Kolja
Blacher (14. Oktober / 30.
November 2002).

Der kompositorische Nachlaß Blachers enthält eine Kadenz für den
Allegro-Kopfsatz aus Mozarts *Violinkonzert G-Dur KV 216*.[19] Blacher
hat sie 1973 für seinen damals zehnjährigen Sohn Kolja geschrieben.[20]
Das Autograph ist eine Kugelschreiber-Notation mit Bleistifteinträgen
zu Fingersatz und Phrasierung von Lehrerin und Schüler. Seine eigenen Erfahrungen als Vater veranlaßten den Komponisten zu einer Reihe von Arbeiten, die letztlich alle pädagogisch motiviert waren, so

Abbildung 1: Boris Blacher, Bearbeitung des Schlußsatzes aus der *Sonate A-Dur KV 311* von Wolfgang Amadeus Mozart, Autograph, SAdK, Boris-Blacher-Archiv, Slg. Bote & Bock 1.75.159.1, fol. 1ʳ

1967 *Spiel mit (mir) ... oder Die sieben Plagen für die lieben Kinder, armen Eltern und beklagenswerten Musiklehrer* und *Ungereimtes* nach Kinderreimen, so 1973 speziell für Kolja *Variationen über eine Tonleiter* und eben die Kadenz.

Zur Erinnerung: Mozart hatte seine fünf Violinkonzerte ausnahmslos 1775 in Salzburg geschrieben, und zwar für sich selbst, das heißt für den Eigenbedarf als Konzertmeister der Hofkapelle. Gemäß der Praxis der Zeit wurden Kadenzen nicht notiert, sondern während der Aufführung »ex improviso« situationsabhängig ausgeführt. Wie und nach welchen Gesichtspunkten dabei zu verfahren war,[21] hat Mozart in den Kadenzkompositionen zu seinen Klavierkonzerten gezeigt, als er für ein und denselben Satz mehrere Kadenzen schrieb – beispielsweise verschiedene Alternativen zu allen drei Sätzen des *Klavierkonzerts A-Dur KV 414* –, um den Schülern die Vielfalt an Möglichkeiten zu demonstrieren. Da unter dem Diktat der Werktreue die Fähigkeit der spontanen Auseinandersetzung mit komponiertem Material jedoch verlorenging, wurden bereits im frühen 19. Jahrhundert Kadenzen auskomponiert und notiert überliefert.

Aus dieser Tradition heraus ist der Blachersche Beitrag zu begreifen. Gefärbt, ja geprägt wird er allerdings durch den familiär-pädagogischen Hintergrund, der nicht nur die Entstehungsumstände beleuchtet – der Sohn studierte gerade das Mozartsche Konzert –, sondern auch die Kürze von 14 Takten und vor allem die »gebremste« Virtuosität plausibel macht. Sie entsprach den aktuellen Spielmöglichkeiten des Kindes hinsichtlich Ambitus, Greiffähigkeit und Bogentechnik. Die kompositorisch-improvisatorische, motivisch assoziierende Auseinandersetzung mit der Mozartschen Vorgabe nimmt freizügig Maß am Hauptsatz-Thema des Kopfsatzes (Abbildung 2).

*

Der 200. Geburtstag Mozarts, der 1956 weltweit mit großem Aufwand begangen wurde, lieferte zahlreichen Komponisten einen Anlaß zu Hommage-Kompositionen. So wurden für die in jenem Jahr veranstalteten Donaueschinger Musiktage für Zeitgenössische Tonkunst allein zwölf Kompositionsaufträge vergeben, deren Summe unter dem Titel *Divertimento für Mozart. 12 Aspekte der Arie »Ein Mädchen oder Weibchen wünscht Papageno sich«* vorliegt.[22]

21 Vgl. die einschlägigen Beiträge von Eduard Melkus und Christoph Wolff in: *Perspectives on Mozart Performance*, hg. von R. Larry Todd u. Peter Williams, Cambridge (Mass.) usw. 1991, S. 74ff. bzw. 228ff.

22 Vgl. dazu Heinrich Strobel, »Divertimento für Mozart«, in: *Melos 23* (1956), S. 273ff., ferner Hartmut Krones, »Wolfgang Amadeus Mozart und österreichische Hommage-Kompositionen 1956-1991«, in: *Mozart in der Musik des 20. Jahrhunderts*, S. 227ff.

Abbildung 2: Boris Blacher, Kadenz zum 1. Satz des *Konzertes für Violine und Orchester G-Dur KV 216* von Wolfgang Amadeus Mozart, Autograph, SAdK, Boris-Blacher-Archiv 1.69.156, fol. 1ʳ

23 Die Korrespondenz befindet sich im Archiv der Universität der Künste Berlin. Für alle einschlägigen Auskünfte sei dessen Leiter, Dr. Dietmar Schenk, freundlich gedankt.

24 Autograph (Partitur) in SAdK, Boris-Blacher-Archiv 1.75.45, verlegt bei Bote & Bock.

25 Vgl. dazu vom Verfasser, *Boris Blacher, der Jazz-Komponist*, Frankfurt a.M. usw. 1998, S. 17ff., und Christopher Grafschmidt, *Boris Blachers variable Metrik und ihre Ableitungen*, Frankfurt a.M. usw. 1996, hier vor allem S. 210f.

26 Der vom Komponisten auf der Frontseite des Autographs notierte Titel, wie auch der des Drucks, lautet *Metamorphose*, während die vom Verlag herausgegebenen Werkverzeichnisse Blachers stets von *Metamorphosen* im Plural sprechen.

27 Zit. nach Stefan Kunze, *Wolfgang Amadeus Mozart. Sinfonie in C-Dur KV 551. Jupiter-Sinfonie*, München 1988, S. 130.

Auch Blacher wurde mit einem Jubiläumswerk beauftragt, und zwar von der Arbeitsgemeinschaft der öffentlich-rechtlichen Rundfunkanstalten der Bundesrepublik Deutschland (ARD). In einem Schreiben vom 11. Juli 1956[23] bat der Süddeutsche Rundfunk Blacher um eine Orchesterkomposition, ohne Text, mit einer Dauer von etwa acht Minuten. Auch der Titel *Hommage à Mozart* war vorgegeben. Blacher entsprach diesen Wünschen wie üblich in kürzester Zeit. Seine eigene Akzentuierung erläuterte er mit einem Untertitel: *Metamorphose über eine Gruppe von Mozart-Themen*.[24] Als Gemeinschaftsproduktion von Sender Freies Berlin und RIAS Berlin wurde das Werk unter Leitung des Komponisten vom Radio-Symphonie-Orchester Berlin am 10. Dezember 1956 in Berlin uraufgeführt. Die Aufführungsdauer betrug sieben Minuten.

Das Dialogische in Blachers Auseinandersetzung mit dem Themenmaterial Mozarts tritt vor dem Hintergrund der Spezifika seiner eigenen Kompositionsverfahren deutlich zutage.[25] Im einzelnen: Um welche Themen handelt es sich? Warum könnte der Komponist gerade diese ausgewählt haben? Was sichert deren Wiedererkennbarkeit, so daß der Mozart-Bezug evident ist? Wieso wird die kompositorische Strategie mit »Metamorphose«[26] – dem griechischen Wortsinn nach also »Umgestaltung«, »Verwandlung« – gekennzeichnet? Warum ist das Werk nach Meinung des Komponisten eine »Hommage«, eine »Huldigung«, wie mit Bleistift von fremder Hand auf der Titelseite des Autographs angemerkt ist?

Das von Blacher für die kompositorische Auseinandersetzung herangezogene thematisch-motivische Material stammt ausnahmslos aus dem *Molto Allegro*-Schlußsatz der *Jupiter-Sinfonie C-Dur KV 551*, der letzten, 1788 in Wien komponierten Symphonie Mozarts. Der Beiname signalisiert das Besondere dieser Symphonie, deren Wertschätzung historisch rasch gewachsen war. Insbesondere die kompositorisch-satztechnische Anlage des Finale, eines Sonatensatzes mit fugierten Elementen, fokussiert in der Coda, ist singulär; sie wird darum bis heute zu Recht gerühmt. Der Bach-Schüler Johann Christian Kittel äußerte sich schon 1808 geradezu hymnisch:

»In der sogenannten grossen Symphonie von Mozart aus dem C ist der Schlussatz ein Allegro assai ohne Zweifel das gelungenste Meisterstück in dieser Gattung und verdient ein Triumph der neueren Tonkunst genannt zu werden.«[27]

Von Blacher in *Hommage à Mozart* verwendetes Motiv- und Themenmaterial aus Mozarts *Jupiter-Sinfonie*

a)   (auch in Umkehrung und als Krebs)

b)

c)   (auch in Umkehrung)

d)   (auch in Umkehrung)

e)   (nur in Umkehrung)

Keineswegs zufällig dürfte sein, daß die Orchesterbesetzung völlig identisch mit derjenigen der *Jupiter-Sinfonie* ist: Flöte, 2 Oboen, 2 Fagotte, 2 Hörner, 2 Trompeten, Pauken, Streichorchester. Bei der Konzipierung der Großform übergeht Blacher die genormten Modelle der Formenlehre zugunsten eines Gefüges *sui generis*. Insgesamt fünf kontrastierende und verwandte Teile verschränken sich palindromartig zu einem Ganzen. In ihren Tonalitätsstrukturen ist die Komposition auf *C* ausgerichtet, also an der Grundtonart der *Jupiter-Sinfonie* orientiert. Drei weitgehend gleiche, »Mozart-freie« Andante-Teile (A1, A2, A3) markieren Anfang, Mitte und Ende. Dazwischen stehen zwei ausgedehnte, einander ähnliche Allegro-Teile (B1, B2), die die Materialien aus Mozarts Symphonie – und zwar ausschließlich diese – exponieren und verarbeiten. Der Kontrast zwischen den drei langsamen und den zwei schnellen Teilen manifestiert sich darüber hinaus in der Wahl der Taktarten – Blacher übernimmt in den Allegro-Teilen auch das Alla breve von Mozart –, in der Dynamik und in der Instrumentation. Dieses sorgfältig gegliederte Gefüge strebt keinem affirmativen, auftrumpfenden Schluß zu, es fordert eher zu fragender Nachdenklichkeit auf.

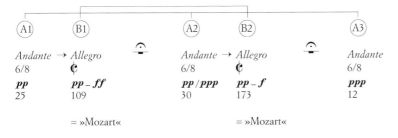

(A1)	(B1)		(A2)	(B2)		(A3)
Andante	→ *Allegro*		*Andante*	→ *Allegro*		*Andante*
6/8	¢		6/8	¢		6/8
pp	**pp – ff**		**pp / ppp**	**pp – f**		**ppp**
25	109		30	173		12
	= »Mozart«			= »Mozart«		

Die beiden Teile, die das Mozartsche Material verarbeiten, setzen auch das volle Instrumentarium Mozarts ein. Die Andante-Teile hingegen sparen Hörner und Trompeten aus und sind in der Tendenz geräuschhaft angelegt. Ein Bordun grundiert sie: eingangs *c*, dann *g* und schließlich erneut *c*. In die geräuschhaften, bordungestützen Teile am Anfang und in der Mitte ist jeweils eine dodekaphon gefärbte Melodie integriert, zunächst vom Fagott, dann von der Oboe verklanglicht. Die Allegro-Teile verbleiben in der Gravitation der Dur-Moll-Tonalität.

Wenn Blacher in zweifellos überspitzter Formulierung geäußert hat, daß ihn harmonische Sachverhalte nie interessiert hätten,[28] weil die Horizontale sein satztechnisches Koordinatensystem beherrsche, dann liefert er in den Allegro-Teilen, das heißt in der »eigentlichen« Auseinandersetzung mit Mozart, einen mustergültigen Beleg. Fünf zentrale Themen, Themenfragmente und Motive aus Mozarts Symphonie-Finale hat er für seine Hommage ausgewählt. Dieses Material wird nun aber keineswegs in der Tradition der thematisch-motivischen Arbeit à la Beethoven behandelt, sondern einer virtuosen Kombinatorik unterworfen, das heißt geschichtet, sequenziert, imitiert, kanonisch verarbeitet, enggeführt, inversionsartig umgekehrt, krebsförmig verändert, instrumentatorisch ausgeleuchtet... Zugleich macht Blacher Gebrauch von seiner Technik, Tonfolgen wachsen und schrumpfen zu lassen. Er verfolgt dabei eine Grundidee, die mit der der Variablen Metrik verwandt ist.

Um Blachers Mozart-Hommage in ihren Intentionen und Besonderheiten resümierend zu würdigen: Der Komponist wählt ein prominentes und repräsentatives Werk Mozarts, das der Musikwelt vertraut ist, zudem ein Werk, das dem musikalischen Denken Blachers aufgrund der satztechnischen Eigentümlichkeiten nahesteht. Indem der Komponist sich eine entschieden kontrapunktisch-polyphone Verarbeitung des Mozartschen Materials vornimmt und diese in »Mozart-freie« Teile einbettet, antwortet er dem Dialogpartner mit seinen besonderen, persönlichen Interessen und Möglichkeiten – als wollte er ihm sagen:

›Ich habe viel von Dir gelernt, ja ich werde den Verdacht nicht los, irgendwie sogar mit Dir verwandt zu sein. Die Klarheit und Transparenz Deiner Musik bewundere ich, und Dein unglaublicher Sinn für strukturelle Balancen fasziniert mich. Im veränderten Kontext der Musik, die heute gemacht wird – immerhin 200 Jahre nach Deinem Geburtstag –, möchte ich Dir mit einem Versuch meines eigenen

28 Vgl. Wolf-Eberhard von Lewinski, »Boris Blacher (†). Die Zeit – das unbarmherzig Maß«, in: *Musica* 29 (1975), S. 217 bzw. 216ff.

Komponierens Dankeschön sagen. Hast Du mit den Streichquartetten der Jahre 1782 bis 1785 Deinem Freund Haydn nicht auch in Dankbarkeit geantwortet? Bitte habe aber Verständnis für die tiefgreifenden Veränderungen in der Welt der Musik. Prüfe mit Wohlwollen dabei ein wenig meine besonderen kompositorischen Neuerungen. Sie sind, wenn ich das in Bescheidenheit anmerken darf, »il frutto di una lunga e laboriosa fatica«.[29] Soll ich sie aufzählen? Zu nennen wären vor allem Palindromstrukturen und Prozesse des Wachsens und Schrumpfens von Tonfolgen – Elemente, die sich nun im Dialog mit Dir bewähren müssen. Gern hätte ich natürlich auch mit meiner ganz und gar eigenen Spezialität, den Variablen Metren, gearbeitet, doch ließ Deine Musik dies leider nicht zu.‹

29 Passage aus dem Vorwort Mozarts zu seinen Haydn gewidmeten Streichquartetten; zit. nach: *Mozart. Die Dokumente seines Lebens*, hg. von Otto Erich Deutsch, Kassel usw. 1961, S. 220.

»Poème« – die Summe eines kompositorischen Lebens?
Christopher Grafschmidt

Letzte Werke eines Komponisten genießen naturgemäß die besondere Aufmerksamkeit der kritischen Öffentlichkeit, gelten sie doch als Vermächtnis. Anders als beim Opus 1, das selten das tatsächliche Erstlingswerk ist, sondern normalerweise erst später dazu erklärt wird, wie im Falle Boris Blachers die *Jazz-Koloraturen* von 1929, verhält es sich mit dem künstlerischen Fazit am Ende der Laufbahn: Ein Opus summum, als welches hier *Poème* für Orchester von 1974 betrachtet werden soll, wird im seltensten Fall vom Komponisten als solches geschaffen, sondern von der Nachwelt als solches erkannt. »In diesem Werk [*Poème*]«, so Horst Göbel, »steht alles, was Boris Blacher dachte und empfand.«[1]

Die Selbstbeobachtung macht es für den schaffenden Künstler bisweilen absehbar, daß es bezüglich bestimmter, aufwendiger Gattungen nach einem gewissen, wie auch immer zu fassenden Zeitpunkt im Leben ein nächstes Mal wohl nicht mehr geben wird. Zur Uraufführung von *Yvonne, Prinzessin von Burgund* am 15. September 1973 schreibt Blacher: »Meine erste Oper [*Fürstin Tarakanowa*] ist 1941 in Wuppertal herausgekommen, und so erschien es mir verlockend und wie eine hübsche Symmetriebildung, meine erste und nunmehr die letzte Oper am selben Ort gespielt zu sehen.«[2] Dazu muß man wissen, daß sich Blachers Gesundheitszustand seit 1973 unaufhaltsam verschlechterte.[3] Die immer wieder hervorbrechende Lungenkrankheit drohte ihren letzten Tribut zu fordern. So mag ihm auch durchaus bewußt gewesen sein, daß *Poème* sein letztes großes Orchesterstück sein würde. Geschrieben hat er es zum 75. Geburtstag der Wiener Symphoniker, der im Jahr 1975 zu begehen war.

Poème – ein für Blacher ungewöhnlicher Titel. »Unsachliche« Überschriften sind in seinem Œuvre, zumal bei Instrumentalwerken, eher selten. Der einzige halbwegs vergleichbare Fall ist das dem Gedächtnis Franz Kafkas gewidmete vierte Streichquartett *Epitaph* von 1951. Leider gibt es von Blacher, der sich zu eigenen Werken ohnehin eher knapp äußerte, keine erläuternden Worte zu *Poème*. Horst Göbel schreibt: »Das Werk gibt viele Rätsel auf, die in Gesprächen nicht mehr entschlüsselt werden konnten.«[4]

1 Horst Göbel, Booklet-Text zur CD *Boris Blacher. Kammermusik*, Thorofon CTH 2206, o. S. Der Titel des Beitrags ist ebenfalls diesem Text entlehnt.

2 Boris Blacher, »Eine neue Oper – wozu?«, in: *Yvonne, Prinzessin von Burgund*, Programmheft des Opernhauses Wuppertal, 15. September 1973, S. 8-9.

3 Hans Heinz Stuckenschmidt, *Boris Blacher*, Berlin / Wiesbaden 1985, S. 52.

4 Horst Göbel, Booklet-Text zur CD *Boris Blacher. Symphonie / Violinkonzert / Poème*, Signum SIG X40-00, S. 4.

Gewidmet ist *Poème* der für das Berlin der fünfziger und sechziger Jahre so wichtigen Choreographin Tatjana Gsovsky, die nicht nur eine gute Freundin der Familie war, sondern auch für die Szenarien zu *Hamlet* (1949), einem der großen Bühnenerfolge Blachers, und *Tristan* (1965) verantwortlich zeichnete. Explizit Tänzerisches spielt denn auch zumindest in den mittleren Sätzen eine bedeutende Rolle, wobei dies allerdings für viele der nicht für die Bühne bestimmten Werke Blachers durchaus typisch ist. Hinsichtlich des Titels lassen sich nur Vermutungen anstellen: Vielleicht zielte Blacher auf eine ideelle Verbindung zwischen der Herkunft der Widmungsträgerin – Blacher »war schon aus biografischen Gründen der russischen Seite zugetan«[5] – und der Tatsache, daß ein Lieblingsstück seines Repertoires als Dirigent *Le poème de l'extase* von Alexander Skrjabin war.[6] Nun liegen zwar Welten zwischen den jeweiligen Stilen und Werken; dennoch gehört *Poème* »zu den expressivsten Werken [...], die er [Blacher] je geschrieben hat«.[7]

5 Gerty Herzog-Blacher im Gespräch mit dem Verfasser am 23. Mai 1991.

6 Wilrich Hoffmann im Gespräch mit dem Verfasser am 25. Mai 1991. Als weitere Lieblingsstücke nennt Hoffmann die *b-Moll-Sonate op. 35* von Frédéric Chopin und *Eugen Onegin* von Peter Tschaikowski.

7 Göbel, Booklet-Text *Boris Blacher. Symphonie / Violinkonzert / Poème*, S. 4.

Sucht man nach einer möglichen musikalischen Verbindung zu Tatjana Gsovsky, so wird man tatsächlich bei *Tristan* fündig. Dabei handelt es sich weniger um motivische Korrespondenzen denn um strukturelle. Das erste Bild von *Tristan* beginnt in den Streichern mit einem äußerlich stabilen Zehnklang, dessen innere Bewegung auf sowohl vertikal geschichteten als auch horizontal abfolgenden Konfliktrhythmen beruht. Die jeweils bei ihrem Instrument verbleibenden Töne sind also von 1. Violine bis Kontrabaß unterschiedlich rhythmisiert (Sechzehntel, Achteltriolen, Achtelquintolen, Achtel, Vierteltriolen und so fort bis zur Ganzen). Ab Takt 2 wandern die Sechzehntel von der 1. Violine taktweise bis zum Kontrabaß und schieben dabei die Rhythmen der anderen Instrumente jeweils eine Stimme tiefer. Diejenigen Rhythmen, die bei diesem Vorgang nach Art eines zweidimensionalen Zahlenschlosses über den unteren Rand hinausgeschoben werden, erscheinen wieder von oben her. Ab Takt 10 läuft der Krebs dieses Verfahrens ab, das Zahlenschloß dreht sich also in die andere Richtung. Danach geht das Ganze von vorne los. Am Schluß des Bildes wandern die Sechzehntel zwar wieder vom Kontrabaß zur 1. Violine, die eigentlich nachfolgenden Unterteilungen erscheinen jedoch nicht mehr – die Instrumentation wird also taktweise immer lichter. Über diesen bewegten, diffusen Klangteppich (*con sordino, pp*) setzt Blacher zunächst sporadisch, später dichter, verschiedene Ereignisse in den übrigen Instrumenten (Bläser, Harfe, Vibraphon, Celesta, Glockenspiel). Die meisten dieser Klang- oder Tonfolgen haben eines gemeinsam: Sie wachsen und/oder schrumpfen, wenn auch nicht immer ganz schematisch. Die polyrhythmisch bewegte Klangfläche, über der sich diese Ereignisse abspielen, erscheint unter anderem noch einmal am Schluß des Balletts, wenn auch stark verkürzt.

Auch *Poème* beginnt mit einer ähnlich gebauten Einleitung, bevor sich der imaginäre Vorhang hebt (Abbildung). Ein 29taktiges, im Wesentlichen absteigendes Thema (*espressivo*) bildet die Grundlage für einen mit der 1. Violine beginnenden 18stimmigen Kanon. Nun sind kanonische Formen bei Blacher nichts Ungewöhnliches; in dieser Dimension übertrifft *Poème* jedoch alles bisher Dagewesene. Das Verblüffende ist, daß bei aller Eindeutigkeit und Bekanntheit der Mittel, die sich Blacher im Laufe der Jahre zurechtgelegt hat, immer wieder Varianten auftauchen, mit denen man nicht gerechnet hätte – daher wohl auch die »Rätsel«, von denen Göbel spricht. Das liegt natürlich sowohl an Blachers Experimentierfreudigkeit als auch an seinem undogmatischen Umgang mit Techniken aller Art, die er stets als »Hilfskonstruktionen«[8] betrachtete. Bei diesem Kanon entsteht nun ein äußerst dichtes, kaum mehr differenzierbares Klangbild, das einem langsam niedersinkenden Schleier gleicht, dessen Farbe merkwürdig unklar bleibt, aber fraglos die Sphäre eines vielstimmigen meditativen Klagegesangs evoziert.

Über diesem kanonischen Gewebe erscheinen nach dem Ende der ersten Stimme, das durch einen Schlag in Pauke und Kontrabaß markiert wird, »einzelne Blechbläser-Akkorde [...], die aus einer fremden Welt zu stammen scheinen. Bizarr fallen sie herein«[9] und sind doch ganz rational organisiert, was den klanglichen Eindruck des Metaphysischen keineswegs schmälert. In den Takten 30 bis 36 beruhen sowohl die vertikale Anzahl unterschiedlicher Töne in Pauke/Kontrabaß, Bläsern und Xylophon als auch die Zahl der jeweiligen Repetitionen dieser Töne auf einem wachsenden Bogen: 1-2 1-2-3-2 (1). Doch bereits in Takt 36 bricht Blacher mit einem dreistimmigen Klang, der nicht wiederholt wird, aus diesem Schema aus, und auch im weiteren Verlauf des Adagios spielt dieses Prinzip keine Rolle mehr. Die vorwiegend dissonante Intervallik der Akkorde (Tritonus, Sekunden, Sept, None) trägt maßgeblich zum Schwebenden des Vorspiels bei.

Eine ungewöhnlich lange Einleitung, als Grundierung ein dichtes Streichergewebe mit zunächst hingetupften Klangereignissen in Blä-

8 Ursula Stürzbecher, *Werkstattgespräche*, Köln 1971, S. 11.

9 Göbel, Booklet-Text *Boris Blacher. Symphonie / Violinkonzert / Poème*, S. 5.

Boris Blacher, *Poème*,
Autograph, SAdK, Boris-
Blacher-Archiv 1.69.36,
fol. 2ʳ-3ᵛ.

sern und Schlagwerk – die strukturelle Parallele zwischen dem ersten
Bild aus *Tristan* und dem Beginn von *Poème* ist, bei aller Unterschied-
lichkeit im Detail, kaum von der Hand zu weisen.

Mit dem Ende des Streicherkanons in Takt 46 bleiben nurmehr die
Bläser übrig, die, gewissermaßen ihrer Leinwand beraubt, ein geradezu pointillistisches Klangfarbengemälde zeichnen. Dabei erweisen sich
diese Takte 45 bis 58 als der kaum veränderte Krebs der Takte 30 bis
43. Auch diese Palindrombildung ist ein Verfahren, das Blacher, wie
auch aus *Tristan* zu ersehen ist, generell gerne anwendet. In *Poème*
geht er aber über das bereits angedeutete, kurze Wiederaufgreifen des
Streichergewebes am Ende des Balletts hinaus: Das abschließende
Adagio bietet den nahezu unveränderten Krebs der Takte 1 bis 46, also
den kompletten Streicherkanon samt Bläserklängen. Der Schleier wird
wieder vom Boden der doch sehr viel weltlicher scheinenden mittleren
Sätze aufgehoben und läßt die Musik, ähnlich wie am Ende des ersten
Bildes aus *Tristan*, ins gleichsam Überirdische entschwinden. Der formale wie atmosphärische Rahmen ist in seiner klanglichen Unfaßbar-
keit also klar gezogen.

Das an die Einleitung anschließende Allegretto – alle Abschnitte gehen nahtlos ineinander über – gewinnt Halt durch die solistisch her-

62

vortretende Oboe, deren ausgreifende Melodie mit einem Rückgriff
auf das Streicherthema des Beginns anhebt. Nachdem der Blick auf
die Bühne nunmehr frei zu sein scheint, macht Blacher den offeneren
Gestus mit der Spielanweisung *scherzando* deutlich. Dabei legt er den
leicht veränderten Krebs der Takte 22 bis 25 zugrunde, in denen die
Notenwerte regelmäßig beschleunigt und wieder verlangsamt werden.
Mit der ausschließlichen Verlangsamung zu Beginn des neuen Ab-
schnitts und nachfolgend lebendiger gestalteter Melodik macht Blacher nicht nur die Verbindung zur Einleitung deutlich, sondern setzt
das Folgende zugleich von der Reminiszenz ab. In der Begleitung hält
sich die Sphäre der Klangmonaden noch etwas länger, bevor in den
Takten 75 bis 78 die Flöten eher beiläufig ein Modell vorstellen, das
bereits auf Kommendes verweist, und ab Takt 82 für gut zehn Takte
durch das Schlagwerk eine stabile Strebe in das Klanggebäude einge-
zogen wird. Jenes Modell, das seit den fünfziger Jahren immer wieder
Blachers Partituren mitprägt (z.B. *Studie im Pianissimo, Rosamunde
Floris, Collage*), besteht aus der Engführung athematischer melodi-
scher Linien, die meist einen auf- oder absteigenden Bogen bilden. In
der Regel wird diese klangflächige Hintergrundmalerei so gestaltet,
daß sich bei mehrmaligem Erklingen der Umfang der Linien und auch
die Anzahl der Stimmen konsequent vergrößern oder verkleinern.

Interessant ist dieses Modell auch, weil es wenig Greifbares bietet und somit, trotz seiner Hintergründigkeit, einen vielleicht auch aus Blachers Sicht notwendigen Kontrast zur rhythmisch-metrischen Prägnanz und Klarheit seiner Partituren bildet.

Im nun folgenden, ekstatischen Allegro konfrontiert Blacher diese sich immer noch im Schwebezustand befindliche Klangwelt mit einer zunächst klar umgrenzten melodischen Entwicklung in den unisono agierenden Streichern. Die von diesen exponierte Gestalt wächst relativ systematisch von Wiederholung zu Wiederholung. Zusätzlich zu den anfangs an das *Perpetuum mobile* aus der zweiten Szene der *Zwischenfälle bei einer Notlandung* erinnernden, geradezu unbarmherzigen Achteltriolen der Streicher ornamentieren in Terz- und Sekundabstand parallel geführte Holzbläserlinien (ebenfalls Achteltriolen) das Geschehen gleichsam in einer zweiten Schicht. Ab Takt 154 werden diese Linien, wie im Allegretto bereits angedeutet, imitierend geführt. Eine klangliche Verdeutlichung des Ätherischen dieser athematischen Kanons zeigen die *glissando*-Varianten in den Takten 138 bis 140 (Posaunen) und 166 bis 169 (Posaunen und Fagotte). Derweil preschen die Streicher mit immer längeren Triolenketten voran und führen zusammen mit den ausufernden Wellenbewegungen der bis zu zwölffach geteilten Holzbläser in »schwere See«. Inmitten dieses »Sturmes« geben vorwiegend die Blechbläser entweder mit Akkordfolgen und -repetitionen Signale (hier finden sich Anklänge an die Einleitung) oder schneiden, um im Bild zu bleiben, mit meist imitierenden, chromatisch absteigenden Linien in langen Noten (auch hier gibt es Bezüge zum Adagio) wie der Strahl eines Leuchtturms durch das Unwetter.

Eine ganz andere, lyrische Welt zeigt das anschließende Moderato. Über sparsamster Begleitung entwickelt eine »friedliebende«[10] Altflöte eine jener für Blacher – trotz aller Liebe zur Ökonomie und Prägnanz – typischen, scheinbar grenzenlosen Melodien.[11] Den Szenenwechsel zur »heldischen«[12] Trompete markiert eine polyrhythmische Schichtung in Flöten und Streichern (ähnlich jener zu Beginn von *Tristan*). Ist die Begleitung hier mit markant gesetzten Streicherakkorden etwas pointierter, so wird die dritte Solistin, eine »kantable«[13] Posaune, von einer in Engführung absteigenden chromatischen Linie in Violine und Flöte und abschließend einem dissonanten Akkord der Klarinetten unterlegt und erscheint so wieder in einem weicheren Licht.

10 Ebd.

11 Vgl. etwa das Andante aus dem Pas de deux am Ende des ersten Bildes aus *Hamlet*, die Klarinettenstelle T. 158-186 in der *Music for Cleveland* oder das Thema des Variationensatzes aus dem *Quintett für Flöte, Oboe und Streichtrio*.

12 Göbel, Booklet-Text *Boris Blacher. Symphonie / Violinkonzert / Poème*, S. 5.

13 Ebd.

Im dritten Mittelsatz, einem Presto, zeigt sich einmal mehr Blachers Organisationstalent. Die metrische Struktur dieses Teils ist bestimmt durch den Wechsel von Alla-breve- und 3/4-Takten. Handelt es sich bei den 3/4-Takten, bis auf eine Ausnahme in den Takten 343 bis 345, jeweils um Einzeltakte, so beruht die Anzahl der Alla-breve-Takte auf einem annähernd gleichmäßig wachsenden Bogen: 2-4 2-3-4-3 2-3-4-5-4-3 2-3-4-5-4. Nach Takt 345 nimmt die Zahl der Alla-breve-Takte letztmalig ab (5-3-2), bevor der Satz mit dem regelmäßigen Wechsel der beiden Taktarten endet. Deren Inhalte sind über weite Strecken klar unterschieden: die Alla-breve-Takte linear, die 3/4-Takte akkordisch. Durch diese Trennung und das durchsichtige Satzbild gewinnt dieses Presto weit mehr tänzerischen Charakter als das stürmische Allegro. Das verwendete Material greift auf bereits Bekanntes zurück: die Akkordrepetitionen aus dem Adagio und die enggeführten Linien vom Ende des Moderato (hier mit löchrigerem Klangbild) oder auch aus dem Allegro. Wenig Neues im Grunde, aber durch die Art der Verbindung eine völlig andere Erscheinung. »Im [...] Presto wird die Welt gänzlich zum Spuk. Irrlichter eilen daher, beleuchten schrille Gedankenfetzen.«[14] Die Ähnlichkeit des Materials über die verschiedenen Abschnitte hinweg hält das Stück im Inneren zusammen, ohne daß sie, und das ist die Kunst, den Charakter der Sätze nivellieren würde. In den letzten acht Takten wird das Satzbild endgültig skelettiert, so daß in den Alla-breve-Takten nur noch ausgehaltene Klänge übrig bleiben.

14 Ebd.

Umso größer ist der Kontrast zur ausgeprägten Klangsinnlichkeit des kurzen Maestoso. Das Material ist ganz und gar akkordisch; zwei Gruppen von Instrumenten stehen einander taktweise gegenüber: zum einen Flöten, Klarinetten und Glockenspiel, zum anderen Englischhorn, Hörner, Tuba und Harfe. Die Verbindung zwischen den jeweils ausgehaltenen Klängen wird geknüpft durch Glissandi von Flöten und Klarinetten einerseits und auftaktig einsetzenden Streichern andererseits, die eine dritte Klangfarbe ins Spiel bringen und den Effekt noch verstärken. Eine interessante Parallele hierzu findet sich in dem Ballet *Der Mohr von Venedig* von 1955, das auf einer Vorlage von Erika Hanka basiert, im Jahr darauf aber auch von Tatjana Gsovsky für Berlin neu choreographiert wurde. Den Beginn des dritten Bildes markiert ein kurzes Maestoso, das, wenn auch nur einmal, mit eben diesem Effekt arbeitet. In *Poème* nun kommen in den folgenden Takten die bisher verwendeten Techniken schrittweise hinzu: auf- oder absteigende

Linien, Akkordrepetitionen, als Kanon geführte Linien, Wellenbewegungen und polyrhythmische Schichtungen – eine auf wenige Takte komprimierte Zusammenfassung. Nach einer Fermate ist es der Krebs des überdimensionalen Kanons vom Beginn, der mit seiner vielstimmigen Klage dieses letzte große Orchesterwerk Blachers beschließt. Mag nun *Poème* bereits unter dem Eindruck eines möglicherweise nahen Endes entstanden und somit als ein Abschied nicht nur von der Widmungsträgerin Tatjana Gsovsky zu verstehen sein, so bietet es doch in jedem Fall einen grundsätzlichen Blick auf die ernste, tiefe Seite Blachers, die allzu gerne übersehen wird.

Gefangene? Figuren in Blachers
»Zwischenfälle bei einer Notlandung«
Gerd Rienäcker

»Gefangene« – so lautet die Überschrift des fünften Bildes einer »Reportage in zwei Phasen und vierzehn Bildern«, die Heinz von Cramer und Boris Blacher im Jahre 1965 für die Hamburgische Staatsoper geschrieben und mit dem wahrlich hintersinnigen Titel *Zwischenfälle bei einer Notlandung* versehen haben. Im Jahre 1966 uraufgeführt, stand dieses Werk für Blachers Auseinandersetzung mit damaligen Innovationen der Wissenschaft, der Technik. War doch, und dies gleich im ersten Bild (»Die Notlandung«), von »Systemtheorie« die Rede – so die Wortfetzen des Professors –, von »Miniaturisierung« und »symbolischen«, ja »automatischen Programmiersystemen«, vom »Programmieren in Maschinensprache«. Die folgenden Bilder zeigen Menschen, die zu Automaten geworden sind (so in III. »Fluchtversuch«, IV. »Eine Vorlesung«, VIII. »Eine Expedition«), oder Roboter, die wie Menschen aussehen: Sie nehmen die Überlebenden einer Flug-Katastrophe in Gewahrsam.

Die Rede ist von der Entschlüsselung *des* Menschen als informationsverarbeitende Maschine, der denn auch informationellen Steuerungen blind ausgeliefert ist, darin enthaltenen Befehlen blinder gehorcht als die Tiere: So das Substrat einer Experimentalvorlesung, die der Gastgeber seinen Gästen hält (IV). Nicht anders die Botschaft seiner späteren philosophischen Lektionen (XIII. »Der X-Wert«), gipfelnd in der Sentenz, daß die just von den Gefangenen zerstörte Maschine eine Seele gehabt habe und ihnen ein potentieller Verbündeter gewesen wäre? Und waren, dies zu artikulieren, den Konfigurationen der Singstimmen und des Orchesters elektronische Klänge und Geräusche beigestellt als Background, Kontrapunkt oder als verschlingendes Integral?

Sind die Überlebenden der Flugzeug-Katastrophe, die Gefangenen solcher wissenschaftlich-technischer Innovationen, ausgeliefert seltsamen Maschinen, die sie zu zerstören suchen, oder menschenähnlichen Robotern, die jegliche Flucht vereiteln? Oder sind sie Gefangene eines Menschen, der sich ihnen als Gastgeber vorstellt und, sie terrorisierend, jene Maschinen, Roboter befehligt – eines Menschen, der, wie spätestens im letzten Bild erfahrbar, mit dem Professor identisch ist, dessen aufgeschriebenen Entdeckungen, Visionen sich die Maschinen, Roboter überhaupt verdanken? Brecht zufolge gereichen Umwälzungen der Wissenschaft und Technik, so ihnen nicht jene des menschlichen Gemeinwesens zur Seite stehen, den Menschen zum Fluch. »Die Kinder an sich drückend / stehen die Mütter und durchforschen entgeistert / den Himmel nach den Erfindungen der Gelehrten« – so in einem Gedicht der *Steffinschen Sammlung*.[1] Und: »Ihr mögt mit der Zeit alles entdecken, was es zu entdecken gibt, und euer Fortschritt wird doch nur ein Fortschreiten von der Menschheit weg sein. Die Kluft zwischen euch und ihr kann eines Tages so groß werden, daß euer Jubelschrei über irgendeine neue Errungenschaft von einem universalen Entsetzensschrei beantwortet werden könnte.« So heißt es in Galileo Galileis Selbstanklage im vorletzten Bild der Zweitfassung von *Leben des Galilei*.[2] Blacher setzte mit Brechts Denken, Theaterentwürfen, Stücken und Gedichten sich jahrzehntelang auseinander. Liegt die Botschaft seiner *Zwischenfälle bei einer Notlandung* auf gleicher oder ähnlicher Schiene, insofern in den Entdeckungen, Visionen des Professors, im Terror des Gastgebers die Ausgeburten des »Fortschreitens von der Menschheit weg« sich präsentieren, weil das menschliche Gemeinwesen sich nicht zum Besseren veränderte, weil auch und gerade die sozialistischen Revolutionen auf der Strecke blieben oder mißlangen?

Oder läßt Gefangenschaft sich universeller fassen, auch jenseits technisierter Welt, all der bedrohlichen Maschinen und Automaten und der Konstruktionen, denen sie sich verdanken, jenseits des Handelns ihrer Konstrukteure?

I

Fragen wir, mit dem Blick des Dramaturgen oder Regisseurs, nach der Physiognomie der Gefangenen und des Gastgebers/Professors. Aufschlußreich genug: Die Überlebenden der Notlandung haben keine Namen, sondern Signaturen, in denen verschiedenartige Rollen-Verhalten kenntlich gemacht sind.

»Die Primadonna«: Aufgerufen ist kein Stimmfach – das dem dramatischen Sopran sich zuordnen ließe –, sondern ein bestimmter Platz im Gefüge des Theaters, namentlich der italienischen Oper des achtzehn-

1 Bertolt Brecht, *Werke. Große kommentierte Berliner und Frankfurter Ausgabe*, 1988–2000, Bd. 12, S. 96.

2 Ebd., Bd. 5, S. 284.

ten, neunzehnten, frühen zwanzigsten Jahrhunderts, der Platz der ersten Dame, ersten Sängerin, den anderen Sängerinnen ebenso vorangestellt wie der »Primo uomo« den anderen Sängern, und dies sowohl im Anspruch an ihre Partien als auch in ihrer sozialen und nach Möglichkeit ökonomischen Reputation – gleichsam Herrscherin im Ensemble und im Stück als Spielvorlage des Theaterabends, oft genug denn auch mit herrscherlichen Allüren, in denen die angestammte Position verinnerlicht wurde. Und gerade dadurch ausgeliefert den Mechanismen des Theaters, in denen die Warenproduktion seit dem späten siebzehnten Jahrhundert in vielerlei Versionen, auch Brechungen, sich geltend macht, also nicht nur der Willkür eines Dirigenten, Spielleiters, Intendanten, Impresario. Allmächtig und ohnmächtig im gleichen Atemzuge! Läßt in ihrer solcherart doppelgesichtigen Existenz die von Hegel apostrophierte Verkehrung der Herr-Knecht-Beziehung sich festhalten, so hat sie in Werken des Melodramma lirico ihr eindrückliches, hintersinniges Manifest: Norma, in Vincenzo Bellinis Oper als Priesterin über die Druiden gesetzt, ist ihrem Todesurteil ausgeliefert wie die Primadonna dem Getriebe des Theaters – wenn beide den Erwartungen an ihr Rollenverhalten nicht mehr genügen! Es ist die Flugzeug-Katastrophe samt Notlandung und Gefangenschaft, die ihr nicht nur das bevorstehende Gastspiel vereitelt.

»Der Wahlredner«: seiner Profession zufolge angehalten zu permanenter Agitation für irgendeine Partei, die es zu wählen gilt – Populist, befragt nach rhetorischer Gewalt, die der Manipulation sich überführt, immer weniger nach substantiell Mitgeteiltem, verurteilt mithin zu unentwegter, glücklicherweise nur halbgewußter Phraseologie, reisend von Ort zu Ort, bedroht vom Scheitern, das seinem Handeln, seiner Reputation ein Ende setzen könnte. Inwieweit gleicht sein Tun, die schier endlose Folge wortgewaltig-manipulativer Reden vor großem Publikum, den stimmgewaltigen Aktionen der Primadonna, inwieweit gilt, was als ihre Allmacht und Ohnmacht diesseits (auch jenseits!) des Theaters sich erweist, auch für sein Obliegen? Wird ihm die Flugzeug-Katastrophe samt Notlandung und Gefangenschaft sein Handwerk legen, ein für allemal?

»Der Journalist«: Er ist unterwegs, sensationelle Ereignisse aufzunehmen, darüber zu berichten im Pendel zwischen mehr oder minder wahrheitsgetreuer Erzählung (Er-Zählung, der ohnehin Wesentliches zum Opfer fällt: das eigentliche Geflecht!) und mehr oder minder plausibler (des Applauses würdiger!) Erfindung, Berichterstatter und

Fabulierer zugleich, und dies auf der Jagd von Ort zu Ort, Sensation zu Sensation, zuhause im Unterwegs, darin zunehmend gefangen, verstrickt in den Regulativen, Bedingungen und Resultaten solchen Handelns, zunehmend all jener moralischen Pflichten entledigt, die dem Journalisten offiziell zu Gesichte zu stehen hätten, auf die er sich denn auch expressis verbis beruft! Unterwegs also, um Menschen und ihre Beziehungen mit Worten zu vernichten, wenn es sich lohnt – auf die Gefahr hin, daß es ihn selbst treffen könnte. Täter und Opfer zugleich! Was hat er, haben seine – wenn sie gut sind – wortgewaltigen Berichte, Fabeln, Kommentare mit den Ergüssen des Wahlredners, was mit den Bravour-Arien der Primadonna gemeinsam, worin läßt sein Handeln, sein Rollenverhalten sich mit dem der ersten Sängerin, des Wahlredners vergleichen? Wird ihm die Flugzeug-Katastrophe samt Notlandung und Gefangenschaft die Feder aus der Hand nehmen?

»Der Generalstäbler im Zivil«: Militär am Reißbrett, Konstrukteur militärischer Feldzüge, in denen Tausende, gegebenenfalls Millionen umkommen, Befehlshaber jener Armeen, die er nicht mehr zu Gesicht bekommt, aufgewachsen jedoch in den verschiedenen Etagen der Kaserne, gewohnt anzuordnen, zu befehlen – wehe dem, der sich dem Kommando widersetzt oder gar desertiert! Und zunehmend verstrickt in seine Obliegenheiten und in deren Ergebnisse, in Verhaltensweisen, die vom herrscherlichen Gebaren einer Primadonna nicht so weit entfernt sind? Wird ihm die Flugzeug-Katastrophe samt Notlandung und Gefangenschaft weitere militärische Operationen vereiteln?

»Zwei Beamte der Sicherheitspolizei«: Von ihnen ist nur zu sagen, daß sie korrekt sind, alle Aufträge ohne »Wenn« und »Aber« ausführen. In welchem Auftrage sie ins Flugzeug stiegen, bleibt offen. Es könnte sein, daß sie, als Angehörige von Geheimdiensten, andere Fluggäste beobachten sollen. Ist es die Flugzeug-Katastrophe samt Notlandung und Gefangenschaft, die solch Unterfangen zunichte macht?

»Der Ingenieur«: unterwegs auf der Suche nach neuartigen Maschinen und Konstrukten, ein Technokrat, dessen Vorstellungen denen des Professors so unähnlich nicht sind. Es ist die Flugzeug-Katastrophe samt Notlandung und Gefangenschaft, der zufolge er im Professor/Gastgeber seinen Meister finden wird.

»Der Millionär«: reisend in Geschäften, ausgestattet mit allerlei Versicherungen – nichts könnte ihn finanziell zu Fall bringen. Es ist die

Flugzeug-Katastrophe samt Notlandung und Gefangenschaft, die all seinen Besitz nutzlos werden läßt.

»Der Vergnügungsreisende«, von dem sich nichts anderes sagen läßt, als daß er nicht geschäftlich, sondern zu seinem Vergnügen durch die Welt reist – offensichtlich kann er es sich leisten. Es ist die Flugzeug-Katastrophe samt Notlandung und Gefangenschaft, die den Vergnügungsreisen ein Ende machen wird – für immer. Inwieweit ist er darin verstrickt?

»Der Professor«, in dessen Tasche – ist sie im Flugzeug zurückgelassen worden? – sich Manuskripte finden: Skizzen und Ausarbeitungen mit schier unzähligen Daten über Systeme und Systemtheorie, über Programmiersysteme und Maschinensprachen und dergleichen mehr. Ein Informatiker? Einer, der die ihm begegnenden Menschen ob seiner Gebaren teils fasziniert, teils abstößt? Der die ihm anvertrauten Menschen erdrückt! Läuft er zum brennenden Flugzeug, um seine Tasche zu holen, wird er bei der Explosion umkommen? Als Gastgeber steht er den Überlebenden aufs neue gegenüber, diesmal aufs Eindrücklichste; niemand entkommt ihm. An seinen Gästen wird er ein Gutteil seiner aufnotierten Daten, Experimente ausprobieren, damit sie in brutale Wirklichkeit sich verwandeln. Es ist die Flugzeug-Katastrophe samt Notlandung, die ihm all die anderen Überlebenden ausliefert – hat er die Notlandung verursacht?

»Die Assistentin«: zehn Jahre für ihn arbeitend, zehn Jahre an ihn gebunden, wie es scheint, nicht nur beruflich. Was dabei auf der Strecke bleibt an Träumen, Sehnsüchten, an menschlicher Entfaltung, was der Professor ihr all die Jahre angetan hat, wird sie in traumatischen Visionen bruchstückhaft andeuten. Es ist die Flugzeug-Katastrophe, die sie ihm endgültig ausliefern wird – inwieweit ist sie darin verstrickt?

II

Eben diese Rollen-Träger – keinerlei Angaben über Aussehen, Alter, kein Wort zur Individualität – werden, fast von einem Augenblick zum anderen, in Situationen geworfen, die den bisherigen ganz unähnlich sind – auf den ersten Blick.

Die Notlandung bringt sie ins Abseits – auf eine Insel, die zumindest ihnen ganz unbekannt ist, mitten in tropische Wildnis. Werden sie in Empfang genommen, so sind von kaltem Neonlicht beleuchtete Räume mit Metallwänden ohne Türen und Fenster ihr Zuhause. Plötzlich tun Glastüren sich vor ihnen auf, sie auffordernd zu vielerlei Expeditionen, möglicherweise zur Flucht – freilich laufen die Gefangenen im Kreise, und die Türen werden sich schließen, ja, vor ihren Blicken sich auflösen; auch sind Männer mit Nummern auf dem Rücken zur Stelle, all die Fluchtversuche zu vereiteln.

Sitzen dürfen die Gefangenen nur anfangs, gleichsam zur Begrüßung (II. »Der Gastgeber«). Nach vereitelter Flucht (III) werden ihnen die Sitze verweigert (IV). Stehend lauschen sie dem Experimentalvortrag ihres Gastgebers, der all ihre Versuche, mit den Gedanken dazwischen zu kommen, ad absurdum führt. Stehend haben sie zur Kenntnis zu nehmen, daß ihr Ausbruch in die Freiheit gescheitert ist, ein für allemal (XIII). Nachts zuvor liegen sie an den Wänden, grell beleuchtet, so daß ihr Versuch zu schlafen in böse Alpträume führt (V. »Die Gefangenen«).

Finden sie sich am Schluß in freier Wildnis – in ihr wird der Gastgeber als Professor sich zu erkennen geben –, so ist es das Ende für alle, auch für den Gastgeber. Sich näherndes Gebrüll von Raubtieren macht es offenbar (XIV. »Agonie«).

Aufschlußreich sind die Lektionen, die ihnen zuteil werden:

Den gerade Angekommenen wird Schallplatten-Musik vorgespielt (II), überlautes, quasi maschinelles Etüdenspiel der Solovioline. In ihr sollen sie, wie die schmelzende Kantilene des Gastgeber-Tenors verheißt, ihr Ewig-Unverlierbares finden. Brüsk wird der Plattenspieler abgestellt; kurz angebunden die Anweisungen danach: Alle Wünsche sollen ihnen erfüllt werden, nur einer nicht – der nach Freiheit. Gäste sind sie, um nicht ein schlimmeres Wort zu gebrauchen: Arrest.

Einer Experimentalvorlesung haben sie zu lauschen (IV). Drahtnetze sieht man, Signaltöne rufen elektrisch gesteuerte »Körper« auf den Plan; sie sehen aus wie Spinnen, sollen aber als »technische Formen« erkennbar sein: Der Gastgeber jedoch gibt ihnen Tiernamen, Kreuzspinne und Weberknecht, denn er ist »Romantiker«. Und er zeigt den »Gästen«, daß die Körper seinen Befehlen sich widersetzen, weder kollidieren sie miteinander, noch laufen sie gegen die Wand. Hernach

72

kommen, aufgerufen durch Signaltöne, Menschen in den Raum – willenlos, aber nicht automatisch. Sie haben Nummern auf dem Rücken, wie jene, die den Gästen zuvor die Flucht vereitelten. Nummern allein hat der Gastgeber ihnen reserviert, denn er ist »Systematiker«. Anders als die spinnenartigen Metallkörper, widersetzen sie sich den Befehlen nicht; sie kollidieren und rennen gegen die Wand, immer wieder!

Beklemmende Einsicht: Tiere also, noch die künstlich geschaffenen, verweigern ihrem Konstrukteur die Gefolgschaft, wenn sie ihnen gefährlich wird; offenbar nehmen sie die Situationen wahr, um sie zu ihren Gunsten zu verändern. Eben deshalb werden ihnen Tiernamen verliehen. Menschen jedoch, die den Tieren, erst recht den Maschinen sich haushoch überlegen dünken, leisten den ihnen gegebenen Befehlen Gefolgschaft ohne Wenn und Aber, auch wenn sie sich zerstören; künstlich geschaffene oder zu Quasi-Automaten abgerichtete Menschen, »Nummern« also, gehorchen elektrischen Signalen. Auch lebende Menschen ohne Nummern auf dem Rücken könnten jenen Kälbern vergleichbar sein, die, in Brechts bösartig-hellsichtigem *Kälbermarsch*, hinter der Trommel in den Tod marschieren: »Das Fell zur Trommel / liefern sie selber.«[3]

3 Ebd., Bd. 14, S. 228.

Weitere Lektionen (in VI. »Das Experiment«) reduzieren *den* Menschen auf informationsverarbeitende, informationsübertragende Systeme. Inwieweit sind sie ersetzbar durch Maschinen, denen das Gleiche viel besser gelingt? Inwieweit sind sie den Maschinen sogar in ihrer Emotivität unterlegen? Aber welche Überraschung: Es sind die »Nummern«, die Angst vor dem Tode haben (VIII), daher sie sich nicht in der Lage sehen, gegen die Gefangenen vorzugehen. Eben diese Automaten-Menschen werden, aufgehetzt durch die Gefangenen (X. »Agitation«), die Kommandozentrale zerstören – unüberhörbar ihr Ausruf »Befreiung, Freiheit« (XI. »Maschinensturm«).

Die Gefangenen aber fallen, sich wechselseitig verdächtigend, übereinander her, ohne sich zu besinnen – so wie die Automatenmenschen in der Experimentalvorlesung blind aufeinander stießen und gegen die Wand rannten (XII. »Zweite Variation über Identität«). Und damit erfüllen sie, was der Gastgeber ihnen zugedacht hat, laufen sie ihm in die Arme: »Sie hätten die Maschine nicht zerstören sollen« – so der Gastgeber (XIII). Just die Maschine hätte ihnen zur Freiheit verholfen, kraft der Unberechenbarkeit ihrer Programme, die ihr ermöglicht, sich den Befehlen zu widersetzen. Kraft ihrer »Seele«, wie der Gastgeber meint. Eben deshalb taugte sie dem Gastgeber nicht; er selber hätte sie zerstört – Grund genug für eine neue Lektion. Wenige Signale genügen, die Kommandozentrale aufs neue zu installieren. Und statt der Chorrufe »Freiheit« – Rufe jener »Nummern«, die die Maschine gestürmt, zerstört hatten – sind Kommandos zu hören: Kommandorufe der gleichen oder neu installierter Automaten-Menschen?

Die abschließende Lektion des Gastgebers gilt der Allmacht des Menschen in ihrer pervertiertesten Version: Aus Käfigen baue er ein Universum, aus Scherben seine Welt. Universalisiert, unüberwindlich also sind Partikularität, Gefangenschaft; Schall und Rauch, was je als Befreiung, Freiheit galt.

Nach solch grundlegender Lektion kann der Gastgeber die Gefangenen in die freie Wildnis führen (XIV). Dort gibt er sich zu erkennen, enthüllt er seine Intentionen, wird Ohnmacht, Ausgeliefert-Sein vollends offenbar: Verschwunden jenes Flugzeug, das auf der Suche war nach Überlebenden, vereitelt alle Rettung, für die Gefangenen und für den Gastgeber/Professor gleichermaßen! Nicht die Maschinen jedoch werden sie vernichten, sondern die freie, ungezähmte Natur.

Den philosophischen Sentenzen gesellen sich makabere Veranstaltungen. Zum einen die mehrfache Einladung zu Expeditionen, Ausbrüchen, Fluchtversuchen, genauer, der Schritt im Kreise oder die »Einkehr als Durchbruch«, darin die Gefangenschaft sich potenziert (III, VIII, X, XI). Zum anderen die Verhöre durch den Gastgeber, darin ihnen offenbart wird, was sie dem Gastgeber wert sind: Von Gesellschaftsspielen spricht der Gastgeber (VI); es gibt kein Ausweichen. Den Verhören zur Seite physische Torturen: überhelle Beleuchtung ohne Unterlaß (V), aufzehrend alle Kräfte, zersetzend all ihre intellektuellen Potenzen. Zum dritten die Einladung zu scheindemokratischen Aktionen, genauer, zur Selbstjustiz, das heißt zur Jagd nach Sündenböcken, seien es Mitreisende (IX. »Erste Variation über Identität«) oder »die« Maschine, die es teils abzuurteilen (X), teils kaputtzuschlagen gilt (XI). Just diese Handlungen treiben die Gestrandeten dem Gastgeber endgültig in die Arme (XIII). Schließlich und endlich folgt die Auslieferung an die nächtliche Wildnis (XIV).

III

Die Notlandung samt Gefangenschaft hat den Fluggästen alle bisherigen Obliegenheiten aus der Hand genommen. Nicht aber ihre Rollenspiele, die – modifiziert, gebrochen – in der Gefangenschaft ihr Recht behalten; erst die freie Wildnis macht dem ein Ende. Befragen wir aufs neue die Akteure.

Der »Primadonna« kommen nicht nur die Auftritte samt Manager und jene Lebewesen abhanden, an denen sie einzig hängt – ihre Hündin Cora, ihre Dienerin Alice! –, sondern zunächst auch die Stimme; sie vermag nicht zu singen. Was jedoch ihren Rollenspielen sonst eignet, ist weiterhin verfügbar: die übersteigerte Geste der Fassungslosigkeit, panischer Furcht, ausbrechender Raserei, der Aufschrei, ohnehin jenes Wechselbad ins Extrem gesteigerter Affekte, das ihre Bühnen-Figuren ihr abverlangen. Vom Gastgeber nach dem Professor befragt (VI), verwandelt sie ihn partiell in einen Primo uomo, abgehoben von den anderen Sängern: Groß sei er, herrisch, gewiß kein Apoll, kein Athlet, jedoch faszinierend, und schon auf dem Flugplatz sei er aufgefallen. Der Libretto-Entwurf[4] allerdings gibt der Sängerin im Verhör Worte der Gleichgültigkeit, Verachtung, unpathetische Konstatierungen. Hat der Angriff des Gastgebers auf sie als Primadonna mitsamt ihrer emotiven Befindlichkeit sie zu eiskalter Raison gebracht? »Immer nur Sie! Immer Sie! Können Sie sich nicht einen Augenblick vergessen?!« Und: »Nicht Sehnsüchte, Begierden, nicht Ihre Wünsche, Madame, den Menschen, den Menschen!« Dem folgt Ermattung, das Eingeständnis der Qual durch unentwegtes Licht. Im Delirium freilich erscheint der Sängerin ihre Bühnenwelt, ihr Rollenverhalten in überlebensgroßer Gestalt: Emphatisch ruft sie nach einem, der sie aufhebt, mit sich nimmt, alle Rollen möchte sie spielen in einer einzigen süßen Sekunde, ihre Stimme habe sie wieder wie noch nie (VII. »Delirium«).

In ihrem Element scheint sie zu sein, wird ein Sündenbock gefunden, vor Gericht gestellt, verurteilt (IX). Sie ist es, die exaltiert seinen Tod fordert, mehr noch, bereit ist, ihn hinzurichten: Verwandelt ihr sich der Vergnügungsreisende, oder jeder andere, der angeklagt, verurteilt wird, in Pollione, Normas ungetreuen Geliebten, den sie den Druiden ausliefert, um mit ihm gemeinsam in den Tod zu gehen?

Wird der Maschinensturm vorbereitet (X) – perfiderweise hat der Gastgeber dies den Gefangenen überlassen, und er kann ganz auf sie

4 Stiftung Archiv der Akademie der Künste, Boris-Blacher-Archiv 1.69.72.

bauen! –, so ist die Primadonna mit zitiertem Pathos, mit pathetisch artikulierten Zitaten aus Oper, Oratorium, Gesangbuch zur Hand: ein Blechkanister ihre Bühne, der Journalist ihr Duett-Partner und Kapellmeister! Er gibt den Einsatz, winkt ab, wenn ihr Gesang seinen Propaganda-Reden nicht taugt. Tanz-Bewegungen begleiten ihre gesungenen Reime über die Unausweichlichkeit des Todes. Beklemmmend, wie sehr im Zitierten die eigene Situation aufscheint, beklemmmend denn auch, wie ihr Gesang in den Chor-Rufen der »Nummern« zu versinken droht!

Überraschend ihr Handeln nach dem Maschinensturm: Wird ihr aufs neue die Pistole zugeworfen – sie soll den Vergnügungsreisenden erschießen, wie verabredet –, richtet sie die Waffe auf den Ingenieur. Noch überraschender ihre eiskalten Feststellungen: »Nicht sehr intelligent, mein Mann. Er und seine Komplizen, für größere Coups ist das nichts«. Und, zu den anderen, plötzlich ausbrechend: »Dumm seid ihr, man müßte euch abknallen«. Und wieder ruhig: »In wessen Auftrag sollten sie das Objekt, das bedauerlicherweise.... den Toten... entführen«. Ist die Primadonna – auch sie – in Komplotte verstrickt, die gegen den Professor sich richten? Oder fügen sich ihr, der Sänger-Darstellerin, die eigentlichen Vorgänge zu einer erlebbaren, erlebten Bühnen-Handlung, ja, baut sie sich daraus ein Melodramma lirico – nicht Stück für Stück, sondern in plötzlicher Eingebung, wie sie Künstlern möglich ist? Enthüllt sich, realiter oder scheinbar, der Heroine das Ganze, so ist sie als Richterin ganz in ihrem Element. Daher ihre beklemmende Bedachtsamkeit, die Eiseskälte ihrer Sentenzen, der Ausbruch gegen die Umstehenden – sie alle gilt es zu unterwerfen, zu verwandeln in Gefolgschaft oder ahnungsvolle Staffage: So hat die Primadonna es von einigen ihrer Bühnen-Figuren gelernt. Und wie eben jenen Figuren ist auch ihr verborgen, daß solche Handlung, solche richterliche Unterwerfung der Anderen nur für wenige Augenblicke gelingt oder, schlimmer noch, als Pyrrhus-Sieg, als Schein sich entpuppt. Es sind die Umstehenden, die ihr die Gefolgschaft verweigern: Der Ingenieur, gegen den sie die Waffe richtet, schneidet ihr das Wort ab: »Verhöre sind allenfalls meine Sache. Aber ich stelle keine Fragen«. Und, eine Plakette vorzeigend, die seine amtliche Immunität ausweist, läßt er die Sängerin entwaffnen, liefert er sie den Sicherheitsbeamten aus. Eben dies hätte die Sängerin auf der Bühne lernen können: Norma, als Priesterin über die Anderen gesetzt, Richterin über Polliones Verrat, wird Opfer ihrer unlösbaren Verstrickung, es ist die ehemals gläubige Anhängerschaft, die sie zum Scheiterhaufen führt. Und Floria Tosca, die den Tyrannen Scarpia richtete, um Cavaradossi zu befreien, steht vor einem Scherbenhaufen. Im Wirklichen und auf den Brettern, die die Welt bedeuten, finden Ermächtigungs- und Entmächtigungs-Spiele statt, zwei Seiten einer Medaille! Der wirklichen – punktuellen! – oder scheinhaften Allmacht folgt die – nicht mehr nur punktuelle! – Ohnmacht. Ist den Akteuren das Handwerk gelegt (XIII), so geht der Primadonna aufs neue die Stimme verloren – für immer!

Auch dem »Wahlredner« sind Agitationsreden erlaubt: Bruchstückhaft und Drahtziehern gehorchend, aber nicht ohne Wirkung, nicht ohne Resultate. Soll doch jener Maschinensturm, der den Notlandenden Befreiung vorgaukelt, um sie dem Gastgeber endgültig auszuliefern, Stück für Stück vorbereitet werden, selbstredend durch »Agitation«, durch Hetzreden.

Nicht anders der »Journalist«: Nicht nur ist er blitzschnell zur Stelle, wenn Interviews anstehen könnten; auch den Gastgeber sucht er durch Fragen zur Strecke zu bringen – vergebens (VI)! In der Gerichtsverhandlung gegen den Vergnügungsreisenden figuriert er als Beisitzer; über die Hinrichtung will er berichten, um die Objektivität zu gewähren. Selbstverständlich gehört er zu jenen Agitatoren, die die »Nummern« zum Maschinensturm aufhetzen; seiner Agitation soll die Primadonna Glanz geben; als Dirigent gibt er ihr den Einsatz, winkt er ab. Seine Reden bereiten, zusammen mit denen des Generalstäblers und den gesungenen Sentenzen der Primadonna, zusammen mit den Rede-Handlungen des Wahlredners – unverständlich dessen Worte – die Nummern-Menschen zum Aufruhr.

Der »Vergnügungsreisende« ist Beobachter nach wie vor, als solcher, wie es scheint, unbeeinflußbar. Mit bösartigen Kommentaren führt er alle Visionen des Ausbruchs, jegliche Fata Morgana, die die Gefangenen haben, ad absurdum. Bis ihm das Beobachten vergeht...

Dem »Generalstäbler« sind oder scheinen mehrere Operationen erlaubt: zum einen das Kommando über den ersten Fluchtversuch, genauer, für den Marsch im Kreise (III), zum anderen eine Expedition, die ihm überraschende Einsichten gewährt – die »Nummern«, die ihn und den Ingenieur überwältigen sollen, weichen zurück, nachdem er eine von ihnen erschoß; sie haben Angst vor dem Tode. Daraus erwächst die nächste Verpflichtung: Die Schwäche der Automaten ausnutzend mit dem Blick des Feldherren, lenkt er, mitten in der Gerichtsverhandlung, den Haß der Gefangenen auf die Kommandozentrale. Aufschlußreich, mit welchen Argumenten er die Automaten zu ihrem Zerstörungswerk aufstachelt: Zu kämpfen gilt es, weil das Leben nichts wert sei. Ohnehin, so philosophiert er (VIII), gehe alles, Leben und Tod, in Zahlen auf. In gesichertem Abstand, hatte er die bisherigen Kriegszüge entworfen und befehligt, auf dem Reißbrett den Tod unzähliger Menschen angeordnet. Wie sollte jetzt über Leben, Lebenswertes nachgedacht werden?

Solchem Kalkül freilich steht – auch dies Teil des Rollenverhaltens! – zweierlei zur Seite: Militärischer Gehorsam, gepaart der militärischen Befehlsgewalt – Deserteure sind zu erschießen, Standgerichte zu verordnen –, zugleich die formelhaften Rufe nach moralischen Instanzen, ja, nach Gott (so die erboste Frage an den Gastgeber in IV). Wie sehr gleicht er in alldem höchst modernen Politikern, auch jenen des Militärs!

Der »Ingenieur« registriert eifrig, was an Sonderbarem sich ereignet – mit dem eiskalten Blick des Technikers. Sein Gespräch mit der Assistentin verwandelt sich in ein Verhör – immer schärfer der Ton seiner Fragen, immer hilfloser die Antworten: Es ist nicht die Notlage, die ihn interessiert, sondern das Regelwerk, das die Gefangenen umgibt, mitsamt den Entwürfen des Professors, die ihm, wie er allmählich begreift, zugrunde liegen. Wie läßt es, so der Ingenieur und der Generalstäbler, zu absoluter Herrschaft sich verwenden? Kein Wunder, daß ihn die Fahndung nach Sündenböcken, Gerichtsverhandlungen mit Urteilen und Hinrichtungen teils kalt lassen, teils fassungslos machen ob ihrer Borniertheit.

Auch der »Assistentin« sind Rollenspiele erlaubt: Emanationen ihres Ausgeliefert-Seins, ihrer Ohnmacht, Formeln, mit denen sie die peinigenden Fragen beantwortet, Rufe der Angst, der Fassungslosigkeit, Artikulationen ihrer Qual, der sie vergebens zu entkommen sucht.

IV

Enthüllungen? Der Vergnügungsreisende gesteht, die Notlandung verursacht zu haben. Der Professor sollte entführt werden – um die Entwürfe in Besitz, in Sicherheit zu bringen. Er habe den Piloten mit vorgehaltener Pistole zur Veränderung der Route gezwungen; die Assistentin habe ihn dazu angestiftet, ihn bezahlt (XII). Was für einen Wert jedoch haben Geständnisse, die unter Folter erfolgten (und wenn es Folter durch Verhöre und Licht ist)? Was geschieht mit den Geständigen? Was aber sind die eigentlichen Vorgänge im Hintergrund?

Der Primadonna wird, in plötzlicher Eingebung, der Komplott offenbar; das macht sie den Anderen gefährlich, sie muß entmachtet werden. Der Ingenieur weist eine Plakette vor, um das Zepter in die Hand zu nehmen: Ist er für den Komplott verantwortlich? Die Sicherheitsbeamten gehorchen ihm, der Generalstäbler jedoch fährt ihm in die Parade – ist er der Drahtzieher? Oder hat ein Regierungswechsel ihm das Zepter in die Hand gegeben – ihm, dem Repräsentanten des Militärs? Und es gehorchen die Sicherheitsbeamten aufs neue; sie entwenden dem Ingenieur die Pistole und geben sie dem Generalstäbler. Er nun richtet sie auf die anderen, weidet sich an deren nackter Angst – ist ihr Tun oder Mittun enthüllt?

Aber weder der Ingenieur noch der Generalstäbler sind Herren des Geschehens: Der Gastgeber hat ihnen die Waffe abgenommen. Den Gästen präsentiert er, mitsamt den angebotenen Getränken, ihre Ohnmacht. Als Gastgeber gibt sich der Professor den Gefangenen in freier Wildnis zu erkennen (XIV): Niemandem ist er willkommen, und was immer einzelne Fluggäste gegen ihn vorhatten, könnte in ihrer als Gleichgültigkeit mühsam getarnten Abwehr-Haltung – oder in halb verhohlener Angst? – sich nun doch als wahr, oder zumindest als wünschenswert erweisen. Mit zynischer Freundlichkeit eröffnet er ihnen, er habe von diesem Anschlag gewußt, habe die einsame Insel ausgewählt, auf daß nicht nur die Entführer unschädlich gemacht werden. Was ist von seiner Eröffnung zu halten? Und, alle bisherigen Enthüllungen übergipfelnd: Die Bestien der freien Wildnis machen zwischen Gefangenen und Gastgeber/Professor keinen Unterschied.

V

Gefangene sind sie allesamt, und dies nicht erst im Flugzeug, auf der Insel. Aus Käfigen werde das Universum, aus Scherben eine ganze Welt errichtet – aus Gefängnissen ihr Gegenteil, Freiheit? Was der Gastgeber/Professor den Gästen zynisch offeriert, gilt abstrichlos für ihn, und dies nicht erst im Flugzeug, auf der Insel. Gefangen sind Primadonna und Ingenieur, Generalstäbler und Vergnügungsreisender, Wahlredner und Journalist, Professor/Gastgeber und Assistentin, gefangen die Sicherheitsbeamten: Im eigenen Rollenverhalten seit ehedem, in den Gesellschaften, Gemeinschaften und ihren Regulativen ehemals und jetzt, auf der Insel, gefangen durch ihr Mit- und Gegeneinander, durch blinde Aktionen, deren Resultate sich gegen die Akteure kehren – nicht nur gegen die Gäste. Maschinen, so scheint es, halten die Gäste im Schraubstock. Sie aber, so zeigt der Gastgeber, gehorchen ihm, der sie konstruierte, überaus schlecht; daher müssen sie zerstört, durch bessere Maschinen ersetzt werden – in seinem Auftrag nämlich fand ja der Maschinensturm statt. Ist er, der Intellektuelle, über seine Konstrukte gesetzt – er kann sie beliebig zerstören, erneuern, austauschen –, so gehorchen seine Visionen, Konstruktionen, gehorcht sein Handeln dem Gefängnisgitter von Zahlen, Planspielen, den Ausgeburten reduktionistischer Wissenschaften, die nach dem Ganzen, also auch nach Konsequenzen ihres Materials längst zu fragen aufgehört haben. Kommt bei alledem die Natur abhanden, so wird sie sich rächen: Wilde Bestien, die den Gastgeber/Professor mitsamt den Gästen zerfleischen, könnten einstehen für Naturkatastrophen.

VI

5 Vgl. Karl Marx, *Ökonomisch-Philosophische Manuskripte aus dem Jahre 1844*, Leipzig 1988; Alfred A. Oppolzer, *Entfremdung und Industriearbeit*, Mainz 1974; Achim Trebeß, *Entfremdung und Ästhetik. Eine begriffsgeschichtliche Studie und eine Analyse der ästhetischen Theorie Wolfgang Heises*, Stuttgart/Weimar 2001.

6 Vgl. Karl Marx, *Das Kapital*, Bd. I, Berlin 1962, S. 85 ff. und 391 ff.

Verbergen sämtlichen Akteuren sich die Resultate, Konsequenzen ihres Tuns, so gehorcht dies einem Phänomen, das Karl Marx in den *Ökonomisch-philosophischen Manuskripten* teils als Entfremdung, teils als entfremdete Arbeit bezeichnete.[5] Dem Produzenten werden, so Marx, die Resultate ihrer Produktion entzogen (ent-fremdet?). Sie jedoch treten ihm übermächtig, weil unerkannt gegenüber, ihn zu unterjochen oder zu vernichten. Inwieweit ist solche Erfahrung an die Industriearbeit geknüpft? Etwa, wie Marx im *Kapital* ausführt, an die Ware, deren Gebrauchswert längst durch den Tauschwert getilgt wurde, damit Surrogate einstiger Gebrauchswerte wie Fetische daraufgesetzt sind? Oder an die Maschinen, in denen die altbekannten Handwerks-Geräte nur der Form nach überleben, als Schein ihrer selbst?[6] Ist Entfremdung nicht nur an die gesellschaftliche Arbeitsteilung per se, sondern an hochvergesellschaftete Produktions-, Distributions-, Konsumtionsprozesse gebunden, und sind diese nur der Indu-

80

striearbeit eigentümlich? Jene Vorgänge, die Marx der entfremdeten Arbeit zuordnet, haben längst vor der Industrialisierung Fuß gefaßt: In den Handelskontoren des mittleren und späten achtzehnten Jahrhunderts, darin, so Wolfgang Promies, die Kaufleute von Geistererscheinungen als Ausgeburten unerledigter oder mißlungener Geschäfte heimgesucht werden.[7] In jenen Gespensterstuben, von denen E. T. A. Hoffmanns Erzählungen vielemale handeln. Oder im Rad der Zeit, an das der nackte Heilige in Wackenroders *Berglinger*-Fragment gebunden ist – auch in jenem »eintönigen Geräusch des Rades«, das laut Friedrich Schillers Briefen *Über die ästhetische Erziehung des Menschen* das Individuum daran hindert, die Ganzheit wahrzunehmen: Nicht das späte achtzehnte Jahrhundert, sondern die ausgehende griechische Antike sei von Schiller gemeint, so Martin Fontius, polemisierend gegen allzu wohlfeile gesellschaftspolitische Zuordnungen.[8] Und doch stehen die epochalen Umbrüche vor der Schwelle des neunzehnten Jahrhunderts im Visier. Nicht anders in der nächtlichen Wolfsschlucht, im ersten Finale der Oper *Der Freischütz*: Caspar gießt, mitsamt den Freikugeln, eine Katastrophe nach der anderen. Entfremdeter Arbeit könnte denn auch jene seltsame Schaukel gehorchen, auf der, in Schriften deutscher Frühromantik, die Individuen zwischen scharf konturierter, daher erkennbarer Einzelheit und unscharf konturiertem, unerkennbarem, bestenfalls erahnbarem Universum sich bewegen. Es werde einem dabei »schwindlicht«. Was Marx in seinen frühen Schriften andeutete, in späteren halb zurücknahm, vor allem in Kreisläufe vergesellschafteter Produktion und Konsumtion aufzufächern suchte, ist erfahrbar in sehr unterschiedlichen Gesellschaften, überall dort, wo Individuen, Gruppen, Gemeinschaften sich entmächtigt, unerkennbaren Schicksalen ausgesetzt sehen, diesseits und jenseits der materiellen, geistigen Produktion. Unüberwindlich all dies? Bisherige Versuche, Entfremdung aufzuheben, sind gescheitert. Entfremdeter Arbeit gehorcht denn auch, was den Akteuren vor und nach der Notlandung zu denken, zu äußern, zu tun obliegt: Niemand von ihnen wird je erkennen, was ihn wirklich im Schraubstock hält. Wie in einer Camera obscura, um Marx' Beobachtung aufzunehmen,[9] verkehren sich die tatsächlichen Verhältnisse: Aus Zahlen, Programmen, so glaubt der Professor, könne er sich ein Imperium bauen, mit Zahlen und Programmen andere Menschen beherrschen, aus Käfigen ein Universum, aus Scherben eine Welt errichten. In Wahrheit ist er Gefangener eben seiner Pläne und Bauten. Maschinen, so glauben die Gefangenen, halten sie in Gewahrsam; würden sie zerstört, so winke die

7 Wolfgang Promies, *Der Bürger und der Narr oder das Risiko der Phantasie*, München 1966, S. 230ff.

8 Martin Fontius, »Produktivkraftentfaltung und Autonomie der Kunst. Zur Ablösung ständischer Voraussetzungen in der Literaturtheorie«, in: *Literaturen im Epochenumbruch. Funktionen europäischer Literaturen im 18. und beginnenden 19. Jahrhundert*, hg. v. Günter Klotz, Winfried Schröder, Peter Weber, Berlin / Weimar 1977, S. 409-530, darin S. 481 ff.

9 Vgl. Karl Marx / Friedrich Engels, »Die deutsche Ideologie«, in: Karl Marx / Friedrich Engels, *Werke*, Bd. 3, Berlin 1958. S. 26.

Freiheit. Was immer jedoch sie unternehmen, wird ihre Gefangenschaft potenzieren. Entfremdeter Arbeit gehorcht der Schritt ins Partikulare, das zum Ganzen aufgeblasen wird: Sei es der Weg in Zahlen und Programme, mit denen die Welt beherrscht werden soll, sei es die unentwegte Suche nach Sündenböcken, die man nur abstrafen muß, damit die Verhältnisse sich verändern, seien es jene Ausbruchsversuche, die sich der Kreis-Gänge überführen.

VII

Gefangenschaft, Entfremdung, der Bau des Universums aus Käfigen, der Bau der Welt aus Scherben – nicht nur in den szenischen Vorgängen ist von alldem die Rede, sondern auch in Boris Blachers Komposition. Und dies unter zweierlei Voraussetzungen: Zum einen artikuliert sich in der Musik kein lyrisches Subjekt, mit dem der Komponist sich identifiziert, mit dem der Zuschauer/Zuhörer sich zu identifizieren hat. Nicht emotionsgeladener, expressiver Parteinahme für irgendein Gutes, gegen irgendein Böses gelten die Klänge und Geräusche, sondern dem Zeigefinger, gerichtet auf die Begebenheiten, damit ihr »So und nicht anders« in aller Schärfe zutage trete. Dem Zuschauer/ Zuhörer obliegt es, das Gezeigte zu bewerten. Zum anderen geht es um *Musica teatralis*, das heißt um das Musizieren im Theater und als Theatervorgang, um Musik im und als Theater: Indem Musizieren, Musik innerhalb der Theatervorgänge ganz unterschiedliche Positionen haben, in ihnen nach vorne oder zurücktreten können – nötigenfalls bis zum Verstummen –, verantworten sie eigene Theater-Vorgänge, um die anderen scharfsichtig zu kommentieren. Und sie können dies, weil sie zeigen, was ist, statt als lyrisches Subjekt sich dazwischenzuschalten. Und weil der Komponist ihr Material, ihre Konfigurationen aufs Allernotwendigste reduziert, ist es gestisch beredt!

Dies sei in zwei Streifzügen erörtert.

Zweites Bild, Rezitativ und Arie des Gastgebers: Heraufbeschworen ist die Scena ed Aria der späten Opera seria, heraufbeschworen und amputiert: Dem ersten Rezitativ folgt die Arie, ihr wiederum ein Rezitativ. Die erwartete zweite Arie bleibt aus. Schlimmer noch, die erste Arie wird brüsk abgebrochen, abgewürgt, den lyrisierenden Ergüssen des Gastgebers, darin vom Ewigen die Rede ist, folgen prosaische Verdikte. Alles sei den Gästen erlaubt, nur nicht der Weggang, und man wolle im Begriff des Gastes das Eigentliche nicht aussprechen: Arrest! Bricht der Gastgeber seine Arie ab, weil ihm offenbar wird, daß seine Verheißungen die Gefangenen nicht überzeugen? Oder soll dem (arioso gesungenen) Zuckerbrot die (rezitativische) Peitsche folgen?

Werden die Rezitative vom Streichorchester accompagniert – gemäß den Traditionen des *Recitativo con Violini* –, so steht dem Ariengesang statt des Orchesters die Schallplatte zur Verfügung; der Gastgeber stellt den Plattenspieler an und ab nach Belieben. Zu hören ist eine Toccata (im Libretto als *Sonate* bezeichnet) für Solovioline: Monoton, bestehend aus Tonrepetitionen, Kreisgängen rings um die sogenannte phrygische Sekunde und plötzlichen Ausschlägen über den Oktavraum hinaus – unverkennbar die Gesten des sich Verbohrens, des unberechenbaren Zuschlagens, unverkennbar das Perpetuum mobile,[10] gepaart dem unaufhörlichen Lauf im Kreise, das Beieinander von Gefangenschaft und Gewalt. Überlaut und verzerrt soll die Toccata eingespielt werden, um die Gäste zu quälen. Ist der Plattenspieler abgestellt, so kann der Gastgeber sein Rezitativ fortsetzen – im permanenten Wechsel zwischen lyrisierender Kantilene, expressiv-emphatischen Ausrufen und scharfem Kommando. Die Arie, darin alle Möglichkeiten der Cavatina aufgeboten sind, beginnt inmitten des Perpetuum mobile der Violine: Es taugt, dem Belcanto schroff kontrastierend, dessen Verheißungen zur Demontage. Wenn, mitsamt der Arie, die Toccata abbricht – mitten in einer Kreisfigur! –, so herrscht die Prosa, in ihr das Kommando.

Festzuhalten ist mehrfache Asynchronität zwischen Gesang und Toccata: Zum einen bezogen auf den Beginn der Arie, davon die Toccata, symbolisch gesprochen, keinerlei Notiz zu nehmen scheint – nur der Abbruch ist beiden Musiziersphären gemeinsam, als plötzliches Abbrechen, Abwürgen. Zum anderen bezogen auf das »So und nicht anders« beider Sphären, Artikulationen: Dem schmelzenden Tenor-Klang, dem Versuch mehrerer Kantilenen, darin Verheißungen ausgesungen werden sollen, begegnet das Perpetuum mobile; nur der durchlaufende Dreivierteltakt vermag beides, den Gesang und die Toccata, zusammenzuhalten – formal, nicht ideell!

Dies aber – die Asynchronität im Beginn der Arie, das Unvereinbare von Kantilene und Perpetuum mobile, das plötzliche Abwürgen der

10 Unter dem Titel *Perpetuum mobile* veröffentlichte Blacher das Violinstück 1965 separat.

83

Arie – läßt den Verdacht aufkommen, sowohl die Arie als auch ihre einzelnen Komponenten seien beliebig, abrufbar, Versatzstücke: abrufbar, beliebig im Einsatz und Zusammenspiel; Versatzstücke, was einst der individuellen Expression zum einen, gleichfalls individueller Musiziersphäre, Virtuosität zum anderen entsprang. Soll dergestalt kenntlich gemacht werden, daß auch die Substanz der verbalen Verheißungen des Beliebigen, jederzeit Abrufbaren, Versatzstückhaften sich überführt?

Nicht allein in der zweiten Szene, darin der Gastgeber seine Gäste begrüßt und zu indoktrinieren beginnt, sondern vielerorts entpuppen sich mehr oder minder weit ausschwingende ariose Kantilenen als jederzeit verfügbar, beliebig, als Pose, darin Emotivität längst vereiste. Abrufbar sind denn auch ganz unterschiedliche Gesten expressiven Singens, abrufbar all jene Traditionen, die sie heraufbeschwören. Und es fallen die konstitutiven Parameter zunehmend auseinander: Hat, in der Agitations-Szene (X), die Sängerin auf Zeichen des Journalisten Sentenzen über das Unausweichliche der Finsternis, des Todes, in paarig gereimten Zwei- oder Vierzeilern von sich zu geben, so wird sowohl die Syntax (Zeilenbau, Metrik, Reimstruktur, Lautinstrumentation etc.) als auch die Semantik der verbalen Sentenzen über den Haufen geworfen: Gegen unsichtbare Geräusch-Quellen anschreiend, setzt die Primadonna einen vokalen Ausbruch neben den anderen. Alsbald, auf Befehl des Journalisten, wird sie verstummen, aufs neue einsetzen, wenn es angezeigt ist. Erweisen sich die verbalen Botschaften ohnehin als herbeigeholt, beliebig, Sammelsurium von Zitaten, so braucht die Sängerin musikalisch darauf nicht einzugehen. Aber auch ihre Exklamationen sind herbeigeholt, abrufbar, Zitat, nur auf gänzlich anderer Ebene als die verbalen Sentenzen und ihre Strukturen.

Was nun in der zweiten Szene exponiert wird – in musikalischen Gesten, in deren strukturellen und semantischen Maximen –, kehrt wieder. Das gilt zum einem für die Tenor-Arie des Gastgebers: In der letzten Szene serviert sie der Professor den Gefangenen, bevor sie zugrunde gehen. Von den ehemaligen Verheißungen keine Rede mehr – statt dessen werden die Opfer auf die Natur verwiesen, auf die Stille vor der Katastrophe.

Auch die Toccata kehrt wieder: Einmal live musiziert als Zwischenakt nach dem vierten Bild, also nach der grausigen Vorlesung, in der die

Nummern-Menschen dem Gastgeber willfähriger sind als die künstlichen Tiere. Nunmehr hat das Streichorchester sich des Perpetuum mobile bemächtigt; die plötzlichen Ausschläge sind den Blechbläsern überantwortet – Peitschenhiebe, die den Kreisgängen zur Seite stehen? Ein andermal auf der Schallplatte in der dreizehnten Szene, darin der Gastgeber den Gefangenen mit zynischer Freundlichkeit die Rechnung präsentiert: Unverkennbar nimmt er die Scena ed Aria der zweiten Szene auf, um sie en detail zu modifizieren: Zum einem singt der Gastgeber, statt einer in sich halbwegs geschlossenen Tenor-Arie, ein Sammelsurium jäh kontrastierender Gebilde – unüberhörbar der Kommando-Ton diesseits und jenseits tenoraler Eskapaden! Zum anderen fehlt der Schallplatten-Musik die akustische Überzeichnung – sie erklingt unverzerrt, in normaler Lautstärke. Diese Zurücknahme wird kompensiert durch potenzierte Ausdehnung; die Tortur hat sich verlagert. Überdies werden einzelne Partikel der Toccata mehrfach zuhanden sein: Live musiziert, erscheint das Kreisen um die phrygische Sekunde als Ostinato nach der zweiten und während der vierten Szene, im ersten Teil der »Vorlesung«; die kreisenden Triolenläufe und repetitiven Orgelpunkte bilden in der sechsten Szene den quälenden Untergrund des Verhörs.

Zwei Musizier-Sphären begegnen sich, alternativ oder gleichzeitig, einander kontrastierend oder überlagernd: Live-Musik auf der Szene und im Orchester, Klänge und Geräusche vom Tonband. Nahe läge es, in solcher Konstellation das Mit- und Gegeneinander von Mensch und Maschine, Mensch und Technik zu verorten – dergestalt, daß im Live-Musizieren die subjektive Befindlichkeit der Menschen, in den Geräuschen und Klängen des Tonbandes die unmenschliche Maschinenwelt sich artikuliert, daß Menschen, ihre Sehnsüchte, Träume, Hoffnungen, Illusionen von den Ausgeburten der Wissenschaft, Technik, von den Maschinen überrollt, zerstört würden.

Schon die szenischen Vorgänge widerlegen diese Lesart: Maschinen, so der Gastgeber, könnten den Gefangenen bessere Verbündete sein als er, der sie konstruierte – und sie zerstören läßt, weil sie ihm nicht gehorchen. Menschen sind es, die kraft ihrer hybriden Konstrukte andere Menschen beherrschen, ihnen das Leben zur Hölle machen; Menschen errichten jene Käfige, aus denen sie das Universum bauen, zerschlagen die Welt in Scherben, um daraus ihre eigene Welt aufzubauen.

Daß es um die Konfrontation von Mensch und Technik nicht geht, macht das »So und nicht anders« der Musiziersphären offenbar – sowohl die Klänge und Geräusche auf dem Tonband als auch das Live-Musizieren. Gewiß sind Maschinengeräusche zu hören – das stürzende Flugzeug anfangs, das kreisende, sich entfernende Flugzeug in der letzten Szene, Maschinengeräusche unter anderem während der Expedition des Ingenieurs und Generalstäblers (VII) und zu Beginn des Maschinensturms (XI). Ebenso unüberhörbar sind Lautgebungen von Menschen: Monotone Kommando-Rufe jener Nummern-Menschen, die die Gefangenen zu bewachen haben – darunter die verzerrte Stimme der Schauspielerin Marianne Hoppe! –, chorische Vokalisen, chorische Rufe, vor allem der nach Freiheit. Auffällig unterscheiden sich quasi mechanische von expressiven Artikulationen: Die Maschine, so scheint es, beginnt zu klagen – hat sie eine Seele? Und es klagen die Nummern-Menschen gegen die ihnen zugemutete Verwandlung in Roboter, mehr noch, sie opponieren gegen ihr Schicksal. Als empfindende Menschen werden sie sich von den Gefangenen manipulieren lassen, um ihr eigenes Gefängnis, die Kommandozentrale zu vernichten.

Zu hören sind Atemgeräusche, das heißt Lebenszeichen – der Menschen oder der Maschinen? –, zu hören das Stöhnen der vernichteten Kommando-Zentrale: Gleicht sie tödlich verwundeten, sterbenden Menschen? Zu hören sind, schließlich und endlich, Geräusche der Natur, friedliche Laute der Zikaden, hernach das Gebrüll und Fauchen der Bestien, denen Professor und Gefangene zum Opfer fallen.

So heterogen, so widersprüchlich, was vom Tonband erklingt, so widersprüchlich, wofür es einsteht: Menschen im vermeintlichen Schraubstock der Technik, der Maschine, im Pendel zwischen Einpassung und mehr oder minder anarchischer Opposition, Menschen, die zu sich kommen oder sich verlieren; Maschinen, die weinen, klagen, weitaus menschlicher als ihre Konstrukteure. Nicht minder heterogen, widersprüchlich das Live-Musizieren: Zum einen expressive Artikulationen nicht nur der Primadonna, darin sich, ungeachtet des Herbeigeholt-Versatzstückhaften, wirkliche Not geltend macht, Splitter ehemals weit ausladender Kantilene, Arabesken und weit aufgefächerte Klang-Gewebe im Orchester; zum anderen das Perpetuum mobile der ins Live-Musizieren eingelassenen Toccata, unablässig rotierende Wendungen und stakkatierte Ostinati – unüberhörbar das Mechanische, Roboterhafte, quasi Maschinelle. Und es kontrastieren auch hier die so unterschiedlichen Artikulationen auf engstem Raume.

Nicht Mensch und Maschine stehen einander gegenüber, sondern Menschen sind es, die sich und andere unterdrücken, ihr Eigentliches aufgeben – oder dagegen opponieren. Das »So und nicht anders« der verschiedenen Musiziersphären und ihrer Korrelierung, das »So und nicht anders« der Musizierweisen bringt es an den Tag.

VIII

Von »Zeitopern« ist seit mehr als einem dreiviertel Jahrhundert die Rede; Martin Willenbrink hat dies für Blachers Opern thematisiert.[11] Es fragt sich allerdings, was der »Zeitoper« eigentümlich sei: Die Präsentation von Akteuren in Kostümen der Gegenwart oder jüngsten Vergangenheit, die Präsentation von Bildern sogenannt moderner Städte, die Präsentation von Maschinen, technischen Geräten, Laboratorien des frühen, mittleren, späten zwanzigsten Jahrhunderts? Die Verfügbarkeit sogenannt moderner Tanzmusik, des kommerzialisierten Jazz, des Schlagers oder – in neuerer Zeit – das Einlassen von Vokabeln der Popmusik? Die Verfügbarkeit sogenannt moderner Medien, die Einbeziehung von Film, Fernsehen, Hörfunk? Oder die Vergegenwärtigung grundsätzlicher Befindlichkeiten, die mit der kapitalistischen Industrialisierung der letzten eineinhalb Jahrhunderte zusammenhängen – oder mit Errungenschaften von Wissenschaft und Technik, die die Menschen überrollen, in Schraubstöcke stecken? Oder, genauer gefragt, mit Merk- und Wundmalen entfremdeter Arbeit, der zufolge hochvergesellschaftete – nicht nur industrielle! – Produktion gegen die Produzenten, die Errungenschaften von Wissenschaft und Technik gegen die Menschen, gegen Entdecker, Konstrukteure und ihre Opfer gleichermaßen sich wenden?

Solch beklemmende Einsicht zu artikulieren, bedarf sogenannt moderner Kleidung, sogenannt moderner Städte, vorgezeigter Laboratorien, Maschinen wohl kaum. Galileo Galileis bittere Selbstanklage in Brechts Stück hat ihren Ort im siebzehnten Jahrhundert und nach dem zweiten Weltkrieg, im Angesicht der Atombombe. Und nicht im Zuhanden-Sein sogenannt moderner Gerätschaften und Einrichtungen offenbart sich das Zeit-Genössische, Aktuelle in Blachers *Zwischenfälle bei einer Notlandung*, sondern im Grundsätzlichen jener

11 Vgl. Martin Willenbrink, »Opern mit einkomponiertem Verfallsdatum. Der Zeitopernkomponist Boris Blacher«, in: *Boris Blacher 1903–1975. Dokumente zu Leben und Werk*, hg. v. Heribert Henrich, Berlin 1993, S. 22 ff.

Diskurse über das gesellschaftliche »So und nicht anders« der Menschen, im Grundsätzlichen aller Diskurse über Macht, Gewalt – über Entfremdung: Ist von ihr terminologisch nicht die Rede, so im Tatsächlichen, in der Gefangenschaft, die alle Akteure vereint – bis sie lernen, grundsätzlich dagegen zu opponieren, vorausgesetzt, sie können das Eigentliche durchschauen.

Boris Blacher im Berliner Musikleben der Nachkriegszeit
Dietmar Schenk

Am 22. September 1955 fand während der Berliner Festwochen im Konzertsaal der Hochschule für Musik, dem damals wichtigsten Saal der Stadt, ein »Berliner Abend« statt. Das RIAS-Symphonie-Orchester unter der Leitung von Georg Ludwig Jochum führte vier Stücke auf: Carl Philipp Emanuel Bachs *Sinfonia D-Dur*, Busonis *Divertimento für Flöte und Orchester*, Blachers *Konzert für Violine und Orchester* – das im *Führer durch die Konzertsäle Berlins* mit einer Opuszahl, op. 29, versehen war[1] – und Mendelssohns *Italienische Symphonie*. Blachers 1948 vollendetes, in München uraufgeführtes *Violinkonzert* wurde also umrahmt von Werken großer, mit Berlin besonders verbundener Komponisten. Blacher, seit zwei Jahren amtierender Hochschuldirektor, wurde durch diese ehrenvolle Plazierung als »Berliner Komponist« gleichsam sanktioniert, damit aber auch klassifiziert: gewiß eine Hommage, aber auch so etwas wie eine Vereinnahmung.

Fast zwanzig Jahre später – Boris Blacher feierte nun seinen siebzigsten Geburtstag – war die Blickrichtung bereits retrospektiv. Hans Chemin-Petit, Direktor der Abteilung Musik der Akademie der Künste, langjähriger Leiter des Philharmonischen Chors und selbst Komponist, sprach 1973 anläßlich einer Blacher-Ausstellung des Akademie-Archivs sogar von einer »Ära Blacher im Nachkriegs-Berlin«.[2] Blacher, ein Berliner Komponist? Eine Blacher-Ära im Nachkriegs-Berlin? Diesen Fragen soll im folgenden nachgegangen werden.

I

Boris Blacher lebte von 1922 bis zu seinem Tod 1975 in Berlin, mehr als ein halbes Jahrhundert. Trotz dieser *stabilitas loci* ist seine Biographie alles andere als gleichförmig. Das liegt daran, daß dem langen Ausharren in der Stadt, in die er als Student kam, eine ungewöhnliche Kindheit und Jugend vorausging. In der betulichen Sprache der fünfziger Jahre ausgedrückt: »Der Direktor der Berliner Hochschule für Musik hat ein bewegtes Leben hinter sich«.[3] Zum anderen war Berlin selbst tiefgreifenden Umbrüchen unterworfen, die wohl für keinen der

[1] Die nachfolgend erwähnten Berliner Konzertdaten sind diesem *Führer durch die Konzertsäle* entnommen. Eine fast vollständige Serie dieses Anzeigenblattes befindet sich als Leihgabe der Gotthard-Schierse-Stiftung im Universitätsarchiv der Universität der Künste Berlin (im folgenden zit. als UdK-Archiv).

[2] *Boris Blacher*. Katalog zur Ausstellung in der Akademie der Künste, Berlin 1973 (ohne Seitenzählung).

[3] Harald Kunz, »Boris Blacher«, in: *Aus unserem Tagebuch*, hg. vom Musikverlag Ed. Bote & G. Bock, Berlin, Nr. 7, Januar 1956, S. 1-5, hier: S. 1.

Bewohner folgenlos blieben. Turbulenzen in der Lebensgeschichte Blachers hingen seit den zwanziger Jahren mit den politisch-sozialen Krisen und Katastrophen in Berlin zusammen. Blacher blieb jedoch, wo er einmal war, zumal es ihm gelang, sich Schritt für Schritt zu etablieren. Er lernte die Unwirtlichkeit einer Stadt des 20. Jahrhunderts kennen, wenn auch nach 1945 zunehmend gut situiert, mit Wohnsitz am wohlhabenden südwestlichen Berliner Stadtrand, in Zehlendorf.

Wie viele Berliner ist Blacher ein Zuwanderer. Er gehört zur großen Gruppe der aus dem Osten Zugezogenen; Berlin erwies sich auch in seinem Fall als »Ostbahnhof Europas« (Karl Schlögel). Der Sohn eines baltischen Bankiers wuchs in China und Sibirien auf, wo die europäische Kunstmusik nur im Kreise weniger Diplomaten, Geschäftsleute, Missionare und Emigranten einen Resonanzboden hatte. In der Hafenstadt Tschifu an der Südküste des Gelben Meeres, in der Blacher einen Teil seiner Kindheit verbrachte, empfing er freilich bereits musikalische Eindrücke preußischer und sogar Berliner Herkunft. Die weltweite Präsenz des Deutschen Reiches im Zeitalter des Imperialismus umfaßte auch Marinekapellen: »Die Deutschen kamen mit zackiger Marschmusik, *Preußens Gloria*, bliesen aber auch die frechen und lustigen Tänze von Paul Lincke und dem älteren Hollaender«, also von Victor Hollaender, »oder Stücke aus *Frau Luna* und *Berliner Luft*.«[4]

4 »Damals in Chefoo«, in: Hans Heinz Stuckenschmidt, *Boris Blacher*, Berlin / Wiesbaden 1985, S. 9-15, hier: S. 12.

Die Erschütterungen, die das Europa des 20. Jahrhunderts erlebte, machten sich bis nach Asien bemerkbar: das Musikleben von Charbin in der Mandschurei profitierte nach der Russischen Revolution (1917) von versprengten *Weißen*, den Gegnern der Bolschewisten, aus Sibirien. Auch Blachers Eltern hatten Irkutsk verlassen, wo der Sohn als 14jähriger Beleuchter an der Oper war und erste praktische Erfahrungen im Theaterbetrieb machte. Bereits lange vor der Oktoberrevolution geriet er in den Horizont politisch-militärischer Auseinandersetzungen und eines revolutionären Umsturzes, des russisch-japanischen Kriegs von 1904/05 und der chinesischen Revolution von 1911/12.

Der bewegte, mit den Greueln des 20. Jahrhunderts von Kindheit an konfrontierte Lebensweg Blachers fand in Berlin seinen geographischen Haltepunkt. Die Anreise des 19jährigen, in Begleitung seiner Mutter, erfolgte freilich von Westen her. Blacher traf aus Paris ein, der »Hauptstadt des 19. Jahrhunderts«, die er zugunsten von Berlin verlassen hatte. Daß Blacher dem spröden, modernen Berlin im Vergleich zu Paris gerade musikalische Attraktivität zubilligte, wird nicht zuletzt an der familiären Herkunft und den kulturellen Wurzeln liegen. Blachers Sprachkenntnisse erstreckten sich auf Deutsch, Russisch und Englisch. »Russisch – fließend, englisch – leidlich«, gab er auf dem Fragebogen des *German Military Government* an, den er am 6. Dezember 1948 vor seiner Einstellung als Kompositionslehrer an der Berliner Hochschule für Musik ausfüllte. Dort hatte er sein staatsbürgerliches Außenseitertum festzuhalten: in der Rubrik Staatsangehörigkeit machte Blacher die Angabe »Staatenloser«. In der Liste möglicher Zugehörigkeiten zu Organisationen und Gliederungen der NSDAP trug er in langen Kolonnen »Nein« ein. Die einzige Ausnahme war die Reichsmusikkammer; ohne in ihr Mitglied zu sein, hätte er als Komponist nicht arbeiten können.[5]

5 UdK-Archiv, Bestand 11 (Staatliche Hochschule für Musik), Nr. 5474 (Personalakte Boris Blacher).

Als Blacher 1922 in Berlin eintraf, war die Stadt keineswegs einladend. Sie war gezeichnet von der tiefen Wirtschafts- und Finanzkrise, die auf die Geldentwertung von 1923 zusteuerte. Revolution und Bürgerkrieg in Berlins Straßen, die die junge deutsche Republik in ihrer Existenz gefährdeten, lagen erst kurz zurück. Der Absprache mit den Eltern gemäß studierte Blacher an der Technischen Hochschule Architektur und – mit größerer Neigung – Mathematik. Wenn er später von der »Unklarheit« seines Lebenslaufs spricht,[6] so nimmt er unausgesprochen den Geist der Mathematik zum Maß, die eben klar ist; doch bleibt letzthin offen, was er genau meint: fehlende Normalität oder fehlende Stringenz, die Ungewöhnlichkeit des Lebenswegs im Vergleich zum deutschen Durchschnitt oder das Vorkommen von Umwegen.

6 Boris Blacher, »Neuland Rhythmus«, in: Josef Müller-Marein / Hannes Reinhardt, *Das musikalische Selbstportrait,* Hamburg 1963, S. 406-417, hier: S. 406.

Wie er einen Kompositionslehrer fand, hat Blacher in anekdotischer Form berichtet. Beim Pförtner der Hochschule für Musik, Fasanenstraße 1 in Charlottenburg, habe er um Auskunft über in Frage kommende Personen nachgesucht. Die Antwort soll gewesen sein: Da gebe es Schreker, der aber ein wenig »überkandidelt« sei, und Friedrich E. Koch. Vielleicht unterlag Blacher bei dieser naiven Empfehlung, der er Folge leistete, bereits berlinischem Einfluß. Denn Schreker hatte es schwer, sich in Berlin zu behaupten. Koch dagegen war einheimisch: ein im Berliner Musikleben verwurzelter Komponist und »märkischer Charakterkopf« (Artur Egidi).[7] Als akademischer Künstler feierte er seine größten Erfolge bereits in der wilhelminischen Zeit; kompositorisch wird er der Nachfolge Mendelssohns zugeordnet.[8] Koch stammte aus einer Rixdorfer Künstlerfamilie: sein Bruder Max war als »Pferde-

7 Vgl. UdK-Archiv, Nachlaßsplitter A. Egidi, Ms. »Märkische Charakterköpfe«.

8 Thomas-M. Langner: »Friedrich E. Koch«, in: *Die Musik in Geschichte und Gegenwart*, Bd. 7, Kassel usw. 1957, Sp. 1294-1296.

9 Ein weiteres Detail ist zurechtzurücken: Koch war nicht, wie oft geschrieben wird, Nachfolger von Engelbert Humperdinck als »Vorsteher« der Abteilung für Komposition an der Hochschule für Musik, sondern lediglich dessen Vertreter aus Krankheitsgründen; das Ausscheiden Humperdincks und die Abschaffung dieses Amtes nach der Novemberrevolution fallen zeitlich eng zusammen.

maler« bis in Hofkreise hinein bekannt; Georg betätigte sich als »Dekorationsmaler« und war Lehrer an der Unterrichtsanstalt des Königlichen Kunstgewerbemuseums.

Blacher war übrigens nicht an der Hochschule für Musik eingeschrieben, sondern Kochs Privatschüler.[9] Zu dessen Schülerkreis zählte der Pianist Winfried Wolf, mit dem Blacher bei einer seiner frühen Arbeiten, der Filmmusik für den Stummfilm *Bismarck* (1926), zusammenarbeitete. Wolf fungierte später als stellvertreter Leiter des Konservatoriums Klindworth-Scharwenka und wurde in der Zeit des Dritten Reiches, möglicherweise aufgrund von Protektion aus dem Reichserziehungsministerium, Klavierlehrer an der Hochschule für Musik. In der Nachkriegszeit trat er in Berlin wiederholt als Solist auf, ohne in größerem Maßstab zu reüssieren.

Daß sich Blacher als Filmmusiker, Kopist von Noten und Komponist von Gebrauchsmusik durchschlug, war nicht ungewöhnlich und mußte sich nicht von vornherein auf den Stil seiner Kompositionen auswirken. Wichtiger war, daß er mit der Neuen Musik der zwanziger Jahre vertraut wurde, auch mit ihren pragmatischen, dem Gedanken der Gebrauchsmusik zugewandten und auf die jeweilige »Zeit«, auf Aktualität eingehenden Konzepten. Strawinsky zum Beispiel wurde in Berlin begeistert aufgenommen; sein *Violinkonzert* erlebte hier die Uraufführung. Blacher eignete sich in Berlin sofort ein Verständnis von Modernität an, das über Richard Strauss zeitgemäß hinausging, auch wenn einer seiner ersten Hör- und Sehgenüsse die *Josephslegende* mit Tilla Durieux war. Auch der Jazz hatte in der Großstadt der *Roaring Twenties* Einzug gehalten. Blacher fand in Berlin günstige Voraussetzungen, um ein musikalisches Idiom auszuprägen, das Elemente des Jazz aufnahm; die *Jazz-Koloraturen* (1929) zeigen bereits seine Neigung zur Adaption dieses Genres.[10]

10 Vgl. Jürgen Hunkemöller, *Boris Blacher, der Jazz-Komponist*, Frankfurt a.M. usw. 1998, bes. S. 22-26.

In der Zeit des Nationalsozialismus setzte sich Blachers allmählicher Aufstieg als Komponist zunächst fort, besonders in Berlin. Der Erfolg der Uraufführung der *Concertanten Musik* unter Carl Schuricht im Jahr 1937 legte einen Grundstein, auf dem Blacher nach 1945 aufbauen konnte. Auch wenn Aufführungen mit Werken Blachers nicht von vornherein verboten waren, so blieb seine Situation als »Vierteljude« und »Neutöner«, der den Umgang mit Neuer Musik nicht lassen konnte, doch prekär. Daß er staatenlos war, verschonte ihn immerhin vom Kriegsdienst. Blacher überlebte in einer Art innerer Emigration, die in seinem Fall nichts Fragwürdiges an sich hat; seine Schüler wie

Gottfried von Einem bezeugen seine deutliche, unzweideutige Ablehnung des Nationalsozialismus.

Im Laufe des Zweiten Weltkriegs verengten sich Blachers Aufführungschancen. Nachdem er eine Stelle am Konservatorium in Dresden (1938/39) nach kurzer Zeit wieder aufgeben mußte, unterrichtete er in Berlin privat. Mit von Einem hatte er nun einen ersten wichtigen Schüler, dessen kompositorische Probestücke an der Hochschule für Musik negativ beurteilt worden waren. Von Einems Eltern waren betucht und einflußreich; das Schreiben an die Hochschule mit der Bitte um Aufnahme war auf einem Briefkopf des Hotels Adlon abgefaßt. Davon sollte auch Blacher profitieren, dem zur Auskurierung einer Lungenkrankheit 1943/44 ein Aufenthalt in der Steiermark ermöglicht wurde.

Soweit einige Tatsachen aus der Biographie des jungen Blacher. Sucht man in seinem Fall nach elementaren Bestimmungen des Verhältnisses zwischen Epochenlage und Lebenslauf, so stößt man vor allem auf drei Faktoren.

Erstens: Blacher lebte niemals inmitten der aristokratisch-bürgerlichen Kultur des 19. Jahrhunderts in ihrer unverletzten Gestalt, sondern stets am Rande. Die Alltagswelten seiner Kindheit und Jugend in Asien, an der Peripherie europäischer Kultur, präfigurierten in gewisser Weise die Situation der Berliner Kriegs- und Nachkriegszeiten: die Normalität des Chaos, besonders nach 1919, die Gefährdung der bürgerlichen Welt und ihrer Ordnung. Diese Ausgangslage entsprach der relativen Traditionsarmut der »verspäteten« deutschen Hauptstadt. So brachte Blacher gute Voraussetzungen für das Überleben im Berlin der dreißiger und vierziger Jahre mit. Seine nüchterne, distanzierte und – wie man heute sagen würde – *coole* Art ergab sich aus der Lebensgeschichte, war aber der Härte der Berliner Verhältnisse angemessen.

Zweitens: Es ist in Rechnung zu stellen, daß schon geringe Unterschiede des Geburtsjahres in bewegten Zeiten ganz unterschiedliche Erfahrungsräume und Entwicklungsmöglichkeiten mit sich bringen. Gewiß verzögerten die zwölf Jahre des Dritten Reiches Blachers Entfaltung als Komponist. Man muß sich vor Augen führen, daß er, im Januar 1903 geboren, nur acht Jahre jünger als Paul Hindemith war. Während Blacher primär ein Komponist der Zeit nach 1945 ist, war Hindemith in diesen Jahren, bedingt durch den »Fall Hindemith« (1934), in Berlin bereits eine Art Mythos, der Vergangenes evozierte.

11 Vgl. hierzu die auch sonst sehr farbigen und gedankenreichen »Erinnerungen aus der fünften Zone« von Diether Schmidt, in: *Zone 5. Kunst in der Viersektorenstadt 1945–1951*, hg. v. Eckhart Gillen u. Diether Schmidt, Berlin 1989, S. 15-41, hier S. 17.

Für die ersten Nachkriegsjahre ist insgesamt die Rückkehr der alten Männer charakteristisch:[11] In der Politik sind Konrad Adenauer und Wilhelm Pieck zu nennen, im Theaterleben West-Berlins Carl Ebert und Erwin Piscator, in der Bildenden Kunst Carl Hofer, der Direktor der zur Musikhochschule benachbarten Kunsthochschule, an die er unter anderen Max Pechstein und Karl Schmidt-Rottluff berief. Verglichen mit ihnen war Blacher jung.

Drittens: Zu den Bedingungen von Blachers Wirkungschance gehörte nach 1945 seine prekäre, aber anfangs nicht ausweglose Situation im nationalsozialistischen Berlin. Beide Aspekte waren nach dem »Zusammenbruch« wichtig: daß er schon ein wenig bekannt war, daß er aber auch nicht so bekannt wurde, um mit dem NS-Regime unweigerlich identifiziert zu sein. Für die späten vierziger Jahre sind – entgegen der Fiktion von der »Stunde Null« – im Musikleben Berlins zwangsläufig Kontinuitäten gegeben, beim Repertoire der Aufführungen wie personell. In den Konzerten der ersten Nachkriegszeit tauchten zunächst selten Namen ganz unbekannter zeitgenössischer *deutscher* Komponisten auf. In die Trümmerstadt zog es kaum jemanden, der nicht dort schon lebte. Das Musikpublikum nahm in größerer Fülle auf, was bis 1933 schon – mehr oder weniger deutlich – in Erscheinung getreten oder auch im Dritten Reich noch eben geduldet war.

II

Boris Blacher stand bereit, als die Hitler-Diktatur ein Ende hatte und das öffentliche Musikleben – Konzerte, Opern- und Ballettaufführungen – nach den Schrecken der Bombennächte und des Kampfes um Berlin wieder aufkeimte. Er hatte fertige Kompositionen in der berühmten Schublade, die nun nur geöffnet zu werden brauchte. So wurden die späten vierziger und frühen fünfziger Jahre für Blachers Karriere ausschlaggebend. Damals gelangen ihm Erfolge, die letzthin zu einer dauerhaften Bindung an (West-)Berlin führten. Der Weg zur Anerkennung als einer der führenden zeitgenössischen Komponisten war gewiß keine »innerberlinische« Angelegenheit. Doch gelang Blacher der Durchbruch ganz besonders in Berlin und, seit sich die Teilung der Stadt vertiefte, vor allem in West-Berlin.

Was die äußerliche Verbindung mit Berlin angeht, so sind Blachers Ämter und Funktionen im öffentlichen Musikleben grundlegend.

Bereits 1945 war Blacher als Kompositionslehrer an der Hochschule für Musik vorgesehen, sprang aber kurzfristig ab,[12] um an dem elitäreren *Internationalen Musikinstitut* in Zehlendorf mitzuarbeiten, das Josef Rufer und Paul Höffer aufbauten. 1948 wechselte Blacher im Gefolge Höffers an die Hochschule. 1953 übernahm Blacher als Nachfolger Werner Egks das Amt des Direktors der Hochschule für Musik, das er bis 1970 – trotz gelegentlicher Rücktrittsabsichten – ausüben sollte.[13] Zu Blachers Schülern gehören Gottfried von Einem, Heimo Erbse, Giselher Klebe, Claude Ballif, Aribert Reimann und Isang Yun.

Blachers Aufstieg in den Institutionen des offiziellen Berlin steht in Korrespondenz zu seiner Wirkung als Komponist. Was das Konzertleben angeht, so setzte sich als erstes die *Concertante Musik* von 1937 durch. Es ist bezeichnend, daß in den Programmen der unmittelbaren Nachkriegszeit gerade dieses Stück wiederholt auftauchte, bevor Blacher durch Kompositionen, die er in der NS-Zeit nicht mehr aufführen konnte oder die er nach Kriegsende komponierte, seine Präsenz im Konzertbetrieb noch erweiterte. Die *Concertante Musik* war beispielsweise im ersten Halbjahr 1947 gleich zweimal auf dem Programm großer Konzerte: am 2. März bei den Berliner Philharmonikern im Titania-Palast, Steglitz, unter Sergiu Celibidache, am 1. Juni in der Deutschen Staatsoper, die noch den Admiralspalast nutzte. Am 15./16. Oktober dirigierte Carl Schuricht, der die Uraufführung gegeben hatte, das Stück noch ein drittes Mal. Am 25./26./27. April 1954 hatte auch Furtwängler dieses zwölfminütige, als Auftakt eines Konzertabends vorzüglich geeignete Stück auf dem Programm eines seiner letzten Dirigate. Erst 1947 knüpfte Blacher mit den – im Leipziger Gewandhaus uraufgeführten – *Paganini-Variationen* an sein frühes Erfolgsstück an. Bei den Berliner Festwochen 1951 standen diese am 26. September auf einem Programm des Philharmonischen Orchesters unter Celibidache, gefolgt von Hindemiths *Cello-Konzert* (Solist: Enrico Mainardi) und Schumanns *3. Sinfonie*.

In repräsentativen Konzerten mit klassisch-romantischem Repertoire vertreten zu sein, war umso wichtiger, als sich eine Vielzahl Berliner Komponisten im Segment der Aufführungen zeitgenössischer Musik tummelten: Max Butting, Dietrich Erdmann, Heinz Friedrich Hartig, Paul Hoeffer, Konrad F. Noetel, der 1947 verstarb, Ernst Roters, Heinz Tiessen, Rudolf Wagner-Régeny, Hermann Wunsch, Grete von Zieritz und andere mehr. Auch der Blacher-Schüler Gottfried von

12 UdK-Archiv, Personalakte Boris Blacher, Schreiben vom 11. Dezember 1945.

13 Zur Geschichte der Schulen vgl. Christine Fischer-Defoy, »Kunst, im Aufbau ein Stein«. Die Westberliner Kunst- und Musikhochschulen im Spannungsfeld der Nachkriegszeit, Berlin 2001.

Einem und später Giselher Klebe waren in den Programmen vertreten. Hinzu kamen die Kirchenmusiker, unter denen Ernst Pepping hervorragte. Übrigens war es Blacher, der ihn von der Spandauer Kirchenmusikschule an die Hochschule für Musik holte. Die Berufung Peppings hat er nach seinem Amtsantritt als Direktor eingefädelt, wie aus einem Brief an Egk hervorgeht: »Bei der Solidität Peppings wird es nicht schwer sein, ihn durchzukriegen«.[14] Zum einen gab es also eine große Gruppe ortsansässiger Komponisten, die in den Konzertbetrieb drängten; andererseits war der Bedarf des Publikums an einheimischer zeitgenössischer Musik begrenzt, zumal nach zwölf Jahren der Abschnürung von allen internationalen Entwicklungen so vieles zu entdecken oder wieder zu entdecken war: Bartók, Britten, Honegger und Milhaud, Schostakowitsch, Schönberg und besonders Strawinsky sind einige Komponisten, die mit Erstaufführungen im Nachkriegs-Berlin reich vertreten waren.

14 UdK-Archiv, Bestand 11, Nr. 8 (Handakten Boris Blacher: Kompositorisches Schaffen, Bd. 2), Bl. 220, Brief vom 3. März 1953.

Die zeitgenössische Musik führte – wie sich bereits seit Mitte der zwanziger Jahre abgezeichnet hatte – ein gewisses Eigenleben; sie tendierte dahin, eine Szene für sich auszubilden. Moderne Kammermusik wurde etwa in Veranstaltungen der Kunstämter der Bezirke gepflegt, aber auch in den Kultureinrichtungen der West-Alliierten: im Amerika-Haus, das sich in der Kleiststraße in Schöneberg befand, im *British Centre* (Kurfürstendamm 156) und in der *Mission Culturelle Française* (Kurfürstendamm 211). Blacher war einer von vielen Komponisten, die hier aufgeführt wurden. Höhepunkte waren die Berliner Festwochen und »Sonderkonzerte mit Werken zeitgenössischer Kunst« des RIAS-Symphonie-Orchesters, dessen Chefdirigent Ferenc Fricsay war. Gerty Herzog spielte am 31. Januar 1951 Boris Blachers *1. Klavierkonzert* in einem Programm, das Uraufführungen von Werner Egk und Gottfried von Einem enthielt. Während der Berliner Festwochen fand am 15. September 1952 die Uraufführung von Blachers *2. Klavierkonzert*, wiederum mit Gerty Herzog als Solistin, statt; es spielten die Berliner Philharmoniker unter der Leitung von Hans Rosbaud. Das dritte Klavierkonzert, die *Clementi-Variationen*, wurde als Auftragswerk des RIAS 1961 in Berlin uraufgeführt (Dirigent: Lorin Maazel). Wichtige und in Berlin besonders geschätzte Interpreten, besonders die Pianisten Gerhard Puchelt und Helmut Roloff, nahmen Blacher in ihre Programme auf.

Lange Zeit galt Blacher in erster Linie als Bühnenkomponist. Winfried Zillig, Berliner Schüler Schönbergs, dem das Verdienst zukommt, sich in der Nachkriegszeit als Dirigent für Schönberg eingesetzt zu haben, behandelt Blacher in seiner Schrift *Variationen über Neue Musik* im Kapitel »Musik und Bühne«.[15] Geschult durch die zwanziger Jahre, deren Verzicht auf wilhelminischen Pomp nicht nur ästhetische, sondern auch pragmatische Gründe besaß, hatte Blacher frühzeitig erkannt, daß die Nachkriegszeit keine opulenten musikalischen Darbietungen zulassen würde. Die Bühnenwerke, die er schuf, sind deshalb nicht zuletzt Kammeropern und Ballette. Die ökonomisch-sozialen Umstände nach 1945 erforderten eine Beschränkung auf relativ kleine Besetzungen noch zwingender als jene nach 1918/19. Für die Revolutionstage damals war charakteristisch, daß sogar während der Barrikadenkämpfe das kulturelle Leben einige Straßenzüge weiter wie gewohnt fortging. Die Folgen des Bombenkriegs ab 1943, des »Kampfs um Berlin«, der Einnahme der Stadt durch die Rote Armee und dann alle vier alliierten Mächte waren gravierender.

15 München 1959, S. 221-223.

Eine besonders enge Beziehung entwickelte sich zur Städtischen Oper in Charlottenburg. Sie ist zumindest teilweise den politischen Umständen geschuldet: Tatjana Gsovsky konnte Boris Blachers *Hamlet* nicht an der Deutschen Staatsoper in der sowjetischen Zone produzieren, so daß sie dort im Juni 1950 ihre Abschiedspremiere mit einem Tschaikowski-Programm gab; das Blacher-Ballett war in Ost-Berlin dem Formalismus-Vorwurf ausgesetzt und wurde deshalb erst 1953 in West-Berlin aufgeführt, gefolgt von Blachers Behandlung des *Othello*-Stoffs, *Der Mohr von Venedig* (Premiere am 17. September 1956).[16] So kam es, daß die Charlottenburger ›Bürgeroper‹ fast alle Blacher-Ballette herausgebracht hat. Schon 1950 und 1951 wurden *Chiarina* und *Lysistrata* dort uraufgeführt. Als Repräsentant des West-Berliner Musiklebens war Blacher zur Zusammenarbeit mit der Städtischen Oper »moralisch« verpflichtet; in der geteilten, auf Hilfe von außen angewiesenen Stadt hätte er sich der heimischen Opernbühne gewiß nur schwer entziehen können.

16 Vgl. »Tanz … Tanz … Tanz: Tatjana Gsovsky. Ein dokumentarisches Porträt«, in: *Beiträge zum Musiktheater* 12 (Spielzeit 1992/93) hg. v. d. Deutschen Oper Berlin, S. 198-217.

Nach Verleihung des Kölner Musikpreises 1960 an Blacher fragte der dortige Opernintendant, Oscar Fritz Schuh, an, ob diese Ehrung nicht Anlaß genug sei, der Stadt am Rhein eine Uraufführung zu überlassen. »Wenn Sawallisch und ich das machen, so wäre das immerhin eine gewisse Garantie für das Stück, während Sie in Berlin, was Regie und musikalische Leitung betrifft, aus den besonderen strukturellen Voraussetzungen der Städtischen Oper nicht ganz so gut bedient werden,« schrieb der Intendant nicht ohne Arroganz. Blachers Antwort

17 UdK-Archiv, Bestand 11, Nr. 11 (Handakten Boris Blacher: Kompositorisches Schaffen, Bd. 5), Bl. 717, Brief vom 4. März 1960. Der Schriftwechsel bezog sich auf *Rosamunde Floris*.

lautete: »Nun, das ist dumm, denn die Uraufführung ist bereits vergeben, sonst bin ich mit Ihnen über die Städtische Oper Berlin einer Meinung.«[17] Wie immer diese abschätzigen Bemerkungen, die nicht zur Veröffentlichung bestimmt waren, zu bewerten sind, sie zeigen an, wie weit man informell gehen konnte.

Trotzdem blieb Blacher dem West-Berliner Opernhaus treu. Nach der Einweihung des Neubaus in der Bismarckstraße im Jahr 1961 – bis dahin war das Theater des Westens in der Kantstraße genutzt worden – gab es noch zwei Blacher-Uraufführungen in der Deutschen Oper. *Tristan*, die dritte Zusammenarbeit mit Tatjana Gsovsky, wurde bei einem Ballettabend am 10. Oktober 1965 erstmals gegeben. Das Debüt dieses Stücks war kombiniert mit der Uraufführung von Rolf Liebermanns *Capriccio*; die musikalische Leitung hatte Heinrich Hollreiser. Am 25. September 1969 fand, wiederum unter Hollreiser, die Uraufführung von *Zweihunderttausend Taler* statt, Blachers Adaption eines Stoffes von Sholem Aleichem.

III

Ein kurzer Blick auf drei in Berlin uraufgeführte Werke mit vokalem, also auch textlichem Anteil – ein Oratorium, eine Ballett-Oper und ein Liedzyklus – soll das Spektrum von Bezügen, die Blachers Œuvre mit der Stadt seines Wirkens verbindet, noch ein Stück weiter aufzeigen.

Große Resonanz fand in der ersten Nachkriegszeit Blachers Oratorium *Der Großinquisitor*, das der Komponist noch während des Krieges begonnen hatte. Dieses Werk, geschrieben für Bariton, Chor und Orchester, wurde in der Deutschen Staatsoper, Admiralspalast, am 14. Oktober 1947 uraufgeführt. In einem Symphoniekonzert der Staatskapelle unter der Leitung von Johannes Schüler sang Jaro Prohaska den Solo-Part; das Oratorium war umrahmt von Beethovens Ouvertüre zum Ballett *Die Geschöpfe des Prometheus* und dessen *Klavierkonzert G-Dur* mit Gerty Herzog als Solistin. Die Uraufführung fand ein starkes Echo, beim Publikum wie bei der Kritik; Kurt Westphal lobte das Werk in der *Zeit* als »das eindrucksvollste Chorwerk, das wir seit Orffs *Carmina Burana* hörten«.[18]

18 Stiftung Archiv der Akademie der Künste (im folgenden zit. als SAdK), Boris-Blacher-Archiv 1.69.269.

Die berühmte Erzählung aus Dostojewskis *Die Brüder Karamasoff* hatte der Dirigent Leo Borchard 1942 zu einem Libretto verarbeitet. Der Stoff lag in der Luft: Der Inquisitor, der sich bei seinem blutigen

Geschäft der Verfolgung und Massenmanipulation selbst von der Erscheinung Christi kaum beirren läßt, wurde als ein Sinnbild der nationalsozialistischen Diktatur, überhaupt des Totalitarismus, wahrgenommen. Es ist kein Zufall, daß 1950 eine szenische Fassung der Erzählung in Berlin zur Aufführung gelangte. Der Dirigent Borchard war ein Altersgenosse und Freund Blachers. Er kam aus dem Berliner Widerstand; die *Gruppe Ernst*, der er angehörte, war eine lockere, politisch-weltanschaulich gemischte Vereinigung teils liberaler, teils kommunistischer Nazi-Gegner.[19] Nach der Eroberung Berlins brachte Borchard noch im Mai 1945 die Berliner Philharmoniker wieder zusammen; achtzehn Mal spielten sie unter seiner Leitung. Aufgrund eines Mißverständnisses wurde er von einem alliierten Soldaten im August desselben Jahres erschossen.[20]

Blachers persönliche Kontakte verbanden ihn – bis hin zur *Jüdischen Chronik* (1961), der Gemeinschaftsarbeit mit Paul Dessau, Karl Amadeus Hartmann, Hans Werner Henze und Rudolf Wagner-Régeny – mit der politischen Linken. Friedrich Wolf verfaßte das Libretto der Kammeroper *Die Nachtschwalbe* (1947); daß es persönliche Beziehungen zu Brecht gab, ist bekannt. Erwähnung verdient, daß der im Berliner Rundfunk, Masurenallee, gesendeten *Kantate vom deutschen Weg* ein Text von Hedda Zinner zugrunde lag. Sie war eine Kommunistin – Remigrantin aus Moskau – und mit einem Mitglied der Gruppe Ulbricht, Fritz Erpenbeck, verheiratet. Während die Kooperation mit den Genannten punktuell blieb, arbeitete Blacher mit seinem Schüler Heinz von Cramer als Librettisten mehrfach und über lange Zeit hinweg zusammen. Eines der Resultate ist die Kammeroper *Die Flut*; mit ihr bestritt Blacher 1947 in Dresden eine der ersten Uraufführungen der Nachkriegszeit und fand großen Zuspruch. Das Rundfunkdebüt war in Berlin.

Blachers Köpenickiade, *Preußisches Märchen*, wurde 1952 an der Städtischen Oper uraufgeführt und erregte einiges Aufsehen. Ein Abgeordneter der – damals national-liberal orientierten – FDP wandte sich gegen das Vorhaben, Blachers Oper als Gastspiel in Paris zu geben; »zu einem Zeitpunkt, in dem um die Verteidigung Europas gerungen werde«, sei es fehl am Platz, preußische Grenadiere im Ausland »als Hampelmänner« zu zeigen.[21] In der Zeit der Einstudierung des Stückes soll es eine Rundfrage des Senats von Berlin an ausgewählte Sachverständige gegeben haben, in der um Stellungnahme zum Textbuch gebeten wurde. Ludwig Berger, der das Stück insze-

19 Vgl. Wolfgang Schivelbusch, *Vor dem Vorhang. Das geistige Berlin 1945–1948*, Frankfurt a.M. 1997, S. 71.

20 Vgl. Blachers Nachruf in: SAdK, Boris-Blacher-Archiv 1.69.178-179.

21 Ebd., 1.69.278, Ausschnitt aus *Neue Ruhr-Zeitung* v. 17. Februar 1953.

22 Vgl. UdK-Archiv, Bestand 11, Nr. 11 (Handakten Boris Blacher: Kompositorisches Schaffen, Bd. 5). Zu Wallner-Basté vgl. Schivelbusch, *Vor dem Vorhang*, S. 180-187.

niert hatte, sprach daraufhin von »Senatzi-Methoden«, wodurch er mit Franz Wallner-Basté, einem der Mächtigen in der SPD-gefärbten Senatsverwaltung für Volksbildung, in Konflikt geriet.[22] Blachers bevorstehende Ernennung zum Direktor der Hochschule für Musik wurde durch diese Streitigkeiten allerdings nicht gefährdet. Doch wenige Monate später, nach Ernst Reuters Tod im November 1953, kam in West-Berlin eine CDU/FDP-Koalition an die Regierung.

In der Tat zieht Cramers Textbuch die dargestellten »preußischen« Charaktere ins Lächerliche. Bei Carl Zuckmayer besitzt der *Hauptmann von Köpenick* noch Züge eines Volksstücks; die Versetzung ins Ballett (unter Verwendung von Jazz-Elementen in der Musik) nahm dem Stoff das Kolorit der Kaiserzeit und damit ein Stück Authentizität. In der Abstraktion traten märchenhafte Züge hervor; es entstand eine Maskerade. Als Beitrag zur »Vergangenheitsbewältigung« – als ein Stück Geschichtspolitik auf der Bühne – greift diese Preußen-Oper das Verdikt der Kriegsgegner Deutschlands über den Staat der Hohenzollern auf, ohne den Nationalsozialismus als solchen zu thematisieren. Insofern ist das kritische Potential begrenzt. Nach der Erstaufführung in der DDR, 1958 am Nationaltheater in Weimar, regte Rolf Liebermann eine Überarbeitung an; schon damals war die Städtische Oper Berlin an einer Neufassung interessiert.[23] 1974 wurde Blachers *Preußisches Märchen* dort schließlich neu inszeniert: es war nun nicht mehr skandalträchtig, sondern – nach Hans Heinz Stuckenschmidts Zeugnis – beinahe populär.[24]

23 UdK-Archiv, Bestand 11, Nr. 7 (Handakten Boris Blacher: Kompositorisches Schaffen, Bd. 1), Bl. 123 u. 198.

24 »Premieren 1961–1991« und »Blacher«, in: *Dreißig Jahre Deutsche Oper Berlin 1961–1991. Beiträge zum Musiktheater 10* (Spielzeit 1990/91) hg. v. d. Deutschen Oper Berlin, S. 45-87 u. 303-307.

Das *Preußische Märchen* läßt sich aufgrund seiner sozialsatirischen Dimension durchaus noch in die Linie der Zeitoper der zwanziger Jahre stellen. Einer ganz anderen geistigen Welt als dieser gehört Gottfried Benn an, nach 1945 wohnhaft in Berlin-Schöneberg. Eine Generation älter als Blacher, war er freilich auf seine Weise den »Verhaltenslehren der Kälte« (Helmut Lethen) verpflichtet, die nicht zuletzt die Erfahrung der Großstadt Berlin reflektieren. Als Parteigänger der NSDAP hatte er sich, vom Expressionismus kommend und von Nietzsches Ästhetizismus und Nihilismus geprägt, an der Gleichschaltung der Preußischen Akademie der Künste beteiligt. In der Nachkriegszeit ist Benn eine typische Figur des zerstörten Berlin: ein melancholischer alter Mann, der die Bilder für seine Gedichte nicht nur aus der Großstadt, sondern auch aus dem weiten ländlichen Raum östlich der Oder bezog, wo er als Pfarrerssohn aufgewachsen war. Benn ist ein elegischer Lyriker und ins Weltanschauliche ausgreifender Essayist, nicht eigentlich ein Dramatiker oder Librettist.

Mitte der fünfziger Jahre stand Benn auf dem Gipfel seines Ruhmes. Sein letzter, 1955 erschienener Gedichtband hatte den Titel *Aprèslude*. Blacher wählte 1957, schon nach Benns Tod, vier Gedichte aus dieser Sammlung als Vorlage für eine minimalistische Komposition aus: *Aprèslude, Gedicht*, *Eure Etüden* und *Letzter Frühling*. Die Uraufführung fand am 4. Dezember 1958 beim Sender Freies Berlin statt; es sang Theo Altmeyer, begleitet von Horst Göbel, der diese Lieder als »einen (oder den) Höhepunkt in Blachers Liedschaffen« bezeichnet.[25] Das Gedicht *Eure Etüden* ist sicherlich auch deshalb eingefügt, weil es zum musikalischen Nachvollzug einlädt; die sparsame Begleitung geht in den mechanischen Lauf einer unbeholfenen Etüde über. Aber welch große Veränderung hat Blachers sparsame Melodie und die Unterlegung einer knappen Klavierbegleitung auf die Atmosphäre der Gedichte: ihnen wird das Pathos, der lyrische Ausgriff auf so etwas wie das ›Sein‹ genommen. Das empfindet man besonders stark, wenn man im Ohr hat, wie melodisch der Dichter eigene Texte rezitierte. Der elegische Klang ist mit der Vertonung geschwunden; an Stelle von Benns pathetischem Ernst treten Disziplin, Klarheit und eine unaufdringliche Ironie.

25 Booklet-Text zur CD *Boris Blacher. Die Lieder*, Signum SIG X73-00, Heidelberg 1996.

IV

Boris Blacher war von Amts wegen ein Repräsentant West-Berliner Kultur: zumindest der Herkunft nach ein Außenseiter, wurde er in der Nachkriegszeit zum *insider*. Blacher wuchs in die staatlichen Musikinstitutionen Berlins hinein, die das Erbe der preußischen Vergangenheit, den Geist herrschaftlicher Repräsentation zumindest als Erinnerung mit sich trugen, nachdem der Staat Preußen durch Alliierten Kontrollratsbeschluss 1947 aufgelöst worden war.

Als Kompositionslehrer war Blacher offenkundig begabt. Aber genügte er dem Muster und der Aufgabenstellung des Repräsentanten? Ganz oberflächlich betrachtet: ein solcher verkörperte in den Jahren des »Wiederaufbaus« und des »Wirtschaftswunders« oft eine gewisse Saturiertheit; er war beleibter, körperlich fülliger als der schmale Blacher (in Berlin denke man an Hans Scharoun oder Kultursenator Tiburtius). Dennoch mag Blachers zurückhaltende, ja karge Art im

Nachkriegs-Berlin passend gewesen sein. Seine Nüchternheit – in den Kompositionen wie in seinen Reden und den wenigen Schriften – stimmt mit der schlichten Modernität überein, die in der jungen Bundesrepublik Deutschland eben auch ihren Platz hatte. Blacher vermied zeremoniellen Aufwand, war auf Titel nicht erpicht und begegnete der Sphäre des »Hochoffiziellen«, des Feierlichen distanziert; von »Personenkult« konnte keine Rede sein.

Zugleich ist auffällig, wie eindeutig Blacher am Konzept des Personalen im künstlerischen Schaffensprozeß festhielt. Einer seiner wenigen autobiographischen Beiträge, in Josef Müller-Mareins Sammlung *Das musikalische Selbstportrait*, mündet in ein Bekenntnis zur Erziehung der Persönlichkeit.[26] Auch in den *Gesprächen mit Berliner Künstlern*, die Karla Höcker führte, steht bei Blacher der Gedanke der Person ganz im Vordergrund.[27] Diese eher traditionellen Auffassungen verbanden sich relativ früh mit einer gewissen Resignation. In einem kurzen *statement* für das Programmheft zur elektronischen Oper *Zwischenfälle bei einer Notlandung*, die 1966 in Hamburg unter der Intendanz Rolf Liebermanns uraufgeführt wurde, plädiert Blacher – gewiß mit Blick auf die Avantgarde dieser Jahre – für die Wahrung der »Stileinheit«, auch wenn ein Komponist mit neuen, technischen Medien experimentiert. Blacher schließt lakonisch: »Oder aber man verzichtet auf die Stileinheit und läßt den verschiedenen Elementen freien Lauf. Ich habe den ersten Weg gewählt. Andere Komponisten werden anders denken, und vielleicht behalten sie recht.«[28]

Daß Blachers unprätentiöse Art, unterstützt durch Amtsautorität, auf gesellschaftlicher Ebene Ausstrahlungskraft besaß, zeigt ein Bildbericht in der Zeitschrift *Film und Frau*, in dem Blacher als moderner Komponist vorgestellt wird. Unter der Überschrift »Keinen Sinn für Unsterblichkeit« ist dort zu lesen: »Boris Blacher verkörpert in seiner Erscheinung, seinem Auftreten, seiner Redeweise das genaue Gegenteil dessen, was die landläufig-populäre Vorstellung von einem Komponisten ausmacht. Selbstüberschätzung und romantischer Gefühlsüberschwang sind ihm fremd; wo es auftaucht, lächelt er es zunichte.«[29] Dieser Artikel belegt, daß sich Blacher gefallen lassen mußte, als Repräsentant über die Fachwelt der Musik hinaus zu gelten. Die Modernität, für die er steht, ist nicht schroff, sondern beinahe großbürgerlich und elegant – wie sein von Paul Baumgarten erbautes Wohnhaus, dessen Interieur die Illustrierte abbildete.[30]

26 Blacher, »Neuland Rhythmus«, S. 417.

27 Berlin 1964, S. 14-19.

28 Zit. nach UdK-Archiv, Bestand 11, Nr. 9 (Handakten Boris Blacher: Kompositorisches Schaffen, Bd. 3), Bl. 306, 26. Januar 1966.

29 Bildbericht von Charlotte Rohrbach u. Hellmut Kotschenreuther, kommentiert und abgebildet in: *Boris Blacher 1903-1975. Dokumente zu Leben und Werk*, hg. v. Heribert Henrich, Berlin 1993, S. 91f. u. Abb. 5.

30 Vgl. Annette Menting, *Paul Baumgarten. Schaffen aus dem Charakter der Zeit*, Berlin 1998, S. 106-108.

Um Blacher in der Berliner Nachkriegszeit richtig einzuordnen, ist eine Gegenüberstellung mit Furtwängler aufschlußreich: auf der einen Seite der namhafteste in West-Berlin ansässige Komponist, auf der anderen Seite der große deutsche *Maestro*, der zu einem ähnlichen Zeitpunkt wie Blacher, nämlich nach Nikischs Tod im Januar 1922, nach Berlin gekommen war. Schon in den zwanziger Jahren hatten die führenden Dirigenten die lebenden Komponisten an Resonanz beim Musikpublikum übertroffen. Dieses Gefälle war in den Jahren nach 1945 nicht minder ausgeprägt und begrenzte den Wirkungsraum zeitgenössischer Musik. Blacher notierte sogar: »Sobald in einem Konzert nur ein modernes Werk erklingt, sinkt die Zahl der Besucher automatisch.«[31]

31 SAdK, Boris-Blacher-Archiv 1.69.180.

Im Nachkriegs-Berlin wurde wiederum Furtwängler – trotz der Dirigate des jungen Celibidache, seines Schülers an der Berliner Musikhochschule[32] – zur dominierenden Persönlichkeit; die »Ära Furtwängler« reichte zu Blachers Leidwesen bis in die fünfziger Jahre hinein. Das ist wohl auch ein Zeichen der Restauration. Aus Enttäuschung darüber schrieb Blacher 1949 nach England: »Berlin is no more interesting for us at all. The musical life is now quite normal with Furtwängler playing Brahms + Bruckner in the same way as if nothing had happened in the past. All the hopes that something has changed since 45 are gone.«[33] Doch wurde der Gegensatz, der hier privat ausgesprochen wurde, nicht Anlaß für Konfrontationen oder Polarisierungen.

32 Zu Celibidaches Teilnahme an Furtwänglers Meisterklasse für Dirigieren siehe UdK-Archiv, Bestand 1, Nr. 3280 (Personalakte Wilhelm Furtwängler), Schreiben des Hochschuldirektors Fritz Stein an Furtwängler vom 30. Oktober 1941.

33 Brief an William Glock, zit. n. *Boris Blacher 1903-1975. Dokumente zu Leben und Werk*, S. 89.

In welcher Weise die Nachkriegsjahre von älteren kulturellen Paradigmen geprägt waren, zeigt innerhalb des Berliner Musiklebens selbst Stuckenschmidts Publizistik, die sonst durchaus mit einem elitären Modernismus einhergehen konnte.[34] In der Zeitschrift *Der Monat*, dem von Melvin J. Lasky in Berlin herausgegebenen »internationalen« Organ »für Politik und geistiges Leben« – dem intellektuellen Sprachrohr der westlichen, amerikanisch dominierten Position im Kalten Krieg – schrieb der gewandte Feuilletonist und Professor an der Technischen Universität, Biograph Busonis und Blachers, im November 1955 über »Furtwängler – Ende einer Epoche«.[35] Anlaß war der Tod Furtwänglers genau ein Jahr zuvor. Stuckenschmidt identifiziert Furtwängler mit einem spezifisch deutschen Begriff der Musik, wobei er die Problematik der »belasteten Nation« im Sinn hat. Trotz »politische[r] Unzuverlässigkeit – ja vielleicht durch sie? – ist Musik im deutschen Nationalbewußtsein eine ganz unvergleichliche Geistes- und

34 Sehr kritisch dazu: Jost Hermand, *Kultur im Wiederaufbau. Die Bundesrepublik Deutschland 1945–1965*, München 1986, S. 148f.

35 In: *Der Monat* 8 (1955/56), H. 86, S. 65-70.

Seelenmacht geworden; etwas, das eigentlich weit über sich selbst hinausreicht; etwas Übermusikalisches gleichsam. [...] Ein Repräsentant solcher Musik wird [...] der Kapellmeister, der Präzeptor überm Orchester, der Befehlshaber einer Hundertschaft von Musikern, die zu Kündern von Metaphysischem werden.« Diese Sätze beziehen sich auf Furtwängler, dessen Fotoportrait dem Beitrag zugeordnet ist. Es zeigt eine unüberbietbar auktoriale dirigentische Pose in einem weich gezeichneten Schwarz-Weiß; der Dirigent ist in sich gekehrt und ernst – eine öffentliche Zurschaustellung deutscher Innerlichkeit.

Man muß diesen Kontext, die pathetische Überhöhung der Persönlichkeit, die Inszenierung eines »Großen« im Auge haben, um die Nonchalance Blachers ganz würdigen zu können. Sie ist nicht eigentlich provokativ, wohl aber in Deutschland neuartig. Gegen das Bildnis Furtwänglers halte man etwa Blachers bekanntes Porträt im Direktorenzimmer der Hochschule für Musik: im Hintergrund ist das Gemälde von Ernst Nelson zu sehen, das Joseph Joachim, den Hochschulgründer, darstellt; im Vordergrund steht Boris Blacher selbst am Flügel, in einer Hand die Zigarette haltend, die sich auf dem geputzten Deckel des Instruments spiegelt. Ein Hauch von Bohème umweht dieses Bild. Von ähnlicher, vielleicht noch größerer ikonografischer Prägnanz ist jene Fotografie von Stefan Moses, auf der Blacher den eigenen, von Bernhard Heiliger geschaffenen Porträtkopf wie eine Maske vor sich hält. Er sei zunächst ein »Objekt, d.h. ein Opfer« gewesen, als er Modell zu stehen hatte, schrieb Blacher in einem kleinen kommentierenden Text zu Heiligers »Kopf«.[36] Diese beiläufig selbstbezügliche Aussage könnte auf eine Befindlichkeit, vielleicht auch ein Weltverhältnis hinweisen.

36 *Bernhard Heiliger, Die Köpfe*, hg. v. Marc Wellmann, Köln 2000, S. 76f.

Gegenbilderdienst
Notizen zu Blachers 100. Geburtstag
Stephan Mösch

I

»Opus Eins« nennt Blacher das Stück ironisch und ehrlich zugleich. Eigentlich nur ein Posaunen-Glissando, das er 1962 in der von Hans Heinz Stuckenschmidt initiierten Fernsehreihe »Musik im technischen Zeitalter« vorstellt: Gemeinschaftsexperiment des »Elektronischen Studios« der TU Berlin und des Senders Freies Berlin. »Eine Neunte Symphonie dürfen Sie nicht erwarten«. Vom Regler aus wird das Glissando bis zur Unkenntlichkeit verfremdet. Der Klang löst sich vom Instrument, wandert in den Raum, besetzt, befragt, benutzt ihn. Nachhören und Voraushören ist plötzlich eines. Blachers Hilfsbegriff für die TV-Zuschauer: »eine Suite«. Sogar einen langsamen Satz gibt es: »Bitte denken Sie nicht an Bruckner.«

Spät ist Blacher in das Metier dieser Art von technischer Musik einge-stiegen. Später in der Sendung (es ist die erste der ambitionierten Reihe) mischt er Vokales mit Elektronik. Die Technik als akustischer Spiegel, der verzerrt, zerlegt, rundet, wegführt. Später in seinem Schaffen wird Blacher auf das Posaunenglissando zurückkommen: rein instrumental, um den Tod der Titel-Antiheldin in seiner letzten großen Oper einzukreisen, *Yvonne, Prinzessin von Burgund*. Es gibt den Weg zurück bei Blacher. Fast immer. Stures Vorwärts gehört nicht zum Programm. Den Verkrampfungen der Teleologie entzieht er sich durch wechselnde Positionen des künstlerischen Ich. Nicht das Material ent-wickelt sich, sondern der Mensch, der damit umgeht. Das macht die Vielfalt in der Einheit von Blachers Werk. Wie sagt Wolfgang Rihm? »Kunst ist ihre eigene Methodenkritik, quasi in Echtzeit.«[1]

1 »»Fertigkomponiert – das Wort macht mich ganz nervös.‹ Der Komponist Wolfgang Rihm im Gespräch«, in: *Süddeutsche Zeitung*, 12. März 2002.

II

»Musik im technischen Zeitalter«: ein Motto als Behauptung und Suche zugleich. Der Anstoß zu dieser Richtung von Selbstreflexion kam von der Literatur. Die Philosophen zogen nach. Technik – Fortschritt – Avantgarde, ein Dreischritt mit Fragezeichen in Adenauers Republik. Technik als Signum des *Age of Anxiety*. Fort schreitet vor allem der Kalte Krieg. Avantgarde zwischen dem Rückzug auf das im seriellen Sinn integrale Kunst-Werk und Ruckbewegungen in Sachen Ästhetik. Vergangenheit bleibt, zu oft, tabu. Blachers Pluralismus, inhaliert in den zwanziger Jahren, hilft ihm über die Durststrecke.

Vom elitären Autonomiestatus der Musik stieß man sich gerade ab, als er nach Berlin kam. »Ein Komponist sollte heute nur schreiben, wenn er weiß, für welchen Bedarf er schreibt«: Hindemiths Diktum von 1926, die gesellschaftliche Verankerung von Musik, auf die es zielt, hat Blacher über die Jahrzehnte kultiviert. Inspiration durch den Anlaß zieht ihn an. Gebrauchsmusik nicht als Gegensatz zum Autonomieprinzip (oder gar zum Schein ästhetischer Objektivität), sondern als dessen Fortsetzung. Dankbar wäre er, schreibt Blacher im April 1962 an Heinrich Strobel, »wenn Sie die Herren Bläser um eine Liste ihrer Spezialitäten bäten [...]. Wie Sie wissen, ist Maßschneiderei immer meine Lieblingsbeschäftigung gewesen.«[2] Es ging um einen Auftrag für Donaueschingen. Man könnte das subversiv nennen.

2 Universitätsarchiv der Universität der Künste Berlin, Bestand 11, Nr. 11, Blatt 630.

III

Was bedeutet, was meint, was kann deutsche Musik nach 1945? Was Musik aus Deutschland? »Reinigende Gegengifte« attestiert Ulrich Dibelius Blachers Werk.[3] Gewiß. Doch eine *creatio ex nihilo* konnte das nicht sein; die versuchte Stockhausen erst einige Jahre später. Blacher hatte sich schon vor dem Krieg gefunden – und nie aufgegeben. Er war in einer Weise gefestigt, die ihn nun zur Vertrauensperson adelte. So konnte er aufsteigen in und aus der Autoritätskrise der Nachkriegszeit, ohne das Ich zum Erfolgsinstrument zu degradieren.

3 Ulrich Dibelius, *Moderne Musik nach 1945*, Erweiterte Neuausgabe, München 1998, S. 60.

Bernhard Heiliger, dem Freund und Kollegen, gelang Ähnliches mit seinen Skulpturen. Er zeigte den Weg aus der Isolation in die Internationalität. Er schuf nicht nur Plastiken, sondern auch den geistigen Boden, auf dem sie standen. Das gelang, indem er den Boden als Signum der Materie wegspielte. Auch Blachers Musik möchte das: die Lösung in die Schwerelosigkeit; die Sublimierung gewaltigen Volumens, großen Orchester- oder Klavierklanges zur flexiblen inneren und äußeren Dynamik. Heiligers Köpfe sind gewissermaßen an der Realität entlang erfunden: eher Kopf-Landschaften als psychologische

Durchdringung. Es geht um die Physiognomie eines Geistes, nicht um die eines Kopfes. Auch hier trifft er sich mit Blacher. Und noch in einem dritten Punkt. Die »Begegnung mit der dreidimensionalen Raumproblematik«[4] hat Blacher das 1964 genannt. Elektronik hat ihm dabei geholfen, aber auch die Wechselwirkung von dieser mit traditionell geschriebenen Partituren. Mit Musik im Raum meint er, in Analogie zu Heiliger, keine klingenden Abbilder. Es bleibt, bei beiden Künstlern, was schon vorher war: Im Formexperiment steckt die Menschendarstellung. Nicht umgekehrt.

4 Zit. nach Hans Heinz Stuckenschmidt, *Boris Blacher*, Berlin/Wiesbaden 1985, Bildtafel nach S. 56.

IV

»Bilderdienst«, der wichtige Titel des Literaturwissenschaftlers Gert Mattenklott läßt sich paraphrasieren.[5] Blacher liefert, von den Kriegsjahren bis zu seinem Tod: Gegenbilderdienst. Seine Hörbilder sind Hörwege, seine Hörwege sind Denkwege. Mit elegisch gesteigertem Antifaschismus gab er sich nicht zufrieden, wie viele andere in der Zeit. Die Parabel der *Flut* geht weiter, die Offenbachiade des *Preußischen Märchens* auch. Zweckoptimismus als Verschleierung der Katastrophe leistet sich Blacher nie. Als einer der ganz wenigen neben Krenek und Liebermann riskiert er, Vergangenheit aufzuarbeiten. »Bewältigen« konnte sie, so kurz danach, ohnehin niemand. Das sollte bedenken, wer den Stücken heute begegnet und ihre Mittel skeptisch beurteilt. Es war das herausfordernd Spezifische in Blachers Opern, das sich von den Allgemeinplätzen der fünfziger Jahre abhob. Spezifisches, das trotzdem nie den Charakter komponierter Leitartikel annahm, sondern blieb, was Blacher in allen Genres schätzte: Unterhaltung im besten Sinne.

5 *Bilderdienst. Ästhetische Opposition bei Beardsley und George*, München 1970.

Die Kehrseite läßt sich freilich nicht leugnen. Präzision, Zeitdiagnostik kann späterem Wirken zum Verhängnis werden. Musik in der Gesellschaft kann ins Gegenteil umschlagen, zum historischen Objekt versteinern. Luigi Nonos Opern haben das erleben müssen, die Blachers auch. Besonders in diesem Zusammenhang gilt was Mauricio Kagel als Metapher formuliert und als Komponist erfahren hat: »Das Geschmacksbarometer ist mit nervösem Quecksilber gefüllt.«[6] Blachers Opern sind Denkspiele, keine Einladungen zur Identifikation. Deshalb können ihre Figuren auf Gesang im emphatischen Sinne, auf Stimme als Exaltation der Sinne verzichten. »Die Zeit ist ja in der Musik die Hauptsache«[7]: Blachers Satz gilt auch für seine Opern. Als

6 Mauricio Kagel, »Rede zur Verleihung der Ehrendoktorwürde der Musikhochschule Weimar/Jena«, gehalten am 9. Dezember 2001, in: *Frankfurter Allgemeine Zeitung*, 10. Dezember 2001.

7 Wolfgang Burde, »Interview mit Boris Blacher«, in: *Neue Zeitschrift für Musik* 134 (1973), S. 21.

Absage an Vokalglamour. Und als Zusage an alles Zeitgenössische: nicht im Sinne ästhetischer Paradigmata oder innermusikalischer Einschnürung, sondern von wacher Zeitgenossenschaft. Hier war er so blitzschnell wie beim Lösen von schöpferischen Problemen. Darin liegt sein Persönliches in der Zeit des betonten Antisubjektivismus. Das mathematisch Richtige blieb für ihn nur eine Wahrheit von vielen. Seine Tuchfühlung mit dem Sozialen, seine künstlerische Herkunft aus den zwanziger Jahren ließen gar nichts anderes zu.

V

Am 2. November 1958 titelt der *Tagesspiegel* mit einer Frage: »Auf dem Weg zu einer ›Musischen Akademie‹?« Blacher möchte sich zurückziehen, der Dreifachbelastung als Lehrer, Hochschulleiter und Komponist entfliehen. Der *Tagesspiegel* referiert seinen Vorschlag einer Zusammenlegung mehrerer Lehrinstitute nach Vorbild der Universität. Kein Direktor, sondern ein periodisch und nach Sparten wechselnder Rektor solle dem neuen Institut vorstehen, Wege aus akademischer Enge praktizieren. Es ist die Idee einer Gesamthochschule mit allen Synergieeffekten. Mancher, der die Berliner Musikhochschule mit Namen wie Schönberg, Schreker oder Hindemith verbindet, argwöhnt Profilverlust. Die Diskussion zieht sich über viele Jahre und endet auch mit der Gründung der Hochschule der Künste 1975 nicht. Blacher hat in ihrem Verlauf offenbar seine Position revidiert. Wenige Wochen vor seinem Tod gehört er zu den Unterzeichnern eines Protokolls, mit dem die Abteilung Musik der Akademie der Künste »schwere Bedenken« gegen das geplante und ihrer Meinung nach unausgereifte Gesetz zur Zusammenlegung der beiden künstlerischen Hochschulen anmeldet.[8] Blachers hochschulpolitischer Weitblick ist dennoch unverkennbar. Seine Berufungspolitik achtet sorgfältig auf die Balance zwischen Prominenz und pädagogischer Befähigung der neuen Lehrer. Eine Begabung wie der Bariton Günter Reich wird als Student aufgenommen, obwohl er die Altersgrenze längst überschritten hat. Blacher trägt damit nicht zuletzt einem jüdischen Schicksal Rechnung. Gelten seine Statements, etwa zur Verkleinerung der Klavierklassen, zur realistischen Einschätzung der Gesangsausbildung nicht unverändert? Welchen Spürsinn er als kulturpolitisch denkender Künstler in Berlin hatte, kann eine einzige Brückenbauer-Idee belegen: Als Regisseur seiner *Rosamunde Floris* wünschte sich Blacher einen

8 »... und die Vergangenheit sitzt immer mit am Tisch«. Dokumente zur Geschichte der Akademie der Künste (West) 1945/1954–1993, hg. v. d. Stiftung Archiv der Akademie der Künste, Berlin 1997, S. 352.

jungen Assistenten Walter Felsensteins: Götz Friedrich aus dem Ostteil der Stadt, und dies bei den Festwochen, einem Flaggschiff des sich etablierenden Westens. Ein Jahr später stand die Mauer.

VI

»Ein Architekt der musikalischen Heiterkeit« überschreibt Hans Heinz Stuckenschmidt einen Artikel über Blacher.[9] Es ist ein gerne bemühtes Bild, übernommen von vielen, die über Blacher schreiben sollen oder wollen. Ein Abziehbild. Seine Konturen sind unscharf. Blachers Durchbruch mit der *Concertanten Musik*, sein Weg durch die Niederungen der Unterhaltungsmusik, seine Skepsis gegenüber dem »ernsten« Musiker, der Erfolg der *Paganini-Variationen*, seine Lust an Virtuosität, sein geflissentliches Understatement, seine Weigerung, als Exeget in eigener Sache aufzutreten, das alles läßt sich noch nicht zu einem Blacher-Bild runden. Es bleiben Teilaspekte. Auch der Finalbotschaft der *Flut* ist in diesem Sinne nicht zu trauen: »Ihr, o Freunde, nehmt dies Spiel als eine Seifenblase.« Nicht vom frühen auf den späten Blacher wäre zu schließen, sondern umgekehrt vom späten *Pentagramm für 16 Streichinstrumente*, von den *24 Préludes* für Klavier, vom *Cello-Konzert* oder von *Yvonne* auf die frühen Jahre. Blachers späte Werke sind Spätwerke, durchaus im emphatischen Sinn. Rückblicke und Ausblicke, mehr Zwischenbilanzen unterschiedlicher Ansätze als Summe in toto.

9 *Neue Musikzeitung*, Februar/März 1984, S. 3.

VII

Der Zug sei längst in eine andere Richtung abgefahren, schrieb die *Frankfurter Allgemeine* frech und richtig, nachdem Volker David Kirchner im Frühjahr 2002 seiner Wut, wohl auch seiner Enttäuschung über den Musik- und insbesondere den Opernbetrieb freien Lauf gelassen hatte.[10] Richtig insofern, als in Kirchners Veroperung des *Gilgamesch*-Epos zur Jahrtausendwende das Festhalten am Narrativen und die Fülle an retrospektiven Zügen (besonders die Ring-Nähe) schlapp wirkten, das Parabelhafte bemüht, die Anbindung an Literatur wie eine Anklammerung.

Trotzdem ist die Sache nicht so einfach, wie das Bild vom abgefahrenen Zug suggeriert. Friedrich Cerha lieferte mit der Uraufführung sei-

10 Eleonore Büning, »Das Geigen der Lämmer«, in: *Frankfurter Allgemeine Zeitung*, 22. Juni 2002. Siehe auch ebd. Gerhard R. Koch, »Nie mehr Oper!«

nes *Riesen vom Steinfeld* 2002 das Gegenbeispiel – immerhin auf einen Text von Peter Turrini. Es kommt beim Erzählen von Geschichten nicht auf das »Daß« an, sondern auf das »Wie«. Lineare Dramaturgie impliziert noch nicht zwangsläufig Retrospektives. Umgekehrt garantiert das cineastische Spiegelungsprinzip mit der Brechung der Perspektiven noch keinen inneren Perspektivenreichtum. Auch Olga Neuwirth und Elfriede Jelinek erzählen *Bählamms Fest* im Gefolge der Leonora Carrington in gewisser Weise linear: als crescendierende Chronologie des Surrealen. Gerade dort, wo der Klang-Raum wechselt, gewinnt Linearität der Textdramaturgie: als Gegengewicht. Ohne Rückversicherung an Literatur kommen dabei selbst interaktive Opernkonzepte selten aus. Sogar das Pilotprojekt des Forums Neues Musiktheater in Stuttgart, *Im Spiegel wohnen* von Andreas Breitscheid, hält sich an Heiner Müllers *Bildbeschreibung*. Auf solche Zusammenhänge kann vertrauen, wer Blachers Opern, ihrem Erzählmodus, ihrem Umgang mit vorgefundenen Texten zunächst mißtraut – und sich dennoch auf sie einläßt.

VIII

Kollegen, Kontraste. Stefan Wolpe, geboren 1902, war Berliner. Blacher, geboren 1903, wurde Berliner. Beider Format als Lehrer spiegelt sich in den extrem unterschiedlichen Handschriften der Schüler: Morton Feldman oder Elmer Bernstein oder New Yorks Jazz-Szene bei Wolpe; Aribert Reimann oder Isang Yun bei Blacher. Beide, Wolpe wie Blacher, haben von der Offenheit ihres Unterrichts selbst profitiert, Selbstvergewisserung im Wandel gewonnen, das Unakademische kultiviert. Beide waren als Komponisten besonders produktiv an den Gelenkstellen ihres Lebens und der Zeiten, die sie durchmessen mußten. Beide begannen mit der Zeitoper. Beide haben den klingenden Autonomiestatus und die kulturaristokratische Haltung, die dahintersteckt, weggeworfen für die Sensibilisierung nach unten, haben dann doch in den fünfziger Jahren neue, selbstreferentielle Techniken erprobt. Für beide war das Klavier primäres Experimentierfeld, Schaffens-Tagebuch, Denksportinstrument. Beide liebten das Spiel mit und in verschiedenen Gestalten, den Stilwechsel. Beide wurden und werden immer wieder entdeckt, um wieder zu verschwinden aus dem sicheren Besitz der aktuellen Spielpläne.

Doch sind nicht die Unterschiede viel stichhaltiger als alles das? Blacher und Wolpe, die im Abstand weniger Monate 100 Jahre alt geworden wären, können heute vor allem als Kontrastfiguren viel vermitteln, verdeutlichen von ihrer Zeit. Zwei Temperamente mit ähnlichen Wurzeln; zwei, die sich von Dada begeistern, von Stuckenschmidt informieren, von der abstrakten Malerei inspirieren ließen. Zwei, die über denselben Problemen brüteten und sie doch fast immer in unterschiedliche Richtungen auflösten. Blacher: der Meister des elegant-geschmeidigen Satzes, der übriggelassenen Essenz, der klaren Durchhörbarkeit. Immer mehr im Laufe der Jahre. Wolpe dagegen mit seinem Mut zur Opulenz, zum zyklopischen Kraftakt, zu musikalischem Aktionismus. Beim Wolpe der fünfziger Jahre liefert jeder Spieler des Orchesters Partikel eines Verlaufes, den er als Ganzes unmöglich verfolgen kann; die Klangkonstellationen verändern sich mobilehaft. Beim Blacher der fünfziger Jahre gehört das Verfolgen des Verlaufes zur Sache selbst; die Klangkonstellationen leben in der Zeit, strukturieren diese und werden von ihr strukturiert. Wolpes Wort von der »stehenden Musik« markiert den denkbar größten Gegensatz dazu. Die Dichte des musikalischen Satzes, von Blacher stets virtuos dosiert, bleibt bei Wolpe gerne konstant. Alles ist gleich wichtig. Trotz solcher Differenzen, die hier nur grob vereinfacht angedeutet werden, haben beide die Freiheit, den Aufbruch der zwanziger Jahre tief inhaliert und in spätere Jahrzehnte hineingetragen. Wolpe drückte es so aus: »Alles ist möglich. Alles liegt offen. Das ist die geschichtliche Situation.«[11] Sich in Zeiten der Post-, oder besser: Nachmoderne auf solche Komponisten zu besinnen, bedeutet mehr als Ohrengymnastik. Es ist ein Stück Selbsterfahrung.

11 »Über Neue (und nicht ganz so Neue) Musik in Amerika«, in: *Stefan Wolpe. Von Berlin nach New York*, hg. v. Westdeutschen Rundfunk Köln, Köln 1988, S. 89.

Gottfried von Einem und Boris Blacher in der Akademie der Künste, Berlin, 1974,
Foto: Karin M. Gaa

»Teurer Meister, hier ist das Stück!«
Biographische und ästhetisch-pädagogische »Schnitt-Stellen« zwischen Boris Blacher und Gottfried von Einem
Thomas Eickhoff

In memoriam Brunhilde Sonntag (1936–2002)

Anläßlich des 70. Geburtstages von Boris Blacher im Jahr 1973 konstatierte einer seiner Schüler und langjährigen Weggefährten, der österreichische Komponist Gottfried von Einem (1918–1996), im Rückblick:

> »Was war für uns Schüler das Wichtigste in Deinem Unterricht? Nicht die Vermittlung des Wissens, sondern die durch Dein Beispiel geübte Toleranz im Menschlichen, der Ansporn zu persönlichen künstlerischen Versuchen, ohne Anspruch auf ›Denkmalsträchtigkeit‹. [...] Dir, dem Weltmenschen, lag nichts an der Bildung einer Schule, obgleich alle Schüler von dem großen Formenreichtum Deiner Musiksprache Vokabeln auf Lebenszeit, von Dir mit leichter Ironie geduldet, ausborgten. [...] Hier soll Dir achtungsvolle Liebe bezeugt werden, Dir, dem Schweigsamen, wenn man an Persönliches rührt. Dem Freund, der in trüben und gefährlichen Zeiten unverbrüchlich die Treue hält, der dem Unverstand auch dann trotzt, wenn es den Posten kosten kann, diesem Menschen möchte ich im Namen aller Freunde meinen Dank abstatten. Von Dir hörte ich während des Krieges eine Maxime, die sich auch in meinem Leben oft bewahrheitet hat: ›Es gibt Menschen, von denen kannst du fünf Mark ausborgen, und solche, von denen kannst du sie nicht ausborgen. Die letzteren sind in der Überzahl‹.«[1]

In zahlreichen Schilderungen seiner Vita hat der als Zeitzeuge hier pars pro toto exponierte von Einem die Phase des Kompositionsunterrichts bei Boris Blacher nicht nur unter dem Aspekt der musikalischen Handwerkslehre als »die entscheidende Zeit meines Lebens«[2] emphatisch hervorgehoben, sondern auch ihre Bedeutsamkeit für die eigene Wesensbestimmung von Kunst und Leben betont. Was bedeutete aber »Von Blacher lernen«? Wirken Komponisten als Lehrer, so drängt sich unter dem Aspekt musikalischer Spurensuche die Frage auf, welchem Einfluß sie sich einst selbst im Zuge ihres Studiums durch eine bestimmte »Lehre« oder »Schule« aussetzten, und welche biographischen wie ästhetischen »Schnitt-Stellen« wiederum die musikalische Entwicklung ihrer Schüler mitbestimmten.

1 »Das Geheimnis der beredten Pause. Gottfried von Einem zum 70. Geburtstag von Boris Blacher«, in: *Die Presse* (Wien), 5./6./7. Januar 1973, S. 7.

2 In: *Zeitzeugen. Wege zur Zweiten Republik*, hg. v. der Universität Salzburg und dem Landesstudio Salzburg des ORF in Zusammenarbeit mit dem Historischen Archiv des ORF, Wien 1987, S. 76.

Blacher selbst hat seine Eindrücke von der ersten Begegnung mit Gottfried von Einem in einem Rundfunkgespräch beschrieben und dabei auch die unterschiedlichen musikalischen Orientierungen seiner einstigen Kompositionsschüler veranschaulicht:

3 Boris Blacher, »Neuland Rhythmus«, in: Josef Müller-Marein u. Hannes Reinhardt, *Das musikalische Selbstportrait*, Hamburg 1963, S. 412.

»Ich hatte keine offizielle Stellung. Ich war zu nichts verpflichtet. Und die Menschen, die zu mir kamen, waren das Durcheinander schon gewöhnt. Es kamen Schüler. Zuerst unterrichtete ich Komponisten aus der Unterhaltungsbranche. Später kamen auch andere. Und eines Tages zum Beispiel kam ein junger Mann, der sehr wild aussah und erklärte, er sei Korrepetitor an der Staatsoper, aber seine Sehnsucht sei es, Komponist zu werden. Es war Gottfried von Einem, und ich habe drei Jahre lang mit großem Vergnügen mit ihm gearbeitet.«[3]

Darin, daß Blacher mit dem Metier der »Unterhaltungsbranche« vertraut war, unterschied sich sein musikalischer Lebensweg signifikant von dem Gottfried von Einems: War dessen künstlerische Sozialisation vornehmlich durch Werke des traditionellen Konzert- und Opernrepertoires geprägt, so hatte der in China als Sohn deutsch-baltischer Eltern russischer Staatsangehörigkeit geborene Boris Blacher von Kindertagen an eine international gemischte Palette populärer Gebrauchs- und Unterhaltungsmusik kennengelernt. In einer autobiographischen Skizze[4] hat er seine Begegnung mit der europäisierten Musikszene in der an der Südküste des Gelben Meeres gelegenen chinesischen Hafenstadt Tschifu, wo er von 1908 bis 1913 aufwuchs, anschaulich beschrieben. Als Europäer in China sah Blacher »die größten Schwierigkeiten [...] in den Schulverhältnissen«.[5] Boris erhielt 1914 ersten Klavierunterricht und wuchs polyglott auf; gewisse Sprachprobleme resultierten aus dem ständigen Schulwechsel, der dadurch veranlaßt war, daß die Familie, zum Teil aus politischen Gründen, mehrmals umsiedeln mußte: 1913 nach Hankou (Mittelchina), 1914 nach Irkutsk (Sibirien) und 1919 nach Charbin (Mandschurei). Blacher wurde bereits während der Schulzeit – ähnlich wie von Einem – mit politischen Wandlungsprozessen konfrontiert, in die sein Vater Eduard Blacher, ein aus dem Revaler Kleinadel stammender Bankdirektor, als russischer Reserveoffizier unmittelbar involviert war.

4 Boris Blacher, »Damals in Chefoo«, in: Hans Heinz Stuckenschmidt, *Boris Blacher*, Berlin / Wiesbaden 1985, S. 12.

5 Blacher, »Neuland Rhythmus«, S. 406f.

In Charbin, damals ein Kulturzentrum des fernen Ostens, bot sich Blacher die Möglichkeit, seine mittlerweile erworbenen musiktheoretischen Kenntnisse zu vertiefen und praktisch umzusetzen, denn der Leiter eines 1919 gegründeten Emigranten-Orchesters benötigte für seine Arbeit Orchesterpartituren und, so erinnert sich Blacher,

»weil mein Vater ihn dazu auserkoren hatte, daß er mein Musiklehrer würde, stellte er mir die Aufgabe, bekannte Sinfonien, die es nur in Form von Klavierauszügen gab, nicht aber in der Partitur, zu instrumentieren. Aus diesem Anlaß habe ich beispielsweise Puccinis *Tosca* neu instrumentiert. Viel später erst habe ich die Originalfassung gehört. Das passierte in Berlin. Ich hatte meine Puccini-Fassung noch im Ohr. Ich war in Berlin sehr erstaunt über Puccini – meine Fassung klang eher nach Tschaikowski.«[6]

Die in Blachers Instrumentation der Puccini-Oper erkennbare Affinität zur russischen Musik war angesichts seiner musikalischen Ausbildung erklärlich. Der junge Boris hatte in Irkutsk mit einem ehemaligen Schüler Anatolij Ljadows im Theorie- und Harmonielehreunterricht »nach der akademischen Art Rimski-Korsakows«[7] gearbeitet. Im Geigenunterricht, bei einem polnischen Schüler Henri Marteaus, lernte er die Musik von Richard Strauss und Claude Debussy, »in Klavierfassungen der Orchesterwerke – oder nur in Erzählungen«,[8] eher oberflächlich kennen. Entsprechend war noch zu Beginn seiner Berliner Studienzeit, 1922, Blachers Begriff von neuer Musik wenig entwickelt, galt ihm damals doch die Musik des Spätromantikers Strauss als Inbegriff der Moderne.[9]

Erst in Berlin wurden Blacher neue musikalische Orientierungspunkte geboten. Die Übersiedlung nach Westeuropa ging auf einen Wunsch des Vaters zurück, wonach der Sohn wahlweise in Paris oder Berlin studieren sollte, aber nicht Musik, sondern Architektur. Bei der Entscheidung für die Stadt war dann aber letztlich das Musikleben ausschlaggebend.[10] Zwar nahm Blacher nach seiner Ankunft in Berlin im Oktober 1922 tatsächlich ein Architekturstudium an der Technischen Hochschule auf, doch fügte er sich dem väterlichen Willen nicht lange. Die Affinität zur Musik setzte sich durch: Blacher wurde 1924 Privatschüler von Friedrich Ernst Koch (1862–1927), der als Komponist »außerhalb aller herrschenden Richtungen«[11] stand. Stuckenschmidt zufolge ging Kochs Musik auf die »frühe Romantik mit klassizistischem Einschlag« zurück und nahm »von Wagner und Brahms so wenig Kenntnis wie von den Fortschritten der damals modernen Schulen«.[12] Blacher, der bei Koch nicht mehr Harmonielehre, sondern »in der Hauptsache Kontrapunkt, nach Bellermann«[13] studierte, zeigte sich in dieser »strengen und soliden Schule«[14] offenbar so begabt, daß er, nachdem Koch erkrankt war, ihn vertreten und dessen Schüler »in dieser Richtung«[15] weiterführen konnte. Neben solch solider Handwerkslehre, die in Blachers späterer Tätigkeit als Kompositionslehrer nachwirken sollte, hinterließ aber auch die Moderne Spuren in seinen Übungsstücken, so daß Koch, wie Blacher schilderte, »etwas unfried-

6 Ebd., S. 408.

7 Wolf-Eberhard von Lewinski, »Boris Blacher (†): Die Zeit – das unbarmherzig Maß« [Interview], in: *Musica* 29 (1975), S. 216.

8 Ebd.

9 Vgl. Blacher, »Neuland Rhythmus«, S. 409.

10 Vgl. Wolfgang Burde, »Interview mit Boris Blacher«, in: *Neue Zeitschrift für Musik* 134 (1973), S. 20.

11 Stuckenschmidt, *Boris Blacher*, S. 21.

12 Ebd.

13 Burde, »Interview mit Boris Blacher«, S. 20.

14 Blacher, »Neuland Rhythmus«, S. 410.

15 Burde, »Interview mit Boris Blacher«, S. 20.

16 Blacher, »Neuland Rhythmus«, S. 410.

lich an seiner Pfeife« zog, »wenn er in meinen Noten gewaltige Dissonanzen entdeckte.«[16]

Als Blacher sich vollends dem Studium der Musik und ab 1927 auch dem der Musikwissenschaft widmete und das Architekturstudium abbrach, teilte ihm sein Vater mit, »ich könne dies tun, es sei meine Sache; ich sei erwachsen genug. Aber die finanzielle Unterstützung

17 Ebd.

müsse nun leider ausfallen.«[17] Blacher sah sich somit genötigt, parallel zum Komponieren als Pianist, Notenkopist und Arrangeur im Unterhaltungsmilieu seinen Lebensunterhalt zu bestreiten. Anders als in der musikalischen Entwicklung Gottfried von Einems war für Blacher die Unterhaltungsmusik auch eng mit seiner kompositorischen Tätigkeit

18 Vgl. *Boris Blacher 1903–1975. Dokumente zu Leben und Werk*, hg. v. Heribert Henrich, Berlin 1993, S. 72.

in den zwanziger Jahren verwoben. Der tiefgreifende Wandel im Musikleben der Weimarer Republik hat in Blachers frühem Schaffen ein charakteristisches Spiegelbild gefunden, wie eine Reihe von in jüngerer Zeit neu oder wieder entdeckten Kompositionen belegt.[18]

II. Politik und Eigensinn

Daß Blacher nach der nationalsozialistischen Machtergreifung in das Kreuzfeuer der ideologisierten Musikpolitik geraten würde,[19] war ab-

19 Vgl. dazu genauer Thomas Eickhoff, »Kalter Intellekt in der Nachfolge Strawinskys? Zu Boris Blacher und der Rezeption seiner Werke im Nationalsozialismus«, in: *Jahrbuch des Staatlichen Instituts für Musikforschung Preußischer Kulturbesitz 1999*, Stuttgart 1999, S. 153-176.

zusehen: Mit seinen vor 1933 entstandenen Werken hatte er nicht nur sein Interesse an jüdischen Volksliedern und Jazzmusik dokumentiert, sondern, beispielsweise durch die Vertonung von Parolen wie »Hinein in die rote Einheitsfront« in den *Drei Chorplakaten* (1931), auch seine Sympathie für sozialistische Ideen erkennen lassen. Angesichts dieser politischen Orientierung ist es auch plausibel, daß Blacher »niemals Sympathien für den Nationalsozialismus«[20] bekundete, zumal er auf-

20 *Boris Blacher 1903–1975. Dokumente zu Leben und Werk*, S. 79.

grund seiner multikulturellen Sozialisation nationalistischem Gedankengut fern stand. Deshalb mag es wie eine Ironie des Schicksals anmuten, daß sein entscheidender künstlerischer Durchbruch mit der Uraufführung der *Concertanten Musik* am 6. Dezember 1937 ausgerechnet in die Hitler-Zeit fiel. So unscharf sich manch protegierende Presse-Rezension einer Blacher-Aufführung ausnehmen mag, so deutlich zeichnet sich ab, daß innerhalb der nationalsozialistischen Musikpolitik die Kompositionen Blachers gerade aufgrund solch diffus formulierter Werturteile mit Tendenz zur Camouflage als tolerierbar erscheinen konnten. Seine Werke kamen vorerst problemlos zur Aufführung, zumal Blacher seinerzeit tonal komponierte und die jüdische

Herkunft eines seiner Großväter zunächst unbekannt war. Hinsichtlich seiner Affinität zum Jazz sah er sich während der NS-Zeit allerdings gezwungen, »schwarze Idiome zu unterdrücken, ohne jedoch ganz auf sie zu verzichten.«[21] Blacher konnte von den Tantiemen der vielerorts aufgeführten *Concertanten Musik*, die er später in einem Interview zusammen mit den nicht minder populären *Paganini-Variationen* (1947) zu seinen »zwei Edelschnulzen« zählte, »eine Weile leben.«[22] Auch blieb eine offizielle Antwort auf die 1938 anläßlich der Reichsmusiktage gestellte Kritikerfrage »Entartet oder nicht entartet?«[23] von seiten behördlicher Stellen, die ein Aufführungsverbot Blacherscher Werke hätten verhängen können, aus. Somit konnte der Dirigent Johannes Schüler in einem Konzert der Preußischen Staatskapelle in der Staatsoper Unter den Linden am 5. Februar 1939 ein Werk zur Uraufführung bringen, welches die Aufmerksamkeit des jungen Gottfried von Einem auf sich zog und sein Interesse am Komponisten Blacher weckte: die 1938 entstandene *Symphonie op. 12* für großes Orchester. »Dieses meisterhafte Werk mit der grandiosen Fuge am Schluß machte einen großen Eindruck auf mich«,[24] erinnerte sich von Einem. »Ich habe mir die kleine Partitur gekauft, sie war sogar schon erschienen, als sie uraufgeführt wurde.«[25] Als Korrepetitor an der Staatsoper hatte er die Proben, darunter auch die Hauptprobe, des Werks erlebt,[26] aber, so von Einem, »ich hatte nicht den Schneid, zu Blacher zu gehen und ihn zu bitten, mir Unterricht zu geben.«[27]

Hatte es der gehemmte Jungkomponist 1939 am Premierenabend angeblich nicht gewagt, Blacher anzusprechen, so stellte im März 1941 der Uraufführungsdirigent der *Symphonie*, Johannes Schüler, den entscheidenden Kontakt her und initiierte damit den von 1941 bis 1943 währenden Unterricht. Während des Krieges nahm dabei das kritische Verfolgen des politischen Tagesgeschehens – obwohl nicht ungefährlich – offensichtlich einen selbstverständlichen Platz ein, so daß von Einem mit der opponierenden Haltung des Lehrers nicht nur vertraut gewesen sein dürfte, sondern sie auch aufgrund eigener Erfahrungen, zum Beispiel mit der Gestapo,[28] geteilt haben mochte. Entsprechend beantwortete er die Frage, ob der Unterricht bei Boris Blacher »rein musikalischer Natur« war oder auch etwas »von diesem Botschaftsbewußtsein« eines Komponisten mitgetragen habe, wie folgt:

»Ich weiß nicht, ›Botschaft‹ würde ich ungern annehmen. Aber er hat in jedem Fall beigetragen, daß ich etwas schärfer nachgedacht habe über das, was geschieht. Denn daß ich nach einer Verhaftung durch die Gestapo die Zeit nicht so liebevoll betrachtete, war

21 Jürgen Hunkemöller, »Jazz in der Musik Boris Blachers«, in: *Boris Blacher 1903–1975. Dokumente zu Leben und Werk*, S. 53.

22 Lewinski, »Boris Blacher (†): Die Zeit – das unbarmherzig Maß«, S. 218.

23 *Leipziger Neueste Nachrichten*, 26. Mai 1938, zit. nach *Boris Blacher 1903–1975. Dokumente zu Leben und Werk*, S. 79.

24 Gottfried von Einem, »Der Komponist im Turm«, in: Josef Müller-Marein / Hannes Reinhardt, *Das musikalische Selbstportrait*, Hamburg 1963, S. 85.

25 Helmuth Hopf u. Brunhilde Sonntag, »Studenten im Gespräch mit Gottfried von Einem«, in: *Zeitschrift für Musikpädagogik* 9 (1984), H. 26, S. 6.

26 Vgl. Friedrich Saathen, *Einem-Chronik, Dokumentation und Deutung*, Wien / Köln / Graz 1982, S. 91f.

27 von Einem, »Der Komponist im Turm«, S. 85.

28 Vgl. Thomas Eickhoff, *Politische Dimensionen einer Komponisten-Biographie im 20. Jahrhundert – Gottfried von Einem*, Stuttgart 1998, S. 32.

29 »...eine Pression muß explodieren!«, Gespräch zwischen Gottfried von Einem und Manfred Wagner (Wien, 24. März 1993), Typoskript im Besitz des Verfassers.

ja klar, das wußte Blacher. Blacher war jemand, der überhaupt sehr, sehr scharf über die Zeit nachgedacht hat.«[29]

Gerade Blachers Erfahrungen als Kompositionslehrer waren von politisch motivierten, gegen ihn gerichteten Maßnahmen begleitet: So hatte ihm der Dresdner Operndirektor Karl Böhm 1938 nach dem Erfolg der *Concertanten Musik* einen Lehrauftrag für Komposition am Landeskonservatorium in Dresden verschafft, den er aber bereits 1939 wieder aufgeben mußte, da er seinen Schülern von den Nationalsozialisten geächtete Komponisten, wie Paul Hindemith und Darius Milhaud, nähergebracht hatte. Im Privatunterricht hingegen war Blacher obrigkeitlichen Zwängen nicht unterworfen, so daß er den in Dresden eingeschlagenen Weg der Kompositionslehre mit von Einem weitergehen konnte: Erinnerungsberichten zufolge dominierte neben dem barocken und klassisch-romantischen Repertoire im Unterricht eindeutig die von den Nationalsozialisten desavouierte Musik.[30] Die

30 Vgl. Eickhoff, *Politische Dimensionen einer Komponisten-Biographie*, S. 55.

musikalischen Eindrücke waren für den Schüler neuartig, da die zeitgenössischen Komponisten, abgesehen von Hindemith, in seinem bisherigen musikalischen Erfahrungen eine eher untergeordnete Rolle gespielt hatten. Blacher erinnerte sich an sein erstes Zusammentreffen mit dem seinerzeit 23jährigen von Einem: »In meinen Unterricht kam ein junger Mann, der hatte den Kopf voller Wagner.«[31] Insofern stand

31 Zit. nach Hartmut Lück, »Herr Schnimpsti räsoniert«, in: *Neue Musikzeitung* 20 (1971), Nr. 4, S. 3.

die musikalische Vorstellungswelt von Einems der von den zwanziger Jahren geprägten, entschieden »unromantischen« Ästhetik Blachers kraß gegenüber. Daß von Einem bei Blacher zudem Instrumentation nach Rimski-Korsakows Anleitung *Grundlagen der Orchestration* lernte,[32] zeigt deutlich, wie sehr Blacher, sicherlich aufgrund eigener Studienerfahrungen, es für Wert erachtete, seinem Schüler die russische Musiktheorie nahezubringen.

32 Vgl. Rudolf Stephan, »Über die Musik zur Zeit des jungen Gottfried von Einem. Gedanken zur Musik der vierziger Jahre«, in: *Gottfried von Einem – Ein Komponist unseres Jahrhunderts*, hg. v. Helmuth Hopf u. Brunhilde Sonntag, Münster 1989, S. 32.

Als exemplarisch für die angestrebte Synthese aus Tradition und Innovation kann Blachers *Symphonie* gelten, da der Komponist in dem von seinem Schüler so geschätzten Finale die virtuose Beherrschung von Kontrapunkt und Fuge mit symphonischen Durchführungstechniken verband. Indem Blacher die Fuge, wie Gervink in seiner Analyse des Werks nachgewiesen hat, gewissermaßen »symphonisierte«,[33] verschränkte er zwei kompositorische Verfahrensweisen zum Zweck größerer Dichte, so daß in Anlehnung an Zofia Lissa von einer »Hybridisierung der Form« gesprochen werden kann.[34]

33 Manuel Gervink, *Die Symphonie in Deutschland und Österreich in der Zeit zwischen den beiden Weltkriegen*, Regensburg 1984, S. 189.

34 Stephan, »Über die Musik zur Zeit des jungen Gottfried von Einem«, S. 37.

Die auf ökonomischer Verwendung des musikalischen Materials basierende strukturelle Dichte ist als ein signifikantes Merkmal von Blachers unpathetischer, betont rhythmischer Musik in der Literatur immer wieder mit dem eigentlich auf die Werke Erik Saties gemünzten Begriff »style dépouillé« gefaßt worden.[35] Bezogen auf die Situation der NS-Zeit kann dies als Indiz dafür gedeutet werden, daß sie sich für eine nationalsozialistische Usurpation kaum eignete. Allzu sehr divergierte die von »spielerische[r] Phantasie, Witz, Kürze, Zweckgebundenheit und eine[r] bewußt aussparende[n] Ökonomie«[36] gekennzeichnete Ästhetik Blachers mit der gigantomanen Kunstauffassung der Nazis. Die Bemühung um Einfachheit und Konzentration, verbunden mit orchestraler Transparenz, beeindruckte wiederum seinen Kompositionsschüler von Einem, der dazu begeistert schrieb:

35 Stuckenschmidt, *Boris Blacher*, S. 39.

36 Ulrich Dibelius, *Moderne Musik 1945–1965*, München ⁴1988, S. 51.

»Blachers Partituren sind ein ästhetischer Genuß. Sein Orchesterklang ist farbig, ohne je dick zu wirken. Alle Konturen sind scharf gezeichnet. Blacher sagte mir oft: ›Instrumentieren Sie so, daß auch das letzte Provinzorchester Ihre Partitur realisieren kann.‹ Er pflegt oft Rimski-Korsakows Ausspruch zu zitieren, daß gute Instrumentation in guter Stimmführung bestünde.«[37]

37 Gottfried von Einem, »Mein Lehrer Boris Blacher«, in: *Österreichische Musikzeitschrift* 5 (1950), S. 149.

III. Handwerk und Persönlichkeit

Hinter Blachers Auffassung, wonach der strenge Satz als »die beste Schule in der polyphonen Denkweise« keineswegs überholt sei, stand letztlich die Absicht, die »Entwicklung des Personalstils« seiner Schüler zu fördern.[38] Gemäß dieser Intention antwortete Blacher in einem Interview auf die Frage, ob er »ein guter oder kein guter Kompositionslehrer« sei, mit folgender Selbsteinschätzung, in der zugleich seine Forderungen an die Schüler zu Tage treten:

38 Boris Blacher, *Einführung in den strengen Satz*, Berlin 1953, S. 5.

»Ich denke ein guter, weil ich in manchen Dingen auch unsicher bin. Ich will auch keine Autorität sein. Wenn ein Schüler mit einem Stil kommt, der mir nicht ganz vertraut ist, dann lerne ich zuerst bei ihm – nur ich lerne schneller. Selbstverständlich muß man die traditionellen Dinge, auf die man manchmal mit Verachtung blickt, beherrschen. Sie sind sehr gesund und im Grunde so einfach – wer in einem halben Jahr das Komponieren im strengen Satz nicht lernt, soll das Komponieren gleich ganz sein lassen.«[39]

39 Lewinski, , »Boris Blacher (†): Die Zeit – das unbarmherzig Maß«, S. 216.

Von Einem hat seinerseits Blachers pädagogisches Anliegen, »jedem Schüler seinen eigenen Weg« zu zeigen,[40] aus eigener Erfahrung als vorbildlich gerühmt:

40 »Boris Blacher«, in: Ursula Stürzbecher, *Werkstattgespräche mit Komponisten*, Köln 1971, S. 11.

»Blacher besitzt die seltene Fähigkeit zu spüren, wohin sich die Begabung eines Schülers entwickeln möchte, und ihn in dieser Richtung zu fördern: den einen zum Komponisten, den anderen zum Lehrer, einen dritten vielleicht zum Arrangeur von Gebrauchsmusik. Seine eigene Klarheit und Lockerheit wirkt anregend, seine Kritik ist scharf, ohne jemals menschlich zu verletzen oder zu entmutigen. [...] Blachers Unterricht war von vornher-

41 von Einem, »Mein Lehrer Boris Blacher«, S. 148f.

42 Vgl. Thomas Eickhoff, »Komponisten als Musikpädagogen – Zu Korrespondenzen zwischen Boris Blacher, Gottfried von Einem und Brunhilde Sonntag im Spiegel zeitgenössischer Quellen«, in: *Musik im Spektrum von Kultur und Gesellschaft. Festschrift für Brunhilde Sonntag*, hg. v. Bernhard Müßgens, Oliver Kautny u. Martin Gieseking, Osnabrück 2001, S. 23-38.

43 Zu den näheren Umständen äußerte sich von Einem in einem Gespräch mit Musikstudenten: »Blacher hatte mir schon längere Zeit zugesetzt, ich solle doch mal unterrichten, denn ich hätte doch ziemlich viele praktische Erfahrungen, die vielleicht besser seien als nur rein theoretische. Ich sagte: Nein, mit mir nicht. Ich hatte einen Riesenbammel vor jeder Hochschule und vor allem vorm Unterrichten und dem Formulieren eines Stoffes. Blacher ließ aber nicht locker und ohne mir auch nur Muh oder Mäh zu sagen, ging er eines Tages zu Präsident Sittner, dem Chef der Wiener Hochschule für Musik, und hat ihm eingeredet, er müsse mich einkaufen. So wurde ich hinbestellt, hatte keine Ahnung weshalb, und Sittner sagte: ›Ich möchte Ihnen hiermit eine Professur anbieten.‹« (Hopf u. Sonntag, »Studenten im Gespräch mit Gottfried von Einem«, S. 6).

ein auf praktische Ziele gerichtet. Er führte mich in die Kompositionstechnik ebenso der Filmmusik wie der Schauspielmusik und der Hörspielmusik ein; auf all diesen Gebieten besitzt er große praktische Erfahrung. Die Meisterwerke der Tonkunst wurden bei diesem Lernen zu lebendigen Vorbildern, nicht zum Kinderschreck für den Anfänger.«[41]

Den Respekt vor der künstlerischen Eigendynamik und dem persönlichen Ausdruckswillen seiner Schüler hob Gottfried von Einem fortwährend und emphatisch als Signum des Blacherschen Unterrichts hervor. Es war daher naheliegend, daß er den undogmatischen und daher als vorbildlich angesehenen pädagogischen Ansatz Blachers selbst adaptieren würde,[42] als er 1963 auf Drängen und Vermittlung seines ehemaligen Lehrers eine Professur für Komposition an der Musikhochschule in Wien übernahm, wo er bis 1972 lehrte.[43] Daß auch von Einem dabei das handwerkliche Fortschreiten unter Wahrung der künstlerischen Individualität des Schülers anstrebte, zeigt deutlich, wie sehr er sich seinem Lehrervorbild verpflichtet fühlte.[44] Von Einem und Blacher teilten die Meinung, daß man Komposition ebenso wenig wie Malerei und Dichtung lernen könne, sondern eigentlich nur die dazu notwendigen handwerklichen Voraussetzungen, wie die musikalische »Grammatik und Syntax« sowie Instrumentation und Kontrapunkt.[45]

Die Maxime, daß die Selbständigkeit eines Schülers das Ziel eines verantwortungsbewußten Kompositionsunterrichtes sein solle, hatte sich von Einem als tief empfundene »Schnitt-Stelle« im buchstäblichen Sinne bei der Beendigung der eigenen Studien im Jahr 1943 eingeprägt: »Blacher schnitt«, so von Einem, »für mich selbst damals schmerzlich und gewaltsam das Band ab, das er in zwei Jahren geknüpft hatte«,[46] und zwar so, daß von Einem es immer wieder als Anekdote schilderte, die zugleich den oft humorvollen persönlichen Umgang von Schüler und Lehrer veranschaulicht:

»Blacher hatte einen befreundeten Arzt, der in einem Krankenhaus [der Berliner Charité – T. E.] arbeitete, und da gab es damals noch Embryonen, die eingelegt werden mußten. Jedenfalls war der reine Alkohol da, der wurde 1:7 versetzt, und das war der ›Leichenschnaps‹. Nun also, nach einem solchen Leichenschnaps, sagte ich: Teurer Meister – ich nannte ihn nach Fux ›Teurer Meister‹ – ich habe da etwas geschrieben. Er sagte: Schön, schön, schön… und nahm noch einen Leichenschnaps. Und ich sagte: Teurer Meister, hier ist das Stück! Da sagte er: Nein, nein, das ist jetzt vorbei, jetzt kommt die Entwöhnung von der Mutterbrust. Wissen Sie was? Sie können genug, jetzt ist Schluß mit Unterricht und auch Schluß mit ›Teurer Meister‹, jetzt sind Sie auf eigenen Beinen. Ich werde mich interessieren – manchmal – für Ihre Stücke, nicht immer, ich werde sie mir auch manchmal anhören, aber unterrichtet wird nicht mehr.«[47]

Mochte Blachers Handlungsweise von Einem zunächst als hart, gar verletzend erscheinen, so erkannte er doch später darin

»den Beweis einer großen Lehrerpersönlichkeit, deren Verantwortungsgefühl stark genug ist, junge Menschen, die noch in sich ungefestigt nach Halt und Anlehnung suchen, nicht an sich zu binden, und dadurch, wenn sie begabt sind, vielleicht den eigenen Weg zu schmälern oder zu verbiegen, oder wenn sie unbegabt sind, sie als Schwanzsterne und Nachahmer hinter sich herzuschleppen.«[48]

Aus dieser Aversion gegenüber einer »schulebildenden« Ausrichtung von Kompositionsunterricht, in dem die »Privat-Theorie« des Lehrers das musikalische Denken des Schülers einseitig präformiert, entwickelte von Einem eine zunehmend kritisch-distanzierte Haltung gegenüber dem einst sogar als Lehrer in Erwägung gezogenen Paul Hindemith: »Die Schüler Hindemiths, die paar, die er ausgebildet hat, schreiben wie er. Blachers Schüler schreiben alle nicht blacherisch. Er hat mich denken gelehrt, und das ist ja der Sinn des Lehrens.«[49]

IV. Ethos und Humanität

Daß eine strenge Lehre nicht mit handwerklich-kompositionstechnischer Normierung einhergehen muß, hat Blacher auch insofern bewiesen, als er seinen Kompositionsschülern, die er im Laufe seiner bis 1970 anhaltenden Lehrtätigkeit ausbildete, den für nötig erachteten Freiraum bei der Suche nach eigenen musikalischen Ausdrucksmöglichkeiten gewährte: Die Kompositionen der zahlreichen prominenten Blacher-Schüler, wie Aribert Reimann, Isang Yun, Giselher Klebe, Rudolf Kelterborn, Heimo Erbse, Francis Burt, George Crumb, Klaus Huber, Claude Ballif, Roland Kayn, Maki Ishii und Noam Sheriff, zeugen zweifelsohne von der stilistischen Vielfalt, die Blachers undogmatischer Unterricht zuließ.[50] »Die Selbstverständigung im Dialog, das klärende Sichauseinandersetzen mit einem Problem, das ›Sokratische‹ im gemeinsamen Suchen nach der richtigen Lösung«, so schrieb Dominik Hartmann, habe zwischen Lehrer und Schüler »eine Art Lebensbeziehung entstehen lassen«, deren fortdauernde Anziehungskraft auch die Schüler untereinander verbunden habe.[51] So ergaben sich freundschaftliche Kontakte oftmals sogar zwischen Schülern Blachers, die nicht zeitgleich miteinander studierten. Sie teilten die uneingeschränkte Verehrung für den Lehrer, schätzten und unterstützten sich gegenseitig unter Anerkennung ihrer oft sehr unterschiedlichen musikalischen Ausdrucksweisen, wie aus einem Text Aribert Reimanns zum 75. Geburtstag Gottfried von Einems hervorgeht:

44 Vgl. Beitrag zu einer Umfrage von Karl Heinz Füssl, »Lehren und Lernen«, in: *Österreichische Musikzeitschrift* 42 (1987), S. 583f.

45 Stürzbecher, *Werkstattgespräche*, S. 11.

46 von Einem, »Mein Lehrer Boris Blacher«, S. 148.

47 Hopf u. Sonntag, »Studenten im Gespräch mit Gottfried von Einem«, S. 6.

48 von Einem, »Mein Lehrer Boris Blacher«, S. 148.

49 Herbert O. Glattauer, »Prof. Gottfried von Einem« [Interview], in: ders., *Menschen hinter großen Namen. Berühmte Österreicher, die Sie kennen sollten*, Salzburg 1977, S. 45.

50 Hierin gleicht Blachers Ansatz der Lehre Ferruccio Busonis und Franz Schrekers, die beide – im Gegensatz etwa zu Schönberg – auf die Eigenständigkeit ihrer Schüler bedacht waren. So betonte der Schreker-Schüler Berthold Goldschmidt in einem Gespräch: »Schönbergs Schüler standen alle sehr unter seinem Einfluß, komponierten in seinem Sinne. Hingegen ließ Schreker jedem seiner Schüler seine Individualität. Wenn zum Beispiel Ignaz Strasfogel eine Sonate hervorbrachte, dann versetzte sich Schreker ganz in dessen Menta-

lität, sagte zum Beispiel: Das Thema ist doch sehr gut, das müßtest Du noch weiter entwickeln. Darum hat Schreker so viele Schüler gehabt, die alle ihre eigene Sprache hatten.« (»Comeback mit 91. Der Komponist Berthold Goldschmidt im Gespräch mit Thomas Voigt«, in: *Opernwelt* 35 (1994) Nr. 3, S. 12).

51 Dominik Hartmann, *Gottfried von Einem*, Wien 1967, S. 5.

52 Unveröffentlichtes Typoskript im Besitz des Verfassers.

53 Hans Mayer, »Der Präsident«, in: *Boris Blacher zum Gedenken*, hg. v. der Akademie der Künste, Akademie-Anzeiger Nr. 2, Januar 1985, S. 3.

»Gottfried von Einem zu begegnen ist für mich immer eine große Freude. Die Ausstrahlung seiner starken Persönlichkeit, sein Humor, seine Menschlichkeit, Offenherzigkeit und Toleranz haben mich immer sehr bewegt. Seine Gastfreundschaft und großzügige Hilfsbereitschaft durfte ich während meiner Wiener Studienzeit und später oft erfahren, woran ich mit großer Dankbarkeit zurückdenke, vor allem an die vielen gemeinsamen Gespräche, deren zentraler Mittelpunkt unser gemeinsamer Lehrer Boris Blacher war, der uns beide, jeden auf seine Weise, so entscheidend geprägt hat. Mit gleicher Freude höre und arbeite ich die Musik Gottfried von Einems. Seine Oper ›Dantons Tod‹ [...] gehört zu den wenigen starken, unvergeßlichen Eindrücken in meinem Leben.«[52]

Der Literaturwissenschaftler Hans Mayer versuchte die von seinen Schülern so emphatisch hervorgehobene Ausstrahlung Blachers zu erklären, indem er dessen ästhetische Haltung dialektisch zu seiner fruchtbaren Lehrtätigkeit in Beziehung setzte und so eine gesellschaftspolitische Facette in seinem Schaffensspektrum sichtbar werden ließ:

»Er war das Gegenteil eines ästhetischen Prinzipienreiters und Fundamentalisten. Darum wohl ist er so erfolgreich gewesen als Lehrer der jungen Tonsetzer. Er war neugierig auf alles Spielen; seine Vorstellung von Kunst, das zeigt ein Blick auf Blachers Schaffen, ist determiniert vom Sammelbegriff der ›Performances‹, was mit unserem Wort ›Vorstellung‹ eher verkannt als übersetzt wird. Wahrscheinlich hat dieser aristokratische Künstler in einer Welt des Kleinbürgertums alle Kunst als ein Fest verstanden, wobei auch Feste der Anklage möglich waren.«[53]

Mit dem Begriff »Anklage« tangierte Mayer nicht zuletzt ein Moment des politischen Bewußtseins von Blacher, welches auch in den Kompositionsunterricht einfloß. Daß ein selbstverständliches Ritual jeder Unterrichtsstunde mit von Einem das gemeinsame Hören der verbotenen ausländischen Kriegsberichte war, mag nur ein Indiz für Blachers Interesse am tagespolitischen Geschehen sein. Anders als bei jenen Schülern, die ab 1948 aus Blachers Kompositionsklasse an der Berliner Musikhochschule hervorgingen, hat im Falle von Einems zweifellos der Nationalsozialismus als politisches Ferment die besondere Intensität des Lehrer-Schüler-Verhältnisses mit beeinflußt und ein Gefühl der Solidarität im Sinne einer gemeinsamen Aversion gegen das Verbrecherische der Nazibarbarei hervorgerufen. Angesichts der eher unideologischen Haltung von Einems figurierte Boris Blacher als »ethischer Garant«,[54] der dem in Wagner-Begeisterung aufgewachsenen und braunen Verführungen nicht allzeit resistenten Schüler durch sein intellektuelles Kalkül ein Korrektiv bot, so wie Michael H. Kater pointiert formuliert: »Blacher tilgte in von Einem völlig und endgültig jeden Funken der Bewunderung für Hitler.«[55]

54 Helmuth Hopf in: *Gottfried von Einem – Ein Komponist unseres Jahrhunderts*, S. 3.

55 Michael H. Kater, *Die mißbrauchte Muse. Musiker im Dritten Reich*, München / Wien 1998, S. 436.

Betrachtet man einzelne Werke beider in ihrem Entstehungskontext, so wird mancherlei freundschaftliches Beziehungsgeflecht deutlich: So entstand die Textvorlage von Blachers Dostojewski-Oratorium *Der Großinquisitor* in Zusammenarbeit mit Leo Borchard (1899–1945), der neben seiner Haupttätigkeit als Dirigent auch literarische Werke von Jacobsen und Tschechow ins Deutsche übersetzte und zum Freundeskreis Gottfried von Einems zählte.[56] Borchard war es auch, der als Dirigent der Berliner Philharmoniker mit der Uraufführung des *Capriccio op. 2* Gottfried von Einem als Komponisten erstmalig der Berliner Musikszene präsentierte. Das dritte Orchesterwerk von Einems wiederum, betitelt als *Concerto op. 4*, greift ein ähnliches Formprinzip auf wie die *Concertante Musik* Blachers, wobei es mit seinen drei Sätzen Allegro – Larghetto – Allegro, zumal durch den abschließenden Variationssatz, breiter angelegt ist als das Vorbild. Von Einem komponierte das *Concerto* 1943 in Berlin sowie im Landhaus der Familie in Ramsau in der Steiermark, wo sich zur gleichen Zeit als Gast auch Blacher aufhielt, der am *Großinquisitor* arbeitete. Dies könnte erklären, warum das *Concerto* – wie übrigens auch die in jenem Zeitraum entstandene Oper *Dantons Tod*, deren Text Blacher ausgewählt und als Opern-Libretto eingerichtet hatte – eine deutliche Prägung durch den Lehrer aufweist: Ohne den innovativen Unterricht Blachers hätte der musikalisch primär in romantischer Tradition aufgewachsene von Einem kaum Jazz-Variationen in den dritten Satz des Werkes integriert. Wenngleich die Jazz-Anklänge in von Einems *Concerto* im Vergleich zu den jazz-inspirierten Kompositionen Blachers eher als »zahm« oder »harmlos« anzusehen sind,[57] mußten sie für die Nazizensoren eine Provokation darstellen. Von Einem dürfte also die Affinität seines Lehrers zum Jazz kaum allein aus musikalischen Gründen, sondern auch als Moment des Widerstandes aufgegriffen haben.

Daß von Einems uneingeschränkte Verehrung für Blacher auf die vielgepriesene, von Wachsamkeit und Scharfsinn geprägte geistige Haltung des Lehrers zurückzuführen ist, zeigen zahlreiche Geburtstags- und Gedenkadressen. Dabei handelt es sich keineswegs nur um verbale Devotionsgesten oder Glorifizierungsversuche, sondern um triftige Bekenntnisse, die in zeitgeschichtlich bedingten Erlebnissen wurzeln, durch welche die ab 1941 zum Teil eng miteinander verflochtenen Lebenswege Blachers und von Einems nachhaltig geprägt waren. Die darauf aufbauende menschliche Nähe währte bis zum Tode Blachers

56 Vgl. Matthias Sträßner, *Der Dirigent Leo Borchard. Eine unvollendete Karriere*, Berlin 1999.

57 Vgl. Stephan, »Über die Musik zur Zeit des jungen Gottfried von Einem«, S. 35.

im Jahr 1975. Friedrich Saathen spricht gar von einer Freundschaft »über Blachers Tod hinaus«.[58] In diesem Sinne ist auch die Grabrede zu verstehen, mit der von Einem seinen Mentor am 5. Februar 1975 würdigte:

58 Friedrich Saathen im Gespräch mit dem Verfasser (Wien, Januar 1993).

»Wir haben uns hier versammelt, um Abschied von dem, was an Boris Blacher sterblich ist, zu nehmen. Und obwohl dieser Abschied sehr weh tut, wissen wir, daß sein Geist uns nicht verläßt. Daß sein Wesen auch künftig eine Maxime unseres Denkens und Handelns sein wird: das Wesen eines Genies, das durch Güte, Humanität und Bescheidenheit ausgezeichnet war. / Sein Geist war von mathematischer Klarheit, aber sein Herz voll von Leidenschaften. Er zeigte sie selten. Der unlösbare Konflikt zwischen der Ratio und dem Irrationalen trieb ihn zu immer neuen, unerwarteten und überraschenden Lösungen. Nicht nur ein großer Componist: Boris Blacher war auch ein faszinierender Forscher, Entdecker und Pädagoge. Ihm war die Frage wichtiger als die Antwort! / Weil er Humor hatte, war er in hohem Maße der Freundschaft fähig. Nur durch Zufall erfuhr man manchmal, wie vielen Menschen aller Art er mit Takt und Phantasie geholfen hat, ohne je Dankbarkeit zu erwarten. Sinn für Gerechtigkeit und Civilcourage machten ihn zum bedeutenden Leiter zweier Weltinstitute: der Akademie der Künste und der Hochschule für Musik in Berlin. Was diese Stadt ihm wirklich verdankt, wird den Berlinern erst im Lauf der kommenden Zeit bewußt werden. Für mich ist Boris Blacher Berlins Geist gewesen, seine Seele und sein unbestechliches Gewissen.«[59]

59 Gottfried von Einem, »[Grabrede auf Boris Blacher, gehalten am 5. Februar 1975 im Krematorium Berlin]«, in: Eickhoff, *Politische Dimensionen einer Komponisten-Biographie*, S. 307.

After 1933: Blacher, Music-Politics, and the Postwar Management of Historical Evidence
David Drew

> »1933, als Hitler zur Macht kam, war Blacher noch
> ein unbekannter junger Musiker [...]. Die Arbeiten der
> folgenden Jahre waren höhere Gebrauchs- und
> Unterhaltungsmusik, oft nach folkloristischen
> Modellen gearbeitet, heiter und brillant,
> wie das *Divertimento für Blasorchester op.7*.«
> H.H. Stuckenschmidt (1970)[1]

> »Nach der Machtübernahme Hitlers verbesserten sich
> Blachers Chancen als Komponist nicht eben.
> Er setzte seine beiden Tätigkeiten als Arrangeur und
> als freier Komponist aber ungehindert fort...«
> H.H. Stuckenschmidt (1963/1985)[2]

On the occasion of Blacher's 60th birthday in 1963, Bote & Bock published an illustrated booklet containing a musico-biographical essay by Hans Heinz Stuckenschmidt – a friend of 30 years' standing – and an extensive though incomplete worklist. In 1985, the 10th anniversary of Blacher's death was marked by various publications, including an expanded version of Stuckenschmidt's essay. Now running to 37 pages, it was preceded by *Damals in Chefoo* – a vivid and touching memoir of Blacher's childhood in China, written for the entertainment and instruction of his children and grandchildren. Appended to the booklet was a new and comprehensive Werkverzeichnis by Dr. Harald Kunz, incorporating recent discoveries from the Nachlaß, the Bote & Bock archives, and elsewhere.[3]

Stuckenschmidt's biographical essay is by no means definitive and was never intended to be. Yet it remains unique and unchallenged. The tone is characteristically urbane, the methods conversational rather than academic. Sources are not identified; but the main one is obviously Blacher himself, prompted by the author and his own memories of events they have both witnessed and musical experiences they have shared.

As yet, there is no evidence that Blacher and Stuckenschmidt were closely acquainted before 1933. As critic, publicist, and firebrand, Stuckenschmidt was already making a name for himself in Berlin (and beyond) by the mid-1920s. Blacher for his part had remained almost unnoticed on the ›bohemian‹ fringes of Berlin's contemporary-music

1 Hans Heinz Stuckenschmidt, »Boris Blacher«, *Die großen Komponisten unseres Jahrhunderts*, München 1970, p. 93.

2 Hans Heinz Stuckenschmidt, *Boris Blacher*, Berlin / Wiesbaden 1963, p. 11; Hans Heinz Stuckenschmidt, *Boris Blacher*, Berlin / Wiesbaden 1985, p. 22.

3 Harald Kunz, »Werkverzeichnis Boris Blacher«, ibid., pp. 57-81.

world until the early 1930s. In 1929, however, he had been discovered by Benno Balan – sole owner of the music-publishing business he operated from the back offices of his specialist grocery store in Berlin-Charlottenburg. A quixotic figure, Balan was an enthusiast of ›New Music‹ in all its forms, but especially in the new forms of music-theatre and chamber music displayed at Hindemith's Baden-Baden festivals between 1927 and 1929.

It was surely in Baden-Baden that Balan conceived the idea of setting himself up as a Berlin David to the Viennese Goliath of Universal Edition. One of his neighbours in Charlottenburg, and a regular visitor to his grocery store, was Blacher's friend Rudolf Wagner-Régeny, currently music director and house composer for Rudolf von Laban and his dance company.[4] In Gera and Essen during the season 1928/29 Wagner-Régeny appeared for the first time as composer of chamber-musical theatre in the new style. For Balan's publishing ambitions, these Wagner-Régeny evenings were the first glimmers of success; and as such they contributed to a greater cause. Profiting from Schoenberg's current quarrel with Universal Edition, Balan now managed to involve himself in the fortunes of *Von heute auf morgen*.[5] Meanwhile, he gave house-room to several of Blacher's early works, beginning with the chamber-opera *Habemeajaja* (1929). Blacher's 15-minute *Symphony* of the same year was apparently not assigned to him, and neither was his ballet *Ehe* (a typical Wagner-Régeny/Laban project, as Heribert Henrich points out in his exhaustive documentation and commentary of 1993).[6] According to Harald Kunz's 1985 Werkverzeichnis, a *Concerto for Two Trumpets and Double String Orchestra* of 1931 was assigned to Balan, and performed in Greifswald in 1932. By then Balan's business affairs were in ruins (no orchestral material for *Habemeajaja* has yet come to light, neither has any material relating to the *Concerto*). At a date still to be ascertained, but almost certainly before the ›Machtergreifung‹, Balan emigrated to Palestine.

It was in 1932, and precisely in the context of Balan's misfortunes, that Blacher and Wagner-Régeny found new and long-established publishers – in Blacher's case, Bote & Bock in Berlin, in Wagner-Régeny's, Universal Edition in Wien. Bote & Bock was the older and much the more conservative of the two; both were partly or wholly Jewish-owned.[7]

The first works to be performed under the terms of Blacher's agreement with Bote & Bock were the *Fünf Sinnsprüche Omars des Zelt-*

4 See Rudolf Wagner-Régeny, *Begegnungen. Biographische Aufzeichnungen, Tagebücher und sein Briefwechsel mit Caspar Neher*, Berlin 1968, pp. 51-53, 59-60, for memories of his work for Laban and his relationship with Balan.

5 See Hans Heinz Stuckenschmidt, *Schoenberg. His Life, World and Work*, London 1977, pp. 328, 331, for references to Balan, and his »incompetence« with regard to Schoenberg and his opera.

6 *Boris Blacher 1903–1975. Dokumente zu Leben und Werk*, ed. Heribert Henrich, Berlin 1993, pp. 73-76.

7 The discovery of Blacher's *Drei Studien über Jüdische Volkslieder für Streichtrio* – dated 1931 on the title page – postdates Harald Kunz's 1985 Werkverzeichnis. Possibly intended for Balan – who had announced but not accomplished the publication of Blacher's *Erstes Streichquartett* in 1931 – the *Trio* was first published by Bote & Bock in 1994.

machers of 1931 and the *Kleine Marschmusik* of 1932 – the former in a 1932 concert (date unknown) broadcast by Swiss radio (presumably Beromünster), the second in Berlin on 22 November of the same year. The conductor on the latter occasion was Erich Hannemann, and the orchestra – according to Stuckenschmidt[8] – was »ein Arbeitslosen-Orchester«. Almost certainly this was the orchestra for which Blacher's exact contemporary Berthold Goldschmidt wrote his *Marche militaire* during the same year. According to Goldschmidt[9] it was an orchestra supported by ›Funk-Stunde‹, Berlin. Perhaps because in the end his March was not performed, his recollections were uncharacteristically hazy. As far as he could recall, the ›Funk-Stunde‹ commission for the orchestra was authorised by Walter Gronostay. If Hannemann was in fact a discovery and protégé of Gronostay's, that would already be an important clue to the course he was to take after the ›Machtübernahme‹. In the years 1933–35, Hannemann was to become a key proponent of Blacher.

8 Stuckenschmidt, *Boris Blacher*, 1985, p. 22.

9 Informal discussions with the present writer, London and Mürzzuschlag (Österreich), 1983; confirmed in subsequent published interviews and programme notes.

THE NOTEBOOK

> »The truth of the period, as it was seen at the time, without the artificial perspective given by distance, without the cooling effect of years, and the illumination rectified by passing through a series of other events, is preserved in a notebook of the period.«
> Alexander Herzen, *My Past and Thoughts* (1861–67)

In his 1993 documentation, Heribert Henrich identifies as »Kladde« the loose-leaf binder containing Blacher's collection of press reviews from the period 1934–39.[10] Either on the reviews themselves, or on the file-paper to which they were attached, Blacher generally added publication dates and sources where these were not printed. The dry details are impressive; they confirm, without comment, that the document in question has been noted and preserved irrespective of its tone, tendency, or quality. As an objective record of an increasingly successful career, the »Kladde« retains its unique character, despite the discovery in other sources of major reviews that Blacher almost certainly disregarded rather than excluded, simply because they were not published in the daily press, and could be preserved in their original form.

10 *Boris Blacher 1903–1975. Dokumente zu Leben und Werk*, p. 81. The cuttings are in Stiftung Archiv der Akademie der Künste (SAdK), Boris-Blacher-Archiv 1.69.257. For conservation purposes the pages have now been removed from the binder, and stored separately.

The Notebook, as we shall call it here, is neither more nor less than a private file of press cuttings. Unfiltered, uncoloured, and apparently meticulous, it is an objective record of working conditions in the musical press during the first seven years of Hitler's Reich.

MARCHES, MANŒUVRES, AND GLOSSARIES, 1933–35

> »Je länger dieser Sommer 1933 dauerte, umso unwirklicher
> wurde alles. [...] Von unten tönte quäkige Marschmusik.
> Wenn man sich aus dem Fenster beugte, sah man braungekleidete
> Heersäulen sich durch die Straßen wälzen, unterbrochen
> von Hakenkreuzfahnen [...].«
> Sebastian Haffner, *Geschichte eines Deutschen* (2000 [1939])

> »Und jeden Tag neue Gräßlichkeiten. Ein jüdischer Anwalt
> in Chemnitz entführt und erschossen. ›Provokateure
> in SA-Uniformen, gemeine Verbrecher.‹ Ausführungs-
> bestimmungen zum Beamtengesetz. Jude, wo ein Teil der
> Großeltern jüdisch. ›Im Zweifelsfall entscheidet der Sachverständige
> zur Rassenforschung im Reichsinnenministerium.‹«
> Victor Klemperer, *Tagebücher* (12 April 1933)

In music as in every sphere of cultural, political, and social life in Germany, the period from March 1933 to December 1934 was one of frenzied reorganisation, rampant opportunism, ruthless in-fighting, and Byzantine intrigue. The so-called ›Nacht der langen Messer‹ of 30 June 1934 marked a turning point, even in musical history. By the end of that year, one of the most impressive testimonies to the neo-Machiavellian principle of divide-and-rule was the bipolar structuring of cultural life, with Goebbels and Alfred Rosenberg as rival power-centres, ramified by the equally antagonistic cultural ambitions of Baldur von Schirach, as Reichsleiter of the Hitlerjugend (HJ), and Robert Ley, leader of the monolithic amalgamation of the old German labour unions, the Deutsche Arbeitsfront (DAF). The DAF's Arts-and-Entertainments wing became world-famous as the NS-Gemeinde ›Kraft-durch-Freude‹ (KdF). In the summers, KdF cruise ships sailed for the fiords of Norway, the coasts of Brittany, the islands of the Mediterranean.

As Reichsminister for Propaganda and Enlightenment, Goebbels controlled the Reichskulturkammer (RKK), its seven chambers (including the Reichsmusikkammer or RMK), and its Senate. Rosenberg, the Party's official ideologist, held no cabinet post, but derived his power directly from the Führer himself, in a designated role as commissioner for the political and ideological indoctrination of all branches of the Party. His independence from Goebbels and the RKK was guaranteed.

128

Rosenberg had several advantages over Goebbels. In the first place, he had been editor of the Party's main newspaper, the *Völkischer Beobachter* (VB), since 1924; *Der Angriff*, which Goebbels founded in 1927, was never to approach the *VB's* nationwide circulation. Secondly, Rosenberg had established his own culture-political organisation as early as 1929. With headquarters in Berlin and branches throughout the country, the Kampfbund für deutsche Kultur (KfdK) was a highly effective precursor of the cultural control-systems of the NS state. It was not until the end of 1933 that Goebbels was furnished with his RKK. To secure his position in the face of increasing competition Rosenberg quietly wound up the KfdK some twelve months later, and transferred its functions to the new and better funded NS-Kulturgemeinde (NSKG).

In music-politics,1934 was the critical year. There is no need here to rehearse once again the well-known drama of Furtwängler's ill-considered intervention in the Hindemith debate, and his subsequent shaming by Goebbels. Less celebrated are the circumstances which led to Erich Kleiber's resignation in December 1934 from his post as Generalmusikdirektor at the Preußische Staatsoper, following the orchestral concert at which he had conducted the apparently successful world premiere of Alban Berg's *Lulu-Symphony*. It was Stuckenschmidt's favourable review of the premiere in the *BZ am Mittag* that led to his expulsion from Goebbels's Schrifttumskammer. In effect a Berufsverbot, it left him with no income from his professional work except from abroad. In October 1937 he settled in Prague.

Among Stuckenschmidt's colleagues, his most influential opponent was Fritz Stege (1896–1967). A founder member of the KfdK and a fervent National Socialist, he was as clever as he was ruthless, and an exceptionally able administrator as well as a gifted writer and sound musician. Few writers and journalists were as successful as he in negotiating the turbulent waters between Rosenberg and Goebbels. In the Hindemith affair, he had supported the case for the composer as long as it was politically feasible, and did so not only in his own *Zeitschrift für Musik* (ZfM), but also – despite Rosenberg's known opposition – in the *VB*.

Long before the so-called ›Machtübernahme‹ Stege had functioned as the KfdK's official monitor of music criticism in the German press. In June 1933 he organised an association of NSDAP music critics, the Arbeitsgemeinschaft Deutscher Musikkritiker, and it was partly in the

11 *Zeitschrift für Musik* (*ZfM*) 102 (1935), p. 61. Though published as an editorial note without signature its authorship is acknowledged in the index.

name of that organisation that he pursued his campaign against Stuckenschmidt, first in the KfdK's organ *Deutsche Kultur-Wacht* and then in the *ZfM*, where he delivered the *coup de grâce* in January 1935 with a famous editorial note entitled »Wie lange noch, Herr Stuckenschmidt?«[11] Typically, the second of its seven short paragraphs is a quotation from *Der Angriff*, still regarded as Goebbels's platform though now published by the DAF. Whereas *Die Musik* – the *ZfM's* rival – was soon to become the official organ of Rosenberg's office, under the aegis of his principal music-advisor Herbert Gerigk, Stege ensured that the *ZfM* maintained an ostensibly impartial position between the two camps.

For an understanding of Blacher reception in the late 1930s, nothing is more misleading than the common assumption that arts criticism in general and music criticism in particular had been successfully ›coordinated‹ as soon as the authorities had rooted out all trace of Modernism (as understood in the so-called ›Systemzeit‹). It was perhaps fortunate for Blacher that his work had attracted little or no attention during the first two years of Hitler's rule. On the evidence available to date, *Kleine Marschmusik* was the only Blacher piece premiered and publicly performed in Hitler's Germany before the fateful weeks in which Furtwängler was humbled, Kleiber insulted, Stuckenschmidt silenced, and Hindemith isolated.[12] Elegant and witty paraphrases of three marches by Mercadante, Bellini, and Rossini, *Kleine Marschmusik* breathes the air of Stendhal's Italy, and could hardly be further removed in spirit from Mussolini's.

12 The performance, given at the ›7. Sonder-Sinfonie-Konzert des Kurorchesters‹ conducted by Paul Scheinpflug, is described as an »Uraufführung« and enthusiastically reviewed in an unsourced press cutting dated »22.8.34«. Scheinpflug had given the Uraufführung of Hindemith's *Konzert für Orchester* in 1926. The Kurort in question was probably Bad Pyrmont. The Kunz 1985 catalogue is in error regarding the date of the Uraufführung of Blacher's *Kurmusik* at Bad Pyrmont – it was not in 1933 but in 1936.

But what of the mysterious *Alla marcia* of 1934? Three or four years after Blacher's death it was published as a separately-bound supplement to the 1963 study-score of *Kleine Marschmusik*. The cover page repeated the original title without its parenthesised dating (1932), and added only the subtitle »Alla marcia IV«. Whereas the 1963 score credits Hannemann with the 1932 premiere of *Kleine Marschmusik*, the supplement is silent about the sources, provenance, date, and performance-history of the new item. The impression given is that *Alla marcia IV* belongs to the same complex as the three charming march-paraphrases. Yet the musical form, language, and character are quite different, and the orchestra is larger. Whether viscerally experienced in live performance (should anyone dare conduct it) or analytically considered in terms of its oppugnant harmonic, modal and octatonic structures, the piece would destroy and pulverise the toy armies of *Kleine*

Marschmusik. The title-page of Blacher's autograph – a document whose comprehensive significance will be considered later in this study – is headed in his own hand: »Aufführungsrecht vorbehalten / Nr 4. / Alla Marcia / B. Blacher 1934«. There is no indication that the march is the fourth in the *Kleine Marschmusik* sequence. The dating given in Kunz's 1985 Work-List is presumably taken from that source.

Under what flag, and to what end, did the *Alla marcia* set forth in 1934? In the biography of Blacher's early years, there is no weightier question. Until we return to it, the Kunz work-list of 1985 has a strictly provisional answer: it tells us that *Alla marcia IV* had its world premiere in Dublin in 1979 – four years after the composer's death.[13] The same source gives the duration as six minutes, though in fact it is less than two. Clock-time is deceptive with such a piece. *Alla marcia IV* is no bagatelle. It is pure dynamite.

13 8 October 1979, RTE Orchestra, Dublin, c. Colin Block (Kunz, »Werkverzeichnis«, p. 59).

1935: SCHURICHT, HANNEMANN, AND THE BALTIC-GERMAN NEXUS

It was only in 1935, his thirty-third year, that Blacher began to win recognition in Germany and beyond. Whatever may have been going on behind the scenes – and that is a subject for later – his most prominent advocate and benefactor was the Danzig-born conductor Carl Schuricht.

Schuricht (1880–1967) had established his international reputation in the 1920s, conducting in France, England, the Netherlands, and the USA. Since 1912 he had been in charge of the Kurhaus Concerts at Wiesbaden. His association with that elegant spa town was to last for thirty years, and was only strengthened by his appointment in 1930 as Music Director in Scheveningen, another fashionable resort of the day, and one whose concert traditions were internationally recognised.

Schuricht's position in Germany after the ›Machtübernahme‹ was uniquely privileged, yet peculiarly delicate. The freedom he enjoyed as a citizen of Danzig – a protectorate of the League of Nations – was exemplified by the performance of the Mendelssohn *Violin Concerto* he conducted in Wiesbaden in March 1934, with the 19-year-old Austrian violinist Wolfgang Schneiderhan as soloist.[14] While his musical education had been strictly German, his instincts were international. Yet it was very much as a loyal ›Auslandsdeutscher‹ that he shared with the

14 Schuricht's wife was Jewish. In the late summer of 1933, she had offered to divorce him in order to spare him professional embarrassment in his functions in Wiesbaden (Michael H. Kater, *The Twisted Muse. Musicians and Their Music in the Third Reich*, New York / Oxford 1997, p. 82, citing documents in the Schuricht file in the Bundesarchiv, Koblenz).

Wiesbaden Generalmusikdirektor, Karl Elmendorff, the conducting of the June 1934 Festival of the Allgemeiner Deutscher Musikverein (ADMV). Few of the chosen works were stridently National Socialist, but each in its different way sought to affirm the new ›Germanness‹. Although the ADMV Festival as a whole became the subject of a minatory article by Fritz Stege,[15] Schuricht's participation was representative of the bargains he struck in the process of securing his independence. In the coming years, he was to be the most prominent and widely admired of Germany's freelance conductors.

15 Fritz Stege, »Das Wiesbadener Tonkünstlerfest«, ZfM 101 (1934), pp. 733-36. Stege does not mention Schuricht or imply any criticism of him. In the previous issue of ZfM, he had published a highly favourable portrait of Schuricht by Fritz Oeser.

In Wiesbaden Schuricht had to contend with the new General-Intendant, Carl von Schirach. Appointed in November 1933, Schirach was the father of the HJ leader. Yet it was in Wiesbaden that Schuricht began his systematic propagation of Blacher's music in Germany. Having successfully tried out Kleine Marschmusik and the Orchester-Capriccio in Scheveningen in the summer of 1935, he repeated both works in Wiesbaden almost immediately. Before the end of the year he was to conduct Blacher's new Piano Concerto in Stuttgart; and an unknown work entitled Vier Orchesterballaden was announced for Berlin later the same season.[16]

16 Details of Schuricht's plans for Blacher are given in a newspaper-report preserved in Blacher's Notebook; on internal evidence, the report may reliably be dated July or August 1935.

No such programme on behalf of a virtually unknown composer would have been conceivable in 1935 without official backing. There can be little doubt that somewhere in the Rosenberg office, note had been taken of the happy coincidence that Blacher, like Schuricht, was of Baltic-German origin. Rosenberg's own birthplace was Reval, capital of the most northerly of Russia's former Baltic provinces – Estonia.

Blacher's parental home was in Reval, and it was either there or at their dacha in Hapsal that the family would gather for their summer holidays in the late 1920s and throughout the 1930s. The photographs of the family breakfasting outside their dacha in 1929 and sunning themselves on the beach at Hapsal are evocative.[17] (The Zwei Estnische Nationaltänze of 1931 are catalogued by Kunz as »durch Kriegseinwirkung vernichtet«; likewise, the Estnische Tänze für zehn Bläser of 1935.)

17 See Stuckenschmidt, Boris Blacher, 1985, facing p. 16.

Schuricht's Blacher-initiatives of 1935–36 were timely as well as politically expedient. By 1935 the ›modernisers‹ within the Party and on its fringes were aware that the eclipse of Hindemith had for the time being removed by far the most convincing alternative to the more-or-less mediocre KfdK composers who modelled themselves on Strauss,

Reger, or Pfitzner. Among Stuckenschmidt's still active younger contemporaries there were some who grasped that the rehabilitation of Stravinsky might partly compensate for the loss of Hindemith.

Exactly a year after Hindemith left on his first mission to Turkey, the Reichsmusikkammer mounted an international festival at which Stravinsky was a guest of honour and the performer, together with his son, of the recently completed *Concerto for Two Solo Pianos*.[18] Overnight, the prospects for young German composers were dramatically improved.

Schuricht's Blacher programme for the 1935–36 season was a comparably heartening signal to the opponents of parish-pump music-politics. It was feasible partly because of his special standing, but chiefly because the Party's cultural ambitions had yet to be fulfilled in the concert-hall. In the other temple of holy German art, and the one in which the Führer himself was happiest, the regime had only recently given thanks for its first successes.

At Dresden's Semperoper on 20 February 1935 Karl Böhm conducted the premiere of *Der Günstling*, the first full-length opera by Blacher's friend and contemporary Rudolf Wagner-Régeny. It was an unqualified success. Though published by Universal Edition in Wien and represented in Germany only by a self-effacing Berlin office run by Alfred Schlee,[19] Wagner-Régeny had been vigorously promoted by the NSKG. In time for his Dresden premiere, the Gemeinde had published under its own imprint a Wagner-Régeny monograph by the music critic Alfred Burgartz.[20] A work-list was not included, nor was it called for: apart from *Der Günstling*, all the existing works were relics of the ›Systemzeit‹; too many of them were embroiled with the business affairs of Benno Balan; and none could easily be reconciled with the rhetoric or the aesthetics of current ›Kulturpolitik‹.

Three months after the Dresden success of *Der Günstling*, Frankfurt scored a comparable success with its staging of Werner Egk's ›Spieloper‹ *Die Zaubergeige*, to a libretto adapted from Pocci by the composer and his publisher Ludwig Strecker (under the alias Ludwig Andersen). Closely associated with that work and partly derived from it was *Georgica*, a suite of Bavarian dances which Schuricht immediately took into his repertory. He was to include it in the programme with which, in November 1935, he inaugurated, as guest-conductor for Reichssender Stuttgart, his own series of concerts featuring new

18 Stravinsky's position as a long-standing and open admirer of Mussolini, and his less widely advertised sympathies with the Hitler regime, have been fully documented in recent years. The musically specific topic of his growing acceptance in the Germany of the late 1930s has been considered by several scholars – notably Joan Evans, beginning with her pioneering paper »Die Rezeption der Musik Igor Strawinskys in Hitlerdeutschland«, delivered at the Carl-Orff-Zentrum, München, 23 November 1994.

19 See Kim H. Kowalke, »Dancing with the Devil: Publishing Modern Music in the Third Reich«, in: *Modernism/Modernity* 8, January 2001, pp. 1-41.

20 Alfred Burgartz, *Rudolf Wagner-Régeny*, Dresden 1935.

German music. In the same programme he would be giving the premiere of the *Piano Concerto* by Blacher – composed, no doubt, in friendly competition with Wagner-Régeny and his *Orchester-Musik mit Klavier* (written for Böhm's Dresden concerts, and successfully premiered on 7 February 1936).

Solid rather than merely circumstantial evidence of official support for Blacher first emerges in the shape of a radio concert broadcast on 14 July 1935. Relayed from Berlin by the network of ›Deutscher Kurzwellensender‹[21] and reviewed in the daily press, it comprised three Blacher pieces: the *Kleine Marschmusik*, a pair of Mussorgsky orchestrations (uncatalogued and presumably lost), and the so-called *Orchester-Capriccio*, written in 1933 (according to Kunz) but only now receiving its first performance.[22] Within a week or two – such was the level of co-ordination! – Schuricht would be conducting the *Capriccio* and the *Kleine Marschmusik* in the Netherlands »mit größtem Erfolg«, according to the undated press report in Blacher's Notebook.

The Notebook contains three reviews of the ›Kurzwellensender‹ concert of July. Although Kunz is the sole authority for the exact date, it is broadly consistent with the publication-date added by Blacher in the margin of one of the two unsigned reviews. It is clear from this review and confirmed by the other two that the conductor of the July concert was not Erwin Baltzer, who was Generalmusikdirektor in Greifswald and is credited with the world premiere in all Blacher work-lists derived from Kunz. A critic signing himself »hg.« praises Blacher in similar terms to those employed by Hermann Rudolf Gail in a November 1935 review of the *Capriccio*; and he identifies the »sehr fähiger, junger Dirigent« of the Deutsches Orchester (»ein strebsames junges Orchester«) as »Erich Hannemann von der NS Kulturgemeinde Berlin«.

The *Deutsche Allgemeine Zeitung* pitches its praise of Hannemann and his Deutsches Orchester as high or even higher, and is discerning as well as enthusiastic about the *Capriccio*. While »hg.« sees the youthful spirit of the entire concert – including that of the »vielversprechender Komponist« – as a good omen for the coming music-season, the *DAZ* concentrates on the needs of an audience interested in contemporary music:

»Der Deutsche Kurzwellensender betreut unsere Landsleute in Afrika, Nord- und Südamerika. Seine Programme, die mit guten Empfängern auch hier zu hören sind, räumen erfreulicherweise auch dem zeitgenössischen Schaffen breiten Raum an.«

21 The administration of the shortwave service seems to have been an official secret until 1936, when Gerhart von Westerman – previously Head of Music at the Bavarian station in München – was brought in as Sendeleiter, with further responsibility for the ›Weltanschauung‹ department.

22 In Kunz's Werkverzeichnis the piece is entitled »Orchester-Capriccio über ein Volkslied (1933)«. The holograph is lost; the non-autograph copy (retained by Bote & Bock / Boosey & Hawkes as production-master) is anomalous in several respects, and especially with regard to the date (variously 1933, 1934, and 1935) and the title, whether hyphenated or one-word.

The evidence of concerted effort and inter-departmental co-operation is unmistakable. Press coverage of a studio concert such as this would have been inconceivable without special measures and the usual cajolery. More of the same would be called for if the 30 minutes devoted to Blacher in a mixed programme was to have any consequences beyond the approvals or disapprovals registered at the relevant ›Prüfstellen‹ of the Reichsmusikkammer.

»CAPRICCIO« AND THE SHORT MARCH TO REINICKENDORF

Early in October 1935 – to judge from reviews published on 11 and 12 October[23] – the NSKG (Volksbildungsamt Mitte) inaugurated its new series of ›Bezirkskonzerte‹ with a programme at the Berlin Singakademie. It included the *Kleine Marschmusik*, the *Capriccio*, and a Mozart violin concerto; the ›Landesorchester Gau Berlin‹ was conducted by Hanns Rohr, a guest from München.

More important for Blacher's future than the concert itself were the auspices under which it was given and the musico-philosophical division it exposed. To some extent the disunity was predetermined by the views and the musical personality of the conductor.

Five years were yet to pass before Rohr earned his present place on the darker side of 20th century musical history. After the Polish surrender in 1940, the music-loving General-Gouverneur, Hans Frank, summoned Rohr to the ancient city of Cracow and charged him with the task of forming the so-called ›Philharmonie des Generalgouvernements‹. His suitability for the post was already implicit in an article he had published in the periodical *Signale für die musikalische Welt* as early as August 1933. »Der Konzertsaal des deutschen Volkes« was at once the title and the encapsulation of his imperialist-messianic vision of a Germany expanding far beyond its present borders:

»[...] und Pflicht des letzten deutschen Ortes an den brennenden Grenzen müßte es werden, Feierstunden des heiligen Geistes der Musik so regelmäßig und feierlich einzuhalten, wie Feiertage kirchlicher Form. [...] ›Feierstunde des deutschen Volkes‹ müssen diese Konzerte heißen, parteipolitisch tendenzlos, der deutschen Seele geweiht.«[24]

Without further research one can only assume that Rohr accepted the two Blacher scores for his NSKG debut in October 1935 in much the same spirit as he accepted, five years later, the necessity of hiring for-

23 *B.Z. am Mittag*, 11 October 1935, signed »E.v.d.Nüll« (Edwin von der Nüll); and *Der Westen*, 12 October 1935, signed »F.St« (Fritz Stege).

24 *Signale für die musikalische Welt* 91 (1933), p. 562. The quotation is from Fred K. Prieberg, *Musik im NS-Staat*, Frankfurt a. M. 1982, p. 405. Details of Rohr's 1940 commission from Hans Frank are given by Prieberg on the same page. See also Andrzej Panufnik, *Composing Myself*, London 1987, pp. 104-107.

mer members of the Warsaw Philharmonic (albeit at starvation wages) because players from Germany were hard to come by. Reviewing the concert in *BZ am Mittag* (11 October 1935) Stuckenschmidt's successor Edwin von der Null – musically and intellectually one of the more substantial figures in this dismal era – was caustic enough: »Dem etwas militärisch-strammen Rohr mißglückt einiges in dem keineswegs leichten *Capriccio*«. More outspoken was H. [Hermann Rudolf] Gail, writing in an unidentified newspaper five or six weeks later, at about the same time as he published in *Die Musik-Woche* a tribute to Werner Egk as creator of a »volksverbundenen, heimatbetonten Musikstil, der überzeitlich wirkt«.[25] His comments on the performance of Blacher's »witzig und schmissige *Capriccio*« are self-explanatory:

25 *Die Musik-Woche* quoted in Prieberg, *Musik im NS-Staat*, p. 318.

> »Was sollen nun aber Publikum und Kritik von einer neuen Musik halten, die ihnen so unzulänglich vermittelt wird, daß mehr als die Hälfte des Stückes in der Interpretation auseinanderfällt? So blieb beispielsweise in einer Variation das Thema in den Blechbläsern acht Takte völlig aus, während die Streicher ihre nun zusammenhanglos gewordenen Begleitfiguren spielten.«

Armed with that convincing account, today's reader may safely turn to the one review of the *Orchester-Capriccio* that has found a place in the mythologies of its time. First quoted by Fred K. Prieberg in 1982 from its readily accessible source in the *Zeitschrift für Musik*,[26] it had originally appeared in the Berlin newspaper *Der Westen* on 12 October 1935. Its author was Fritz Stege.

26 Fritz Stege, »Berliner Musik«, *ZfM* 102 (1935), p. 1246.

If Stege's statement about the *Capriccio* deserves to be quoted yet again, it deserves to be quoted in full, and in its proper context.[27] Shorn of the phrase italicised below, it loses some of its impact; isolated from the divergent opinions of Gail and von der Null it is easily misconstrued as representative of the general climate. Last but not least, its relationship to the musical power-politics of the time is unclear without reference to the short-term and longer-term consequences of an ex cathedra judgement delivered in the militant tones of the superseded KfdK:

27 The quotation in Prieberg, *Musik im NS-Staat*, p. 127, has been the source for other quotations (eg. Kater, *The Twisted Muse*) and omits a significantly modifying phrase.

> »Wie sich in den Rahmen deutscher Musik ein derart undeutsches Werk einschleichen konnte, ist verwunderlich. Denn dieses von Geräuscheffekten und rhythmischen Roheiten erfüllte Werk tritt das geistige Erbe eines Strawinsky, eines Kurt Weill, und anderer überwundener Tonsetzer einer entschwundenen Zeit an, *nur mit dem Unterschied, daß den Genannten immerhin noch etwas mehr eingefallen ist als Boris Blacher.*«

Stege ends the paragraph by admitting that »der begabte Dr. Hanns Rohr als Dirigent fand nicht immer den unmittelbaren Kontakt zum Landesorchester Gau Berlin« – but makes up for it by praising the

»viel gerühmte Kunst« of his wife (Hedwig Faßbaender), the soloist in the Mozart concerto.

Rumours and allegations to the effect that Stravinsky was of partly or wholly Jewish ancestry had suited the purposes of the KfdK during the four years of its existence. By the time Stege was reviewing the *Capriccio*, the priorities had changed. Except on the lunatic fringe – from which Stege kept his distance – it would soon be taken for granted that Stravinsky's origins were impeccably ›Nordic‹.[28] In the period just before Stravinsky's first official visit to Hitler's Germany, however, his former reputation as a bogeyman was still a useful card to play in the poker-game where Weill was always the Joker.

28 See footnote 18.

The Stege of 1935 would neither have known nor cared that Weill had by then bowed to the inevitable and gladly renounced the place in the »Rahmen deutscher Musik« from which the KfdK had begun to drive him and his music since its foundation by Rosenberg in 1929.[29] For some reason as yet unknown, Blacher was the only target in Stege's sights at this moment. Behind him, however, Stege seems to descry an unidentified individual or coterie. Theirs, it would seem, is the responsibility for ›sneaking‹ the *Capriccio* into the NSKG's programme. Rohr and the NSKG as a whole are thereby exonerated, though given to understand that they should henceforth maintain a proper vigilance.

29 The KfdK was direct successor to the ›Nationalsozialistische Gesellschaft für deutsche Kultur‹, founded a year earlier. Politically, the change of title allowed it to cast its net wider.

Could this be the reason why the *Capriccio* remained in manuscript, despite Schuricht's apparently successful advocacy of it in Scheveningen and in Wiesbaden? The earliest of Blacher's orchestral works to have survived – or rather, the earliest if the 1933 dating is correct and the *Kleine Marschmusik* is classed as an arrangement – it is characteristic of its composer in every dimension of form, harmony, and rhythm. More importantly for Blacher's early supporters (and no doubt more apparent to them), it has the appearance, the intelligence, and the confidence of a predestined success.

The Stravinsky that Stege's younger contemporaries were happy to hear in it was a form of wishful thinking, prompted perhaps by memories of the shrovetide fair in *Petrushka* but of nothing else from the Russian period and nothing at all from its neo-classical successors. For listeners and critics as yet unfamiliar with Blacher's individual voice, Stravinsky was at least a reasonable substitute for the Hindemith whose very existence the *Capriccio* seems to deny.[30]

30 See von der Null (*BZ*, 11 October 1935) on the *Capriccio* – »dessen kammermusikalisch lockerer Satz und trockener Klang den radikal modernen Musiker ausweisen. Blacher wandelt Strawinsky ins Einfache, Geradlinige ab.« With regard to Blacher, this will become the conventional wisdom for the next three years.

But what of Weill? In 26 pages of full score and a good ten minutes of music there is no trace of him. As Blacher knows and will soon recall in his own music, his is the glaring absence that had preceded Hindemith's. Were Stege a typical reactionary from the backwoods of Thuringia, his apparent misapprehension about Weill would be no surprise. But the evidence of the score alone indicates that he knew exactly what he meant, and why at this juncture a coded message was preferable to a candid one. Stravinsky was his decoy, Weill his cypher.

For Blacher's sake and his music's too, the much-quoted sentence handed down by Stege needs decyphering. The only way to start that process is via the musical form. Aesthetics and »die naturgebotenen Gesetze des Geschmacks« are not alternative ways; they are Stege's own snares.

The *Capriccio* is in strict but unconventional variation form. In Kunz, as in Hermann Gail's review (and in the earlier one which is presumably also his, though only signed »hg.«), the theme is described as a Volkslied. But that is not how it appears in Blacher's first presentation of it. The melodic line is divided into self-contained thematic-motivic segments and scored for pizzicato violins, *con sordino*, as if to remove any lingering traces of the human voice. The profile is clear, but the status and presence of the theme are further compromised by the rigorously patterned accompaniment – an ur-Blacher monochordal stylisation of popular dance, with violas *arco saltando* following the 2/4 pulse of the skeletal ›tune‹ while *pizzicato* lower strings maintain a 3+3+2 cross-rhythm in quavers. This is no song nor even the ghost of one, but a folk-dance with roots in many cultures from the Urals to the Baltic, from Palestine to Hungary, from Provence to Rio de Janeiro. Only to the ears of a Stege – who was campaigning against the racially suspect Rhumba a year or so after the completion of the *Capriccio* – would its first 24 bars have sounded a tocsin.

From this kaleidoscopic ›theme‹ there ensues a close-knit sequence of 8-bar variations whose goal is reached in variations 12-14.[31] Here for the first time the ›Volkslied‹ is heard in its pristine and songful form, proclaimed by a solo trumpet with another rigorously patterned accompaniment of pizzicato strings. It is a tune without any specific ethnic connotations. As simple as a nursery-rhyme, its true home is the borderless universe of the very young.

31 Due perhaps to the intervention of an uncomprehending sub-editor, Hermann Gail's account of the variation form seems garbled and is certainly incomplete.

The trumpet's summons is answered by a solo clarinet in a passage of story-telling and make-believe so unexpected in this context as to be disconcerting – and doubly so to ears attuned to the pentatonic musings of Kodály or Vaughan Williams. The variation-functions are as clear as ever, but the 8-bar structuring has been abandoned in favour of the expansiveness of the clarinet's *fioriture* and their pointedly expressive relationship to the harmony of the wind band's *secco* punctuations. In this context the silence of the strings is eloquent: one senses that the heart of the *Capriccio* is here, but that the controlling intelligence has ulterior purposes.

The ensuing variations achieve the effect of a finale through various symmetrical or asymmetrical enlargements of the 8-bar structures – beginning with a boldly triadic and modal version of the theme presented by trumpets and trombones as a 42-bar chorale, and ending *fff* in a *galop* that comes to an abrupt halt.

A single empty bar with fermata introduces the three-in-one Coda (Andante). Muted as it is and trance-like as it seems to be, the Coda holds a key to the secrets of the *Capriccio* which the supposed theme has no claim to. Like the chorale which began the final festivities, the Andante is a 42-bar structure. Theoretically in balance with the chorale but tactically opposed to it in each of its components, it begins with a variation whose metrical span (13 bars) is exactly the same as that of the variation that follows the chorale and starts to question it. *Molto legato*, flutes and muted violins ruminate in the same modal area that had been explored by the solo flute in the earlier variation.

As a terminal development, the Coda's hypostatization of a D-centred yet ambivalent modality is greatly enhanced by the central variation, whose *minore* colouring conjures up an entire world of ›difference‹ (and one which Schuricht, as a pre-war champion of Mahler in the Netherlands, would have been quick to recognise). The ethnic connotations of the solo oboe's *staccato* variant of the folk-song are so pronounced that the variation can easily be understood as the ›real‹ theme, concealed until now by the official one – which was already a deracinated variant of it.

That impression is enhanced by an extraordinary juxtaposition: while preserving the lightly plucked accompaniment characteristic of its two predecessors, the ensuing and final variation restores the major mode in order to recall the original theme. It is again in its pristine form, but now scored for solo trumpet *con sordino*.

The effect is valedictory, touching, and coolly rational. In the context of the ›exotic‹ oboe variation, the muted trumpet fulfills in reverse the same function as the florid East European or Hungarian virtuosity of the clarinet in the *Capriccio*'s central variation. It shows that in music too, alien cultures can and do coexist in harmony. In the final bar the solo oboe returns with a quizzical reminder of how the *Capriccio* began – with the same rising fourth (A-D) and repeated notes that had first been declaimed by two unmuted trumpets.

In the Berlin summer of 1935, the anonymous representative of the *Deutsche Allgemeine Zeitung* (19 July) listened closely to the premiere of the *Capriccio* under Erich Hannemann, and was impressed:

> »Ein ungemein geistvolles Werk, das in blitzartigen Wendungen verblüffend gekonnt das Thema in allen Farben eines großen Orchesters abwandelt. [...] nach einer glänzenden Steigerung in den Bläsern endet das Werk mit einem elegisch-komischen Fragezeichen der Oboe überaus effektvoll.«

One wonders why so attentive a listener has overlooked the muted trumpet's concluding variation. Or has he simply elided it with the oboe variation and so reinforced the supposed »elegisch-komisches Fragezeichen«? And then one remembers the place and the date.

Today, and particularly in the year of the Blacher centenary, it is worth reminding ourselves that *Capriccio* is the work of a former student of one of the pioneers of what used to be called ›comparative musicology‹ – Erich von Hornbostel.[32] If there were reasons to question the nature and tendency of the *Capriccio*'s cross-cultural references – and the NS-affiliations of the work's early advocates is the most obvious and least musical of reasons – the answer is already implicit in Blacher's legacy from Hornbostel.

The Christian hymnody which still has its place in the *Capriccio* seems to exist within a community of ›other‹ musics – the florid recitatives and cadenzas of the central clarinet-variation, the night-thoughts of the oboe-variation, the reply of the muted trumpet. Somewhere in their neighbourhood is a folk memory of the *klezmorim* playing at Christian and Jewish festivities alike – until in the 19th century they were banned by the religious authorities on both sides.

Sympathetic but circumspect, the correspondent of the *Deutsche Allgemeine Zeitung* manages to convey with his »elegisch-komisches

32 Hornbostel was born in Wien in 1877 and moved to Berlin in 1900. In 1933 he was dismissed from his posts in Berlin. After teaching for two semesters at the New School for Social Research in New York, he moved to London and then to Cambridge, England – where he died in 1935, while working on a research and recording project for the Psychological Laboratory. His contributions to ethno-musicology were immense. Most of his published work was in the field of Oriental and African music – with extensions to North America and even to jazz (»Ethnologisches zu Jazz«, *Melos* 6 (1927), p. 510-512). Although of partly Jewish origin, he published nothing specifically related to Jewish folk traditions.

Fragezeichen« the opposite of what Stege hopes to achieve with his unscrupulously euphemistic invocation to »das geistige Erbe eines Strawinsky, eines Kurt Weill«. Though we may never learn precisely how »ein derart undeutsches Werk« found a place in the NSKG's first ›Bezirkskonzert‹ of the 1935–36 season, Blacher's Notebook contains a solitary but substantial clue.

It is a cutting from *BZ am Mittag* dated 14 November 1935. The signature, »W.St.«, is that of Walter Steinhauer, one of Blacher's loyal supporters. He is reviewing a ›Vortragsabend‹ in Reinickendorf: the first in a series of ›Außenbezirkskonzerten‹ sponsored by the NSKG. The artists are Erich Hannemann and his Deutsches Orchester.

Steinhauer describes the evening as »ein geschickt zusammengestelltes Programm mit Märschen von Bach und Händel über Verdi und Tschaikowsky bis zum Badenweiler«. The latter – composed by Georg Fürst in 1914 – was now known to every man, woman and child in Germany as the Führer's official entry-march; before long, performances would be forbidden except in that specific function. The programme also featured a novelty; and with that, Steinhauer ends his review:

»Außerdem wußte der Dirigent durch launige Vorbemerkungen die Hörer so stark zu fesseln und gut vorzubereiten, daß sogar ein durchaus moderner Konzertmarsch Erfolg hatte. Komponist war der junge Boris Blacher, der als glänzender Instrumentator bekannt ist.«

A ›Concert March‹ so ›thoroughly modern‹ that the audience needed preparation and good-humoured reassurance scarcely suggests the cunningly refurbished rococo of *Kleine Marschmusik*, but sounds remarkably like *Alla marcia IV*. Armed with such a march, the young Hannemann and his Deutsches Orchester could easily have conquered a whole row of north-Berlin suburbs from Tegel to Nieder-Schönhausen. Perhaps they did. But someone or something prevented them from reaching the city-centre.

Hannemann's career as a conductor of public concerts seems to have come to nothing (and his Deutsches Orchester likewise). There is no mention of his activities in the monthly journals of record, nor in the *Deutsches Bühnenjahrbuch* and its radio supplement. After the Reinickendorf parade, his name does not recur in the Blacher Notebook until September 1937, when Walter Steinhauer compliments him on his loyalty to Blacher, and praises Deutschlandsender for broadcasting

33 See footnote 133.

his performance of the *Fest im Süden* suite.[33] It is the last we hear of him.

As for the supposititious *Alla marcia IV*, its phantom-appearance in Reinickendorf was apparently the last until the so-called ›world premiere‹ in Dublin in 1979. The title page of the holograph score tells a very different story from the one that has been current since 1979. Dated »1934« by Blacher – as already noted – it is stamped at the foot with Hannemann's name and Berlin address. Above, Hannemann has written »Eigentum« with a red ball-point (!). The details, also in his hand, are written in pencil in the following format:

> »Auftragswerk der Reichsleitung der DAF (Dr. Mühle)
> ›Die Brücke‹
> Ein ideologisches Schauspiel
> im Sinne des dritten Reiches
> (wurde honoriert)«

Dr. jur Hans Mühle (b.1897) was a lecturer at the University of Berlin's Institut für Sozialethik, and author of a choral work performed at the 1934 Reichsparteitag, *Deutschland gestern, heute und morgen*. In 1934, Mühle and three fellow writers had formed a ›collective‹. Calling themselves ›Die Brückenbauer‹, they had made their debut and read from their works at an evening in the Theater am Schiffbauerdamm supported by the NSKG. Reviewing the evening, the *Deutsche Bühnenkorrespondenz* of 19 January 1935 reported that Mühle »las aus seinem Stück *Volk ans Werk* einige Szenen, die eindrucsvoll das Elend und die Verzweiflung der Menschen darstellten, die dem Schicksal der Arbeitslosigkeit verfallen sind«.[34]

34 All information from Joseph Wulf, *Theater und Film im Dritten Reich. Eine Dokumentation*, Hamburg 1966, p. 192.

Thereafter, Mühle and ›Die Brückenbauer‹ vanish from the pages of theatrical history. To date, *Alla Marcia IV* is the only known record of Mühle's »ideologisches Schauspiel«. Inherent in its rhythmic and modal structure are the dialectics of a synthetic power-principle. By expressly avoiding national traits that might have the effect of delimiting the frontiers (Prussian or Russian, fascist or Marxist) Blacher creates an open space for ideological war-games, and in the process reminds us that until the ›Night of the Long Knives‹ and the murder of Gregor Strasser on 30 June 1934, the case for radical socialism was widely held to be »im Sinne des dritten Reiches«. If ›Die Brückenbauer‹ were of that persuasion, then so was Hannemann; and sooner or later they would all be made to pay for it.

Blacher's last known performance in 1935 was the Stuttgart premiere of his *Piano Concerto* on 13 November 1935. Under the heading »Blacher-Uraufführungen« Hermann Gail reviews the event in the paragraph following his account of Rohr's butchery of the *Capriccio*:

»Gottlob hat Blacher für sein neues *Klavierkonzert* [...] einen erfahrenen Dirigenten wie Carl Schuricht zur Seite. Das zweisätzige Konzert, das im ersten Allegrosatz fast klassizistische Haltung wahrt, im dritteiligen [sic] Schlußsatz die Thematik immer aggressiver werden läßt, stellt eine originale Satzausbeute innerhalb der neuen Konzertliteratur vor. Carl Schuricht [...] hat den jungen Deutsch-Balten Boris Blacher mit dieser hochwertigen Aufführung in der Öffentlichkeit durchgesetzt.«

The two other reviews of the *Concerto* in Blacher's Notebook are negative. In the *Stuttgarter Neues Tagblatt* a nameless critic commiserates with the soloist for having to »hammer out« his part against »einen harten und rhythmisch verschrobenen Orchesterklang«. The soloist, Hermann Hoppe, had been an early member of the KfdK's Berlin executive, and as such was unlikely to have misconstrued Stege's message about the *Orchester-Capriccio*. There is no record that he or anyone else played the *Concerto* again. Only the orchestral parts survived World War II; and they too have since vanished.

Rᴀᴘᴘʀᴏᴄʜᴇᴍᴇɴᴛs

Hitler's overwhelming success in the Saar plebiscite of March 1935 had created in the Party a new mood of aggressive self-confidence that manifested itself in the open pursuit of rearmament – in defiance of Versailles – and the ostentatious unveiling of the long-concealed Luftwaffe. While the Western democracies could regard the Nuremberg Laws of September as an ›internal affair‹, rearmament was another matter. Nevertheless, Hitler's occupation of the Rhineland in March 1936 was unopposed. With that culminating success, a truce was called. To allay growing fears and buy time, the Führer, with Ribbentrop as his Ambassador-at-Large and Goebbels as his Propaganda Minister, became the proponent of peace and international understanding. In the year when Berlin was host to the Olympic Games, cultural exchanges were encouraged at every level.

For Blacher it was a seemingly quiet year. He was not among the entrants in the international competition for composers organised by the RMK in connection with the Olympic Games. (Competitors from

49 different countries were later to discover that the jury had been rigged in favour of German composers – with a prearranged gold medal for Werner Egk.) Blacher's only verifiable premiere that year was at the Bad Pyrmont Festival (26-28 August), where the Uraufführung of his *Kurmusik* was well received.[35] Music in all the German spa towns had now been brought under the RMK's direct control, but the Festival's former policy of propagating ›literate‹ Unterhaltungsmusik was unchanged.

35 See Heinrich Sievers, »Pyrmonter Musikfest 1936«, *ZfM* 103 (1936), pp. 1237-39.

36 See footnote 1.

In his Blacher profile of 1970[36] Stuckenschmidt emphasises the ›Gebrauchs- und Unterhaltungsmusik‹ character of the composer's work in the 1930s, and ignores such unpublished pieces as the Calderón opera (1934–35), the *Piano Concerto* and the *Orchester-Etüden* (1936). The opera, *Die Dame Kobold*, was a major undertaking, which may have come to grief because of the restructuring of the German theatres 1935–36.[37] On the other hand, the same restructuring was to be the saving of *Fest im Süden*, a 40-minute ballet score which according to Stuckenschmidt had been composed to a »surrealist« scenario, and then offered to Lizzie Maudrik, the recently appointed ballet-mistress at the Staatsoper in Berlin.

37 Was it perhaps intended for Wiesbaden Landestheater, while it was still a branch of the Preußisches Staatstheater? *Die Dame Kobold* survives as an unperformed and unpublished manuscript in the SAdK, Boris-Blacher-Archiv 1.75.150. It is based on *La Dama duende*, the 3-act *capa y espada* play by Pedro Calderón de la Barca. First staged ca. 1629, the play owed its popularity in modern Germany to the translation by Hofmannsthal's friend Otto Freiherr von Taube (1879–1973), another Baltic-German, born in Reval. In 1936 von Taube's version was staged in Stuttgart.

Maudrik liked the score, and forwarded it to Ellen Petz, her opposite-number at the Staatsoper's new outpost in Kassel, with a recommendation that she prepare a new scenario with Blacher. Having replaced Carl von Schirach's Wiesbaden theatre as the Staatsoper's regional affiliate, Kassel was now working in association with the DAF's Kraft-durch-Freude organisation. The new Petz-Blacher scenario is pure escapism – a *crime passionnel* in a picturesque Mediterranean fishing port. Although the music suggests a modern Spanish milieu, the scenario seems to hark back to the Spain of Merimée. For Blacher, the successful premiere in Kassel on 4 February 1937 was a breakthrough; and the Overture was soon to make his name more widely known in the concert hall (and deservedly so, for it is the strongest piece in the score).

None of the enthusiastic reviewers commented on the music's evocations of Spanish low-life. The Civil War had been raging since the previous summer, but the exploits of the Luftwaffe's Condor Legion were not yet as notorious as they would soon become.

Three weeks after the premiere of *Fest im Süden*, the Luftwaffe's Director of Music, Hans Felix Husadel, conducted at the Philharmonie a hugely successful programme of music for symphonic band. Sponsored by the Luftwaffe, it was supported by the even higher authority of the Luftfahrtministerium, which commissioned new works from four composers in their thirties. One – apparently the most conservative of the four – was Felix Raabe, the son of the RMK's President. Another was an East Prussian ›Heimatkomponist‹, whose cantata in support of Hitler's claims to Memel had been commissioned by the NSKG and performed at the 1936 Reichstagung. The third was another veteran of the Reichstagung; and the fourth was Blacher.

Blacher's contribution was the *Divertimento* which Stuckenschmidt mentions by name only in his 1963 essay, but describes in 1970 as »heiter und brillant«. Surely dashed off in a day or two – straight into full score, one imagines – the *Divertimento* is the kind of tour de force that Shostakovich could and did equal on many occasions: a modal and deftly Russophile Intrada, and a shamelessly diatonic Marsch, with Paul Lincke at the head and Sousa bringing up the rear. According to the press consensus – in which the leading voice was Herbert Gerigk's – it was Blacher who best represented the cause of ›modernity‹ (even to the extent of admitting the influence of American jazz, as one critic leniently remarked).

If the *Divertimento*'s march is read as the fifth in Blacher's sequence of *alla marcias*, the disappearance or suppression of the eruptive fourth is more easily understood. The *Divertimento* is itself a diversion from the spectacle or spectre of *Alla marcia IV: Kurmusik* somersaulting on the wings of the Luftfahrtministerium.

While Schuricht was giving the premiere of *Geigenmusik* in Wiesbaden, and Fritz Lehmann following his example at Bad Pyrmont on 25 August,[38] no less a conductor than Karl Böhm was preparing to emulate Schuricht's original initiative and introduce *Kleine Marschmusik* and the *Orchester-Capriccio* to his Dresden audiences.[39] Whether he actually did so has yet to be ascertained; for in the meantime, Blacher had completed *Concertante Musik* and offered it to Schuricht (to whom it is dedicated), for a major concert with the Berlin Philharmonic. As soon as copies were available, Bote & Bock must have circulated them to Böhm and other leading conductors. Böhm immediately seized upon it, and may have substituted it for the other planned performances.

First heard on 6 December 1937 at the start of Schuricht's first contemporary music concert with the Berlin Philharmonic, *Concertante*

38 See Heinrich Sievers, *ZfM* 104 (1937), pp. 1143-1145.

39 The announcement of Böhm's intention is in *ZfM* 104 (1937), p. 946.

Musik was rapturously received and immediately encored. The *First Piano Concerto* by Blacher's friend from student days, Winfried Wolf, and the *Georgica* of Werner Egk completed the first part of the programme; the second began with the Berlin premiere of the *Violin Concerto* by Paul Graener (1872–1944), the RMK's Vice-President, and ended with *Till Eulenspiegel*.

For Blacher and Bote & Bock the Schuricht concert was already an object lesson in the morphology of success. Not since the premiere of *Till* in 1895 had any ›German‹ composer – neither Strauss himself, nor Reger and Pfitzner, nor Hindemith before or after *Neues vom Tage* – produced a concert-piece so well equipped for the task of introducing or closing a standard-repertory programme. *Concertante Musik* had seized the prize that had been eluding countless academic *Lustspielouvertüren* ever since Busoni and Reger had reanimated the form around the turn of the century.[40] The reward was immediate: a place in the German concert repertory.

Alone among the pre-war compositions for orchestra by any of Hindemith's younger contemporaries in Germany, *Concertante Musik* was admitted or re-admitted to the repertory of German orchestras during the early years of the Bundesrepublik. By the mid-1950s – when Hans Rosbaud conducted the Berliner Philharmoniker in his classic recording of the work for Deutsche Grammophon – it had entered the outer margins of the standard international repertory; and there it was to remain for a decade and more.

In the context of the Cold War, it was perhaps inevitable that the propagation of *Concertante Musik* in Germany and abroad entailed some convenient simplifications and benign half-truths. The story of a work so much to the liking of the audience at its premiere that it had to be encored immediately happened to be true and was obviously an asset. The rest of the story was discarded in favour of a rider to the effect that party zealots had taken exception to the work on the grounds of the ›un-Aryan‹ origin of its all-pervasive syncopation-patterns.

This graphic picture of democratic rights briefly exercised and swiftly stamped upon has survived for half a century as a means of promoting *Concertante Musik* and its composer.[41] Effective it may be. Accurate it is not. The 23 reviews of *Concertante Musik* in Blacher's Notebook tell a very different and more interesting story. Neither from the handful of Party zealots nor from the time-servers or the cautious were there any

40 Improbably postdating the *Concertante Musik*, and supposedly heard for the first time at one of Schuricht's Wiesbaden concerts only a month later, the *Lustpielouvertüre* listed in the Kunz Werkverzeichnis is, or appears to be, apocryphal: the Overture with which Schuricht opened his Sunday concert at the Wiesbaden Kurhaus on 16 January 1938 was the one from *Fest im Süden* (see Wolfgang Stephan, »Zeitgenössische Musik im Kurhaus«, *Wiesbadener Tagblatt*, 17 January 1938; in Blacher's Notebook).

41 See for instance Harald Kunz, »Erinnerung an Boris Blacher«, *Boris Blacher* [catalogue Boosey & Hawkes / Bote & Bock], Berlin 2002, p. 39: »Vergnügen hatte Blacher am Jazz. Jazzige Synkopen in der *Concertanten Musik* hatten ihn schon bei der nationalsozialistischen Presse unbeliebt gemacht [...].«

complaints about ›*volksfremde*‹ or ›un-Aryan‹ influences. Hermann Killer in Rosenberg's *VB* and Ernst Roeder in Goebbels's *Der Angriff* were blandly appreciative. Implicit in both reviews is the Party's understanding that a 4-year period of ›revolutionary struggle‹ had been victorious, and that the ideological and cultural polemics of former times were now, for everyday purposes, counter-productive. Why continue to rail against the evils of international modernism when its demons had long since fled from Germany? Why not rejoice in the new opportunities for ›frischfröhliche Unbefangenheit‹ and ›Einsatzfreude‹?

Of the 23 enthusiastic reviews of *Concertante Musik* that have so far been traced, only two display their political and ideological allegiances. The more sophisticated, and much the more influential, was by Fritz Stege: not the Stege of old, but a recent convert to NS-modernity. Before examining his weighty review in the *Zeitschrift für Musik* – sufficient on its own to have swayed the RMK in any future debates about, for instance, Blacher's *Geigenmusik* – it is illuminating to turn to the only review of the concert that exhibits exactly the traits one might have expected to find in all of them.

Its author is Alfred Burgartz, the critic from whom the NSKG had commissioned its Wagner-Régeny monograph in 1935. His review begins with Blacher:[42]

42 *Berliner Illustrierte Nachtausgabe*, 7 December 1937.

»Er lebt in Berlin. Früher aber war er einmal in Rußland und Sibirien gewesen und hat dort alle Schrecken der Anarchie und des Elends kennengelernt, um dann in der Systemzeit in Deutschland mit der Not des ringenden Talents zu kämpfen. In letzter Zeit konnte er einigermaßen Fuß fassen. So mit einer auffällig guten Presse in Bad Pyrmont, in Scheveningen und Kassel. Auch Dr. Böhm gehört zu seinem Förderern. Blacher vertritt die These der unbeschwerten Musik, die mit glänzend rhythmischer Haltung, einem klaren logischen Bau, einer pikanten witzigen Instrumentation einem Gegenwartsideal nahekommt. Sein liebenswürdiges ›Ein-paar-Minuten-Werk‹ mußte wiederholt werden.«

Burgartz's approach to Winfried Wolf, »dem hervorragenden Klavierspieler«, is significantly different. Identifying him as a composer known for his »reichlich harmonisch gelockerte Orchestervariationen«, he is obliged to report that the programme-note had described his new *Concerto* as ›polytonal‹:

»Nun, so schlimm ist es nicht. Aber es werden sehr seltsame Klänge übereinandergeschichtet. Winfried Wolf war in Amerika und Mexico. [...] Es finden sich bei ihm ergreifend monumentale und geheimnisvolle Stellen. Im- und Expressionistisches (wie man früher gesagt hätte) ist vorhanden. [...]«

Even Egk's *Georgica* – »eine Apotheose des Bajuwarischen, von einem Witzbold ersonnen« – apparently falls short of what Burgartz conceives as the »Gegenwartsideale«. In his view, the piece was just an interval-snack or Kehraus before the concert's two *pièces de résistance*:

> »Dann marschierten die unbestrittenen Meister auf: Paul Graener mit seinem im Rheinland uraufgeführten Violinkonzert, das sich ganz in feierlichste Romantik und sogar *Parsifal*-Huldigung versenkt, um im Finale in ein gesund-kräftiges Deutschtum hineinzuwachsen. [...] Und der Abschluss war: R. Strauss.«

To read Burgartz in the context of so many relatively ›harmless‹ reviews of the Schuricht concert is better to understand one of the puzzling features in the history and historiography of European music in the 1930s. Once the plateau of 1936 had been reached, it was easy for politically uninvolved foreign musicians, administrators and decent-minded amateurs of German music (not least from the British Isles) to dismiss as mere aberrations isolated warnings such as the ›Entartete Musik‹ exhibition, and never to set eyes on the Gothic prose of a Burgartz.

Fritz Stege's review of the four new or recent works introduced by Schuricht in December 1937 runs to three-and-a-half pages of the *ZfM*'s next issue, and is generously illustrated by music examples. If Burgartz speaks for the unreconstructed NSKG, Stege now has the ear of a strengthened and revitalised RMK: the works by the three relatively young composers are reviewed with musicianly seriousness. Not until the final page are the red carpets rolled out and the party flags unfurled for a tribute to the 66-year-old Vice-President of the RMK and his *Violin Concerto*.

And yet: Stege concedes that for all its mastery and its bountiful melodiousness, Graener's »Offenbarung einer romantischen Seele« is not rooted in »dem wirklichen Leben« but dwells somewhere in the clouds above it: »Ein ausgesprochener ›Gegenwartsstil‹ aber verlangt die Identität mit dem Leben selbst.« Foreseeing »in unserer heutigen revolutionären Zeit« an ever-widening gulf between »Jung und Alt«, the rejuvenated Stege sides with those partisans of the New who were so thrilled with the Blacher that they demanded an encore.[43]

In his 1997 study *The Twisted Muse*, Michael H. Kater follows Prieberg, Erik Levi and others in suggesting that after his hostile response to the *Capriccio* in 1935, »Stege's sarcastic commentaries, especially with regard to Blacher's typical jazz inflections, became a permanent thorn in Blacher's side«.[44] Yet Stege's review of *Concertante Musik* is

43 Fritz Stege, »Berliner Musik«, *ZfM* 105 (1938), pp. 43-46.

44 Kater, *The Twisted Muse*, p. 231.

wholly respectful, and makes no comments, sarcastic or otherwise, about the ›blue‹ third that figures prominently in the second of his two music examples (which shows what happens when the main theme is inverted).

Some of the reasons for Stege's transformation are probably unfathomable and certainly unimportant. Others, no doubt, were purely musical; yet others must have been party-political. In that sense the emergence of Karl Böhm as an advocate of Blacher was emblematic. Among the younger conductors active in Germany's main musical centres, Böhm was still in a class of his own. The debt he owed to the Führer for his appointment in Dresden was soon repaid, and his ability to preserve friendly relations with the Party was such that his position, unlike Furtwängler's, was, or seemed to be, politically unassailable.[45] Blacher's publishers could not have hoped for a more powerful ally.

A fortnight after Böhm's debut as a Blacher-conductor in Berlin – an event to which we shall return – Bote & Bock celebrated their centenary at a ceremonial concert given by the Preußische Staatskapelle at the Singakademie in Berlin (25 January 1938). The conductor was Johannes Schüler;[46] the guests, according to the Swiss composer and Berlin critic Robert Oboussier, included »Vertreter der Regierung und der Behörden«.[47]

A guest-list might tell us more than we would need or wish to know. The occasion speaks for itself. At a time when the Anschluß was already looming and Goebbels was again intent on settling accounts with the former duopoly of Schott-Verlag and Universal Edition, the auspices for Bote & Bock were good. Although a State Music Publisher on the Soviet model would have been unthinkable, changes were in the Berlin air by 1938; and here was the timely centenary of a scrupulously ›sanitised‹ Berlin publisher with a backlist of symphonic and operatic music, some lucrative ›U-Musik‹, a new relationship with one of the Party's favourite young conservatives, Georg Vollerthun, and now, through Blacher, a finger on the pulse of ›Gegenwartsideale‹.

45 See Oliver Rathkolb, *Führertreu und gottbegnadet. Künstlereliten im Dritten Reich*, Wien 1991, pp. 99-105.

46 Schüler had made his name in March 1929 as conductor of Berg's *Wozzeck* in the first German production to follow the December 1925 premiere at Kleiber's Staatsoper unter den Linden. To the amazement and delight of the opera world, Schüler had achieved the near-impossible (as it then seemed) in a small provincial theatre far from the beaten track – the Landestheater in Oldenburg. In 1933 he was appointed Generalmusikdirektor in Essen, in succession to Rudolf Schulz-Dornburg.

47 Robert Oboussier, »Verlag als Spiegel der Zeit. Festkonzert zum 100jährigen Bestehen von Bote & Bock«, *Deutsche Allgemeine Zeitung*, 26 January 1938.

149

>Like the Knights Errant in the stories who have lost their way,
we were hesitating at a cross roads. Go the right, and you will lose
your horse, but you will be safe yourself; go to the left,
and your horse will be safe but you will perish; go forward, and
everyone will abandon you; go back – that was impossible....<
Alexander Herzen, *My Past and Thoughts* (1861–67)

I. Berlin – Dresden

Two weeks before the Bote & Bock centenary concert, Karl Böhm had
arrived in Berlin to conduct, for the first time, the symphony orchestra
of Deutschlandsender. His concert of 5 January 1938 was hailed in the
press as a major break-through for the orchestra. After a Tchaikovsky
symphony and a Mozart concerto came two ›lollipops‹ (as Beecham
would have called them): Johann Strauß's *Blaue Donau* and the *Fest im
Süden* overture »des sehr begabten Boris Blacher« (*Völkischer Beobachter*, 7 January 1938). In the *Deutsche Allgemeine Zeitung* (also 7
January) Fred Hamel wrote of the Blacher:

48 Under his pseudonym
»Hans Lyck« in *Deutsche
Zukunft* (16 January 1938)
Hamel will later pay tribute
to Blacher's »frischfröh-
liche Unbefangenheit«.
Hamel (1903–1957) is
remembered today for his
work as Production
Manager of Deutsche
Grammophon Gesellschaft
from 1948 onwards. His
work as music critic and
musicologist from 1933–45
is less well-known, and still
poorly documented.

»Wie Böhm der frisch-fröhlichen Ursprünglichkeit[48] dieser ganz auf rhythmische
Kraftentladung gestellten Musik freien Lauf läßt und dabei doch die Linien der künstlerischen Organik im Aufbau bloßlegt, das trägt Werk und Wiedergabe einen richtigen
kleinen Sondererfolg ein.«

In each of his concerts in Dresden's Semperoper, Böhm included at
least one novelty. On 25 February 1938 the new work was *Concertante
Musik*. From the culture-political standpoint, this was a more severe
test for Blacher than Schuricht's contemporary-music concert in Berlin. A basically conservative audience had come to hear Brahms's
Fourth and the ›Emperor‹ Concerto with Wilhelm Kempff. And yet
Concertante Musik proved as winning as ever. »Der Erfolg der Neuheit
war groß und für den Komponisten ermutigend« wrote Hans Schnoor
in the *Dresdner Anzeiger* (26 February 1938). In Schnoor's opinion, the
final Molto allegro was »ein Stück phantasievoll entworfener und
meisterhaft durchdachter Musik – unbequem (wie vereinzelte Pfiffe
bewiesen) für untaugliche Ohren; aber ein Genuß für jeden, der sich
dem ernsten neuen Schaffen gegenüber ehrlich aufgeschlossen hält.«[49]

49 Schnoor was a Nazi fa-
natic. See Prieberg, *Musik
im NS-Staat*, p. 285, for a
virulently antisemitic
passage from his review
»Peinliche Ehrenrettung
des ›Riemann‹« in the
Dresdner Anzeiger of 15
March 1939.

Walter Petzet in *Freiheitskampf* (27 February) takes a pragmatic view:
»Das vereinzelte Pfeifen, das immer zwischen dem Beifall einsetzte,
gab Gegenmeinungen Ausdruck, diente aber auch dazu, den Beifall zu
verstärken.«

150

Given the circumstances of the time – not to mention today's confusions and forgetfulness about them – Werner Dopp's notice may serve as a useful summing-up:

»Die *Concertante Musik* zeigt sich in allem als echter Blacher; sie ist urlebendig in der Rhythmisierung, in der Harmonie von einer fast simplen Durchsichtigkeit und von einer großartigen Klarheit im Aufbau. Diese Einfachheit und Knappheit in allen Dingen schafft den Eindruck einer schönen, geschlossenen Form, die dank witzig-temperamentvoller Instrumentierung niemals in öde Langweiligkeit verfällt, sondern mit beinahe frisch-fröhlicher Unbefangenheit die Hörer zu fesseln versteht.«[50]

In his diary of the time, a former Professor of romance languages at the Technische Universität in Dresden writes of the heavy snows in the first week of January 1938, and later, of *Föhn* winds and torrential rain. Although his wife is a musician and he too has an ear for music, his diary does not allude to concert life in Dresden, to premieres at the Semperoper, or to the high repute of the Generalmusikdirektor. For him and his wife there were more pressing concerns that January. On 20 March he looks back on the period:

»Die letzten Wochen sind die bisher trostlosesten unseres Lebens. Der ungeheure Gewaltakt der Österreichannexion, der ungeheure Machtzuwachs nach außen und innen, die wehrlos zitternde Angst Englands, Frankreichs usw. Wir werden das Ende des dritten Reichs nicht erleben. Seit acht Tagen wehen die Fahnen, seit gestern klebt an jedem Pfeiler unseres Zauns ein breiter gelber Zettel mit Davidstern: *Jude*.«[51]

The death in Dresden in 1960 of the 79-year-old Victor Klemperer, and the survival of his historically unique diary of life in that city during the twelve years of the Hitler regime, were events that passed almost unnoticed in the West-Berlin of the day, and indeed in the world at large for another three decades. It is characteristic of the West-Berlin mood of the early 1960s that Stuckenschmidt proceeds directly from what he describes as the »zweischneidige Ehre« of the *Geigenmusik* performance at the Reichsmusiktage in May 1938 to a brief but imprecise account of an (apparently?) unrelated event. It begins thus: »Im selben Jahr verschaffte Dr. Karl Böhm, damals Chef der Dresdner Oper, dem 35jährigen Blacher eine Kompositionsklasse am Konservatorium der Stadt Dresden«.[52]

Stuckenschmidt was writing under the sign of Blacher's 50th birthday, and in the light of his achievements in the past decade. Thanks to Blacher's direction, the Hochschule für Musik in Berlin had been restored to its rightful place among Europe's leading Conservatories. In a different and less divided world, the relevance of his Dresden experience would have been indisputable. But why dwell upon it in the

50 Werner Dopp, »Beethoven und Brahms. Sinfoniekonzerte der Staatskapelle mit W. Kempff«, *Dresdner Neueste Nachrichten*, 26 February 1938. For earlier perceptions of the ›frischfröhlich‹ see footnote 48.

51 Victor Klemperer, *Ich will Zeugnis ablegen bis zum letzten. Tagebücher 1933–1941*, Berlin 1995, p. 399.

52 Stuckenschmidt, *Boris Blacher*, 1963, p. 14 / 1985, p. 24. The wording is identical in both versions.

151

West-Berlin enclave in the early 1960s? One small fragment amid the rubble of the past, it had now been placed at a further remove by the Wall that sprang up on 13 August 1961.

The principal witness to the Dresden appointment, apart from Blacher himself, was by now the most admired freelance conductor in Western Europe and indeed the Western world: Karl Böhm. It was Böhm who had conducted the Berliner Philharmoniker in a memorable (and for him, exceptionally fiery) reading of Beethoven's *Seventh Symphony* prior to the speech delivered by Willy Brandt at the opening concert of the 1961 Berliner Festwochen, just a month or so after the erection of the Wall. The venue for that singular occasion – as for all major symphony concerts in the West-Berlin of the time – was the concert-hall of the Hochschule für Musik.

53 Stuckenschmidt, »Boris Blacher«, 1970, p. 94: »[Blacher] hatte bei einer Aufführung auf den nazistischen Reichsmusiktagen in Düsseldorf 1938 so starken politischen Widerstand gespürt, daß es ratsam schien, den Wirkungskreis zu wechseln. Auf Empfehlung Karl Böhms bekam er am Dresdner Konservatorium eine Kompositionsklasse.«

Stuckenschmidt's words about Blacher's Dresden appointment are so pointedly vague that his readers in 1963 may have concluded that Karl Böhm had gallantly rescued the composer from some humiliating scandal at the Reichsmusiktage; and this impression is confirmed in Stuckenschmidt's 1970 essay.[53] Yet it is clear from the press notices – and not only from Blacher's own collection – that there was no scandal worth reporting, apart from a few whistles and boos from older members of the audience who had been offended by the unruly youngsters who had similarly objected to *Castelli Romani*, a self-indulgently Romantic piano concerto by Joseph Marx. It was enough for Blacher's supporters in the press to pretend that the central Notturno of *Geigenmusik* was parodistic – of what, is never mentioned. It is in fact a blues, conceived, one imagines, in homage to Bessie Smith and Duke Ellington, and executed, as it were, by the violin of Stéphane Grappelli.

54 *ZfM* 105 (1938), p. 822.

The July issue of *ZfM* happily announces that »der Komponist Boris Blacher erhielt einen Lehrauftrag für Komposition und Theorie am Dresdner Konservatorium«.[54]

II. Ballets Russes de Monte Carlo: Berlin – London – New York

In both versions of Stuckenschmidt's biographical essay, the existence of Blacher's 1938 *Symphony* is noted without comment, apart from a highly questionable statement attributed to the composer. Although no dates of composition have been given, the story continues:

»Etwa um diese Zeit begegnete Blacher in Berlin dem Colonel de Basil, der mit seinem Ballett die Tradition Sergej von Diaghilews fortsetzte. De Basil interessierte sich lebhaft für den Komponisten und lud ihn für zwei Monate nach London ein, wo die Pläne zu zwei Balletten entstanden und auch die Vorarbeiten begonnen wurden.«[55]

55 Stuckenschmidt, *Boris Blacher*, 1963, p. 14 / 1985, p. 24 (unchanged).

In the 1963 edition the next sentence reads: »Das eine hieß *Harlekinade*, das andere war eine choreographische Gestaltung des Hamlet-Stoffes«. In its successor of 1985, »Das andere war usw.« becomes a sentence in its own right, and the antecedent phrase is adapted as follows: »Die Partitur *La Vie* tauchte erst nach Blachers Tod in Amerika auf; Motive daraus finden sich in *Harlekinade*«. Both versions of a now deeply confusing account conclude with the same incontrovertible statement: »Der im Sommer 1939 ausbrechende Krieg verhinderte die Realisierung dieser Pläne.«

The modern reader is left with no inkling of the real nature of the ballet plans: neither their unrealised and unrealisable potential for Blacher and his future; nor what they represented in the context of European dance-theatre during the interwar period; nor what they actually amounted to in their almost-completed form. Presumably, Stuckenschmidt's only source and authority in 1962–63 was Blacher himself; and what Blacher had remembered, or wished to be remembered, was a pair of ballets, *Harlekinade* and a *Hamlet* project. A quarter of a century later Stuckenschmidt faithfully preserves Blacher's questionable recollection, and tries to sidestep the new and conflicting information by suggesting that *La Vie* had in effect been absorbed by *Harlekinade*.

His only excuse is the information in the Kunz work-list concerning the Krefeld premiere of *Harlekinade* in February 1940, and a version staged at the Staatsoper in Berlin in June which allegedly included the Ragtime and Tango from *La Vie*.[56] The Berlin pasticcio – to which, as we shall see, Stege took exception – did not alter the fact that the two scores are completely independent and strongly contrasted. (Later in the year Ellen Petz was to revert to the original *Harlekinade* for her choreography in Kassel.)

56 The Berlin version was choreographed by Lizzie Maudrik, and entitled *Kaleidoskop*.

The questions surrounding Blacher's alleged meeting with Colonel de Basil in Berlin and the invitation that arose from it are many and complex. There is much to be gleaned between the lines of Kathrine Sorley Walker's standard work on de Basil and his Ballets Russes.[57] First pub-

57 Kathrine Sorley Walker, *De Basil's Ballets Russes*, London 1982.

lished in 1982, it has not been superseded; and one can understand why. In her Foreword, she is eloquent but uncomplaining about the exceptional difficulty of establishing the facts where »written records may be non-existent, programmes undated or incorrect, and personal memories [...] inevitably angled or inaccurate«.

Shrewd entrepreneur and skilful negotiator though he was, de Basil cared little for paperwork. Partly for that reason, and partly because of the vicissitudes of the company itself and of the years in which it flourished, the archival resources are meagre and widely scattered. It is no fault of Walker's but a reflection of problems peculiar to the de Basil heritage that her list of 26 ballets »projected but never staged« by the company during the period 1934–49[58] is dominated by proposed revivals of Diaghilev repertory, which for legal and copyright reasons would tend to be adequately documented. The only other listed projects are ones involving standard symphonic or instrumental repertory in the public domain. Not one specially commissioned score is mentioned. The two composers whose names are notably missing from Walker's book are Roberto Gerhard – from whom de Basil commissioned two unstaged ballets prior to the Spanish Civil War – and Blacher.

58 Walker, *De Basil's Ballets Russes*, pp. 281-282.

Vassily Grigorievitch Voskresensky – or Colonel W. de Basil as he called himself throughout his career as ballet impresario – was a former Cossack officer who had served the Tsar in World War I, fought in the Persian campaign of 1916, and ended up at a posting near the Caspian Sea, where he assisted with negotiations between the Allies and the Bolsheviks. Settling in Paris, he married the dancer Nina Leonidova and founded a small touring group for her.

At the time of Diaghilev's death in August 1929 de Basil was co-director – together with Chaliapin's personal manager – of L'Opéra Russe à Paris. Its ballet company became his special responsibility, and in April 1931 he took it on tour to the opera house in Monte Carlo, which had been the main base and winter resort of the now disbanded Diaghilev company.

Monte Carlo's ballet director, René Blum, had for some while been exploring the possibility of reanimating the Ballets Russes, but had been unable to find a suitable co-director and administrator. De Basil seemed at first sight to be just the man he was looking for. They came to an early agreement, and in October 1931 they jointly founded Les

Ballets Russes de Monte Carlo, with Blum as artistic director. It was a post for which he had all the flair de Basil lacked.

Their collaboration began with the successful European debuts of 1932, and was consolidated, or so it seemed, by the outstanding success of the 1933 season in London. There was no Monte Carlo or Paris season in 1934. The company returned to London as the ›Ballets Russes de Col. W. de Basil‹, and Sir Thomas Beecham conducted the first night. Blum still had his billing as Artistic Director, but the balance of power began to change as soon as de Basil realised that Monte Carlo had less to offer him than London. Beecham had been one of the conductors for his Opéra Russe à Paris, and was now proving a useful ally, with unique access to the social and artistic circles in which Diaghilev had moved with such ease. Increasingly isolated, Blum reacted by concentrating on his official responsibility for the ballet company of the Monte Carlo Opera.

In April 1935, de Basil finally parted from Blum and Monte Carlo. Reluctant to appoint a new Artistic Director and potential rival, he relied instead on a team of advisors. At their head was Leonide Massine, who had openly coveted Blum's post. Musically, de Basil was entirely dependent on his two conductors Efrem Kurtz and Antal Dorati, both inherited from Blum. In literary and scenic matters he turned to his American friend Henry Clifford, Curator of Paintings at the Philadelphia Museum.

After the break with Blum, the first major demonstration of de Basil's independence was also evidence of his continuing alliance with Thomas Beecham, Lady Cunard, and their contacts with Ribbentrop. On 1 October 1936 the de Basil Company began a two-week season in Berlin. Kathrine Sorley Walker describes it as »sensationally successful«, and maintains that it marked a »triumphant and historic reversal«: until then, she writes, the »emphasis« on modern dance had led to a »complete decline of interest in classical ballet throughout Germany«.[59] In truth, most traces of that emphasis had been forcibly eradicated three-and-a-half years before de Basil's arrival in Berlin.

59 Walker, *De Basil's Ballets Russes*, pp. 64-65.

As evidence of the miracle wrought by the Berlin season, Walker quotes from Joseph Lewitan's Berlin report in the December 1936 issue of *The Dancing Times*: »People of all classes, from the most sophisticated to the man-in-the-street, filled the theatre, with its 3 000 seats, to capacity every night«. On unspecified authority, she adds that »the

155

dancers won attention both from the Nazi leaders and the ex-Crown Prince and Princess of Germany«. She continues:

»Hitler proposed to attend, although his visit was cancelled, and he was later reported to have a painting of Riabouchinska – a regulation beautiful blonde – hanging in his Berlin apartment. Goebbels was of course something of a balletomane.«

After three years of regime-sponsored attempts to implant and artificially fertilize a ›völkisch‹ variety of classical ballet, de Basil had arrived with the real thing; and it was of course a revelation, not least for those whose memories of Diaghilev's Berlin seasons had faded.

In the circumstances, it was just as well for de Basil and his company's new German friends that the split with René Blum had occurred when it did. It was not simply that Blum's literary and aesthetic tastes were foreign to those of Germany's leaders (though the names of Proust, who had been a friend of his, and Weill, to whom he offered a commission early in 1936, indicate just how foreign they were). On 3 June 1936 his elder brother, Léon Blum, became France's first socialist Prime Minister. He happened also to be her first Jewish one.

Léon Blum was one of the architects of the Popular Front against fascism. It was no doubt a coincidence that eight weeks after he became Prime Minister a ›Festival de Musique moderne allemande‹ was mounted in the spa town of Vichy. The orchestral concert of 27 July, given in the Grand Casino, was a classic example of an RMK-sponsored programme, with *Tod und Verklärung* as the main attraction, the *Donna Diana* overture as a cheerful opener, and the usual cluster of pieces by party notables (Graener and Max Trapp in this case) and hangers-on (Brehme, von Borck, and Robert Oboussier). The conductor was Blacher's Russian-born contemporary and future collaborator, Leo Borchard – certainly no Nazi, but none the less a complicated and shadowy figure.[60]

60 See Matthias Sträßner, *Der Dirigent Leo Borchard. Eine unvollendete Karriere*, Berlin 1999, pp. 118-121, 246, 266-267.

The corresponding exchange in the Anglo-German sphere began just a month later, when Carl Schuricht conducted a programme of English music in his own spa town of Wiesbaden. It included popular overtures by Elgar and Vaughan Williams, Delius's *North Country Sketches*, Arnold Bax's *Third Symphony*, some trifles by Eugene Goossens, and a symphonic poem by a now forgotten composer. On 5 November 1936 Leo Borchard conducted the Berlin Philharmonic in the first of his three ›Special Concerts with Works by Foreign Composers‹. A programme of British music that was exemplary in its time and remains completely valid even today, it comprised Sir Hamilton Harty's *Comedy Overture*, Bax's *Tintagel*, Vaughan Williams's *Suite for Viola and Small Orchestra*, and Walton's recently premiered *Symphony in B minor*.

The extent to which, in that year of culture-and-sport, a ›special relationship‹ was being established between London and Berlin, or Germany and England, has never been a popular subject of discussion or research in Britain, and for obvious reasons. The geopolitical background for the Anglo-German exchanges was plain for all to read in the speech Göring delivered at the Sportpalast in Berlin on 28 October 1936. In his newly appointed role as Minister in charge of the Four-Year-Plan – first announced in Hitler's message to the Nuremberg party rally on 9 September – Göring defined the six economic objectives in terms of the imbalance between England as a colonial power occupying »one third of the world« and a Germany »robbed« of all her colonies and grievously in need of raw materials and ›Lebensraum‹. It is, however, characteristic of the speech and of the public persona cultivated so ably by Göring that the references to England are more jocular than threatening.

The Germany of an incipient Four-Year-Plan was the Germany which in November 1936 dispatched Karl Böhm, Richard Strauss, and the Dresden State Opera to London for a two week season at Covent Garden. Strauss conducted *Ariadne auf Naxos*, and Böhm the rest – *Der Rosenkavalier, Tristan und Isolde, Don Giovanni, Figaro*, and a farewell Wagner concert (with Marta Fuchs and Paul Schöffler) at the Queen's Hall. The season was rapturously received, and Strauss was awarded the Royal Philharmonic Society's Gold Medal.

In November 1936 Sir Thomas Beecham took his newly formed London Philharmonic Orchestra on a tour of Germany, beginning in Berlin. It was a triumphant success.[61] Since his Berlin debut in January 1930 Beecham had been a favourite visitor there. His admiration for the German concert and opera system was entirely sincere, and he tried to use it as a goad for his lethargic fellow-countrymen. »I have been playing in *civilised* towns recently«, he declared on his return from Germany in 1936.

The views on jazz and ›atonal‹ music which Beecham expressed so freely and with such fervour in England did him no harm in Germany. A few hours before his Berlin concert in 1936 he was received at the

61 See Charles Reid, *Thomas Beecham. An Independent Biography*, London 1962, pp. 216-217. The remaining cities on the LPO's tour were Dresden, Leipzig, München, Stuttgart, Ludwigshafen, Frankfurt, and Köln. The repertory included only two works by living British composers – the suite from Lord Berners's Diaghilev ballet *The Triumph of Neptune*, and the *Wasps* overture by Vaughan Williams.

Chancellery by Hitler, attended only by his interpreter (for Beecham spoke no German, and his assistant, Berta Geissmar, was certainly elsewhere that afternoon). The Führer mentioned that he had considered attending the Coronation in London in '37, but had decided against it on the grounds that it »might inconvenience the British government«. »Not at all«, Beecham had replied.[62]

62 Alan Jefferson, *Sir Thomas Beecham. A Centenary Tribute*, London 1979, p. 212.

Like de Basil's company, Beecham's orchestra – which played for the Ballets Russes at Covent Garden – needed funds and was not too particular about where they came from. The bonds between Beecham and the Colonel were close, and of long standing.

In October 1937 de Basil sent his second company to Germany for a tour that encompassed Frankfurt, Leipzig, Köln and Düsseldorf, and ended with a fortnight at the Ufa-Palast Kino in Hamburg.[63] Walker gives no indication that de Basil accompanied or preceded them to Berlin. His main commitment was to his first company and its autumn season at Covent Garden. The season ended on 9 October 1937. A day or two later de Basil embarked with his company on the voyage from Southampton to New York. Their three-month tour of America began with a season at the Metropolitan Opera, and during that time, contacts with the second company on its German tour were maintained by one of de Basil's many legal advisers, Jacques Lidji (Lidjinoff).

63 Walker, *De Basil's Ballets Russes*, p. 80.

The first company's American tour ended in San Francisco in January 1938. It was there that Massine danced for the last time as a member of de Basil's company. After many weeks of backstage dealing and active preparation, Massine announced the formation of a new company, ›Ballets de Monte Carlo‹. His business-manager was Serge Denham (Sergei Dokouchaiev); he himself was Artistic Director, *maître de ballet*, and choreographer. The financial backing was channelled through Universal Art Inc., or World Art as it was then called. Its owner was the Cincinnati businessman Julius Fleischmann. Knowing Fleischmann to be an admirer of Massine, it was Denham who had brokered the deal.

Plans for a debut season in London in the summer of 1938 were already far advanced by the time Universal Art Inc. announced the formation of the Massine-Denham company. Massine's principal new work, though not as yet the most newsworthy one, was *Nobilissima Visione*, a ballet on the life of St. Francis, with music by Hindemith. When Hindemith embarked for New York in February 1938, the full score was already finished. During his stormy voyage from Bremer-

158

haven to Cherbourg (on the Hapag-Lloyd liner ›Deutschland‹) he worked on the *Klavierauszug* and observing in a letter to his wife that because of the force-eleven gale »der arme Massine« would probably have to wait until midnight for the ship to arrive in Cherbourg.[64]

The decline and fall of de Basil was a process that spanned the first half of 1938. It had begun in the USA even before the formal break with Massine, and it continued, inexorably, as soon as de Basil returned to London in the early spring. Though he still commanded the loyalty if not the devotion of his dancers, many in his closest circle had lost confidence in him. Claiming that Universal Art Inc. had tricked him into signing away some of his company's most valuable titles and assets he repudiated the contract in a letter dated 8 June. Denham, Fleischmann, and Sol Hurok – whose organisation had a near-monopoly of ballet production in the USA – arrived in London in advance of their debut season at the Drury Lane Theatre. The de Basil company was due to open its own season at Covent Garden on 20 June.

Foreseeing legal action against de Basil, a group led by German Sevastianov swiftly re-packaged his company as ›Educational Ballets Ltd.‹ (a title that had tax advantages in the UK), and in effect sidelined de Basil himself. Three days before the scheduled opening of the Covent Garden season Universal Art Inc. applied to the High Court for an injunction to restrain de Basil from »producing, performing, authorising, advertising, or otherwise announcing any performance or intended performance of certain ballets including *Le Coq d'Or*«.[65] In his judgement of 19 June 1938, Mr Justice Morton granted the injunction but acknowledged that de Basil was no longer connected with the company. For the young and personable Sevastianov, it was a brilliant victory; for de Basil, a hurtful one.

It seems reasonable to suppose that there are a few grains of truth in Stuckenschmidt's story. But no meeting between Blacher and de Basil in Berlin that led to a specific invitation, a commission, and a two-month stay in London in 1938 is conceivable unless there was a long and circuitous route from the meeting itself. Blacher would certainly have taken the keenest interest in de Basil's Berlin season of October 1936; and it is quite possible, given his contacts with Maudrik at the Preußische Staatsoper – and indeed the impending premiere in Kassel of *Fest im Süden* – that Berlin's foremost Russian-speaking composer was favoured with an invitation to some official or private reception for the Colonel and his company.

64 Paul Hindemith, »*Das private Logbuch*«. *Briefe an seine Frau Gertrud*, eds. Friederike Becker and Giselher Schubert, Mainz / München 1995, pp. 213-214, letter to his wife dated »11.II.abends«. *Nobilissima Visione* was Hindemith's second and successful attempt at a collaboration with Massine. The first – like Gerhard's *Ariel* – had been turned down as »too symphonic«.

65 Walker, *De Basil's Ballets Russes*, p. 87

66 De Basil had also »interested himself« in Vladimir Dukelsky (Vernon Duke) and in 1935 had commissioned his *Jardin Publique*, a ballet for Massine. According to Duke in his autobiography (quoted by Walker, *De Basil's Ballets Russes*, pp. 47 and 178-179) de Basil enjoyed the tunes but found the dissonances agonising. He was, writes Duke, »a man devoid of social graces, clumsy in a room, clever in business, with the sketchiest imaginable knowledge of the arts«.

67 Walker, *De Basil's Ballets Russes*, p. 243: »Nansen passports [...] were recognised ›in principle‹ by 53 states«.

Stuckenschmidt's claim that de Basil »interessierte sich lebhaft« in Blacher needs at the very least a footnote to the effect that the Colonel was no aesthete, whether in music or in the other arts.[66] A »lively interest« would more easily have awakened by comparing their different experiences of the Bolshevik revolution from opposite ends of Russia, and more importantly, perhaps, by their common endebtedness to the document they held in common with the majority of de Basil's company: the League of Nations passport issued since 1921 under the name of Fridtjof Nansen, the League's High Commissioner for Russian and Armenian refugees.[67]

Unless de Basil returned to Berlin before he embarked on his three-month American tour in the second week of October 1937, a meeting the previous year is almost certainly the last that Blacher might have had with him before Educational Arts Ltd. took over and de Basil was unseated in June 1938. Provided there was significant contact in 1936, it is just conceivable that it was renewed by Jacques Lidji in his capacity as managing director of the second company during the German tour of October 1937. Perhaps more probable is an encounter at the premiere of the Wagner-Régeny/Maudrik/Kleist ballet, *Der zerbrochene Krug*, on 2 October 1937 – shortly before the de Basil season.

The German connection assumed a new and much greater significance for de Basil as soon as World/Universal Art Inc., launched the Denham-Massine company and Sol Hurok became its American agent. Because of Hurok's monopoly of ballet production it was clear to de Basil before he returned to London in the early spring of 1938 that an American tour in the 1938/39 season was already out of the question. Berlin and a return visit for the first company had now become an urgent priority for de Basil and his advisers. Neither Hurok nor the Massine-Denham company would be in competition with him on German soil.

So long as the de Basil company survived in some recognisable form, there was only one respect in which the rift with Massine was of interest to the cultural authorities in Berlin. It was by now common knowledge throughout the worlds of ballet and dance that the *St. Francis* ballet would be the beginning of a new phase in Massine's development as choreographer and dancer – one that clearly broke with the line of so-called ›symphonic ballets‹ Massine had inaugurated for de Basil in 1933 with *Les Présages* (after Liszt) and *Choreartium* (on Brahms's *Fourth Symphony*). Meanwhile to the musical world – pri-

160

marily in America and England – *Nobilissima Visione* (or *St. Francis*, as it would be known in the USA) served to announce another phase in Hindemith's tactical withdrawal from Germany. It was inconceivable that the composer of the *Mathis der Maler* symphony would now revert to the ethos of the Strauss/Hofmannsthal *Josephslegende*.

Pending further research in German archives, it seems a reasonable hypothesis that a representative of de Basil visited Berlin in the early spring of 1938 to discuss with the appropriate authorities an autumn season in Berlin and its consequences for the 1939 London season. At that particular juncture in Anglo-German relations, the *Realpolitik* of cultural exchanges would have been highly favourable to the idea of commissioning from a young German composer a ballet score that could travel from London to Berlin, or vice versa, more safely than the lost *Nobilissima Visione*. Since Germany's recent and still current generosity to contemporary British composers had not as yet been reciprocated, there were obvious advantages in using the Colonel's company as a ›neutral‹ platform – not for Egk or Wagner-Régeny (both busy with their new operas) but for the Russian-born composer of *Fest im Süden* and *Concertante Musik*.

On some such basis, de Basil or Sevastianov had the makings of a deal with the RMK. It so happened that Hugo Rasch – Vice President of the RMK's Composer section throughout Paul Graener's Presidency – was a former pupil of Blacher's.[68] With Rasch's support and the further advantage of his Nansen passport and a possible arrangement with his father's bank, Blacher could have travelled to London incognito, and remained a free agent.

68 Friedrich Saathen, *Einem Chronik. Dokumentation und Deutung*, Wien / Köln / Graz 1982, p. 91.

In August 1937, Hitler had finally granted Furtwängler's request for an audience in camera, and had listened to his renewed pleas on behalf of Hindemith. On the grounds that Furtwängler was overestimating »the size and significance« of support for Hindemith, the Führer »refused to alter the general direction of his cultural policy because of such a small clique«.[69] On those same grounds – which of course had all the force of a papal edict – the prospect of the world premiere of *Mathis der Maler* at the Zürich Opera on 28 May 1938 was one that Goebbels and his Propaganda Ministry could view with distaste but without dismay. Its »success« was a foregone conclusion; but only because of the »small clique«. *Nobilissima Visione* in London in July would be another matter, as the German Embassy would surely have warned. An inconspicuous visit by an ›independent‹ composer now identified as a

69 Michael H. Kater, *Composers of the Nazi Era. Eight Portraits*, New York / Oxford 2000, p. 42, quoting Furtwängler's letter to Fritz Stein of 18 August 1937.

70 See forthcoming essay by Alain Frogley, »Vaughan Williams and Nazi Germany: the 1937 Hamburg Shakespeare Prize«, due for publication in a volume provisionally entitled *Music as a Bridge: Musical Relationships between Britain and Germany, 1920–1960*, eds. Guido Heldt and Christa Brüstle.

leading contender in the search for new orchestral and ballet repertory in Germany had much to recommend it. What better time for musical bridge-building? In June 1938 Ralph Vaughan Williams travelled to Hamburg to receive the Shakespeare prize from the Rector of the University – a supposedly non-political event.[70]

III. Düsseldorf – London, June 1938

The »two months in London« to which Stuckenschmidt refers would only have made sense during the de Basil company's summer season. Implausible and sketchy though his account is, the balance of probability suggests that Blacher did indeed visit London that summer. If he arrived at the start of the three-week rehearsal period he would have witnessed the gentlemanly ousting of Colonel de Basil by Sevastianov and his associates, the Company's reconstitution as ›Educational Ballets Ltd.‹, and the High Court judgement that allowed the season to begin as scheduled on 20 June. An in-principle agreement to discuss with Blacher a Shakespeare Ballet after *Hamlet*, and a commedia dell'arte harlequinade may or may not have been reached while de Basil was still in charge. If not, there was little or no chance of concluding one in June or July.[71]

71 See Walker, *De Basil's Ballets Russes*, p. 85. New agreements for dancers originally contracted by de Basil were not signed until August 1938.

After Massine's departure in January 1938, the two choreographers remaining with de Basil's company were the young David Lichine (b. Rostov-on-Don, 1910) and the veteran Michel Fokine (b. St Petersburg, 1880). With Henry Clifford continuing as Artistic Advisor from his Philadelphia base, Lichine and Fokine admitted no rivals. Each had a single world premiere in the 1938 season: Lichine with his Debussy-inspired *Protée* (5 July), and Fokine with *Cendrillon* (19 July) to a score by de Basil's friend and banker, Baron Frédéric d'Erlanger, Vice-Chairman of Erlanger's Ltd.

For Blacher, these would have been among the less interesting items in a season that offered *The Firebird* and *Petrouchka*, *Le Coq d'Or*, and Lichine's *Francesca da Rimini*, as exemplary warning that another of Tchaikovsky's ›Fantasy Overtures‹ might serve for a ›Freudian‹ *Hamlet*, but not a Shakespearean one.

It seems reasonable to suppose that if Blacher did indeed travel to London that summer, he would have done so immediately after the Reichsmusiktage in Düsseldorf (22-29 May) when he was already halfway. There were several advantages in synchronising his arrival with the start of the ballet company's rehearsal period at Covent Garden. Their season was due to open on 20 June, three days after the end of Sir Thomas Beecham's opera season. As in 1937 – his historic ›Coronation Season‹ – Beecham had engaged Furtwängler to conduct two *Ring* cycles with many of his leading singers from the Staatsoper.

Among the lesser luminaries at Covent Garden that summer was Karl Heinrich Koch (1911–1982). A graduate in music and Germanistik at the Universities of München and Berlin, Koch had completed his studies (conducting and *Opernregie*) at the Salzburg Mozarteum, and had also been a private pupil of Blacher's in Berlin. As Karl O. Koch he was to assume a prominent role in the West German radio system after the war, and it had been under that name that he first appeared in public, as a librettist of Blacher's 3-act opera *Fürstin Tarakanowa*. A short biographical note on Koch was published by the Wuppertal theatre on the occasion of the world premiere in February 1941 of *Fürstin Tarakanowa*. After indicating Koch's University and postgraduate studies, the Wuppertal note continues:

»Seine erste Bühnentätigkeit sieht ihn als Regie-Assistent am Royal Opera House Covent Garden in London 1934/35. Es folgt ein Jahr gleicher Tätigkeit an der Staatsoper Dresden. Von 1936 an bis zum Ausbruch des Krieges wirkte Koch wiederum an der Covent Garden Oper als Stellvertretender szenischer Leiter.«

A similar impression is given in the 1972 supplement to *Riemann Musiklexikon*, though the year in Dresden is not mentioned as such, and the Covent Garden reference has the confusing and over-ambitious rider, »ab 1936 Stage Manager, ab 1938 Assistant Stage Director«.

A Royal Opera House largely funded by the tax payer, and furnished with permanent opera and ballet companies, is a creation of the post-war era. In the interwar years, opera and ballet were seasonal affairs. A new phase began in 1933, when Sir Thomas Beecham returned to Covent Garden as Artistic Director. A year later, his summer season was followed for the first time by de Basil's Russian Ballet.

Beecham's links with Germany, and his friendship with Furtwängler, now became crucial factors. In 1936, he engaged Furtwängler's former secretary, Berta Geissmar, as his personal assistant. Although she worked from her own Covent Garden office throughout his 6-8 week seasons, there is no mention of Koch in either the English or the

72 Berta Geissmar, *The Baton and the Jackboot. Recollections of a Musical Life*, London 1944, pp. 269-274.

73 It seems strange that Koch left the Dresden company before its November 1938 London season, and stranger still that he was unable to find any other post in the German theatre before 1941. Apart from the Dresden season *Deutsches Bühnenjahrbuch* lists him only as a freelance.

German versions of her memoirs – where she gives a detailed and affectionate account of her full-time colleagues on the technical staff.[72]

An incomplete file in the Covent Garden Archive shows that between 1934 and 1939 Koch was employed for a maximum of one 8-week period a year, during the spring/summer seasons. In 1934 he was engaged as junior assistant to Frank Ballard, the stage machinist, at a salary of £5 a week for eight weeks. In 1936 he was still – officially – working in the same humble job at the same salary. (Whatever *Riemann* may claim, the post of Stage Manager was not vacant, and would not have been available to a foreigner armed with only a temporary Labour Permit.) In that year, Koch's eight weeks ran from 14 April, which means that he left Dresden before the end of their season.[73]

It was surely during Beecham's 1937 ›Coronation Season‹ at the Royal Opera House that Koch came into his own. The Covent Garden records show that he was there for two months, as usual; but no dates are given. In May, Furtwängler conducted two *Ring* cycles, with many singers from Berlin. He was followed in June by Fritz Reiner, who had been invited to conduct the 1774 version of Gluck's *Orphée*. This had direct implications for Koch in his function as Ballard's assistant, for Beecham had conducted the same work at the Staatsoper earlier that year, and had hired the designer and the choreographer for his London production.

The designer was Emil Preetorius (1883–1973). Koch's involvement as his backstage interpreter would have followed as a matter of course. The choreographer was none other than Lizzie Maudrik, the Staatsoper's ballet mistress, and the friend and future collaborator of Wagner-Régeny and of Blacher. At Covent Garden she was working with de Basil's company, and with David Lichine as co-choreographer. *Orphée* opened on 17 June 1937, in the presence of Queen Mary.

At last the conjectural chain of events finds a possible anchor. If, as Stuckenschmidt suggests, de Basil »interessierte sich lebhaft« in Blacher, the spark was surely lit in London by Maudrik and Koch. Furtwängler returned for the *Ring* cycles in 1938, but lower attendances reflected current anti-German feeling in England. If in June 1938 Blacher arrived too late to expect hospitality from de Basil and too early to request it from his successors, Koch was the ideal stand-by and potential intermediary. In those circumstances, Koch may well have encouraged Blacher to consider a third ballet, planned as an abstract or ›mobile‹ drawn from ›modern life‹, without the encumbrance of a scenario, but balancing the Shakespearean drama and the commedia dell'arte harlequinade: namely *La Vie*.

The Boris Blacher archive holds approximately half of a draft score of *La Vie*, written in pencil on a paper manufactured in Estonia. The numberings use the English abbreviation ›No.‹ for ›number‹. There are no titlings or indications of action. The un-dated holograph fair copy of the complete score came to light, quite by chance, in 1976, when the present writer had occasion to examine the catalogue of the Mary Flagler Cary Collection at the Pierpont Morgan Library in New York. By Blacher's standards, the title-page for this 91-page score is unusually communicative. It begins thus: »La Vie / (Life) / a modern ballet / by Robert Falconer / Music by Boris Blacher«. Below comes the composer's name and address: »Berlin-Steglitz / Buggestr. 21«.

A typescript copy of Falconer's scenario[74] has the identical titling until the last line: the words »Music by« are left without a name. At the top left-hand corner of the scenario's title-page, however, is an inscription in blue ink: »To Boris Blacher / with many thanks / Robert Falconer / September 1938.«

The Blacher entry in the Pierpont Morgan Library's website[75] confirms that the previous ›owner‹ of the holograph was the New York collector Rudolf F. Kallir (1895–1987). Kallir's memoirs, *Autographensammler – lebenslänglich*, was published in 1977 by Atlantis Verlag, Zürich, with an introduction by Gottfried von Einem.

There are no references to Robert Falconer in the ballet or dance literature of the inter-war years, nor were any publications by him registered at the British Library in accordance with UK copyright procedures. In what sense Falconer owed Blacher his thanks and yet was shy of inserting his name as composer is as yet unclear.

According to Walker, Educational Ballets Ltd. returned to the Scala, Berlin, in the winter of 1938, and played »to appreciative and sophisticated audiences«. On that occasion, Natasha Sobinova – the Canadian dancer Rosemary Deveson, whose family background was on the political left –

»was astonished at the apolitical attitudes of the rest of the company. She herself was deeply conscious, as were most thoughtful young people outside Germany, of the sickening aspects of Nazi doctrine and the increasing inevitability of war. The Ballets Russes spared little thought for them.«[76]

*

74 The present location of the scenario is unknown.

75 www.morganlibrary. org/collections/music/html /index.ht, subsection Mary Flagler Cary Collection.

76 Walker, *De Basil's Ballets Russes*, pp. 90, 94-95.

Among the visitors to the IGNM Festival held in London between the 17th and the 24th of June 1938 was Karl Amadeus Hartmann. In the festival that included Webern's cantata *Das Augenlicht*, Bartók's *Sonata for Two Pianos and Percussion*, and excerpts from *Mathis der Maler*, Hartmann's ›Carillon‹ Quartet of 1933 was generally recognised as one of the most impressive works by younger composers. Although its debt to Jewish folksong was not acknowledged at the time, it is unmistakable, and was surely not overlooked. The possibility that Blacher was in the audience is not entirely conjectural, and has important implications – even for Falconer and his scenario.

IV. »Die Hauptsache«: a Blacher Symphony in Berlin

> »Die Hauptsache scheint mir die
> musikalische Ehrlichkeit zu sein.«
> Boris Blacher (February 1939)

The year of composition was 1938; the time and place is not known; and in both respects, Stuckenschmidt's account is unhelpful.

Having neglected to indicate the period of Blacher's teaching appointment in Dresden, Stuckenschmidt unconvincingly describes the circumstances in which Blacher left Dresden, and then takes another stride in the dark: »Inzwischen hatte er eine zweite *Symphonie* geschrieben«. His numbering of the *Symphony* is explained by the existence of an early symphony. One can only guess what »inzwischen« might mean.

The *Symphony* is a substantial and contrapuntally intricate piece. Blacher was a fast writer, but would hardly have completed such a score in less than 10-12 weeks. If another 4-6 weeks are allowed for the processing and production of performance material – depending on resources and urgency – and a further period of 3-4 weeks between delivery and the actual Uraufführung on 5 February 1939, it becomes clear that he must have completed the *Symphony* no later than the first week of September 1938. If we allow for a two-month break in the summer – possibly in connection with the ballet projects – the hypothetical starting date would have to be soon after Johannes Schüler's concert for the Bote & Bock centenary in February (which was followed by his performance of *Concertante Musik* with his own orchestra in Essen).

Exact datings for the composition of the *Symphony* would simplify the task of dating Blacher's other creative and professional activities in 1938. They would also enable us to measure the historical and psychological gaps between the completion of the *Symphony* and its premiere at the Preußische Staatsoper on 5 February 1939. These are factors not only in the reception of the work but in the composer's attitude to it, then and later.

On the 30th of January 1939, ›Greater Germany‹ had once again been celebrating the most solemnly festive anniversary in the calendar of National Socialism – that of Hitler's appointment as Reichskanzler in 1933. The constitutional legitimacy of that appointment was beyond dispute. It had therefore become an essential element in the great myth of the 30th of January – a day of quasi-mystical Awakening, an ›Uprising‹ (›Erhebung‹) of the entire German people, which at one stroke had effected a transition from the inferno of a corrupt and enfeebled democracy to the paradise of one-man one-party rule.

In a confidence-trick of these proportions, legend-building is dependent on the ›grain of truth‹, and it is the molecular structure rather than the size of the granule that determines the legend's longevity. ›Machtübernahme‹ or ›Machtergreifung‹? The Party and its propagandists tended to avoid these colloquially acceptable but not interchangeable taxonomies, and with reason: the second of them drew unwelcome attention to another ›fact‹ that was indisputable – the actual ›seizure‹ was significantly later than Hitler's appointment as Chancellor.

The last of Germany's free elections had been on 5 March 1933. Despite or because of the SA-led terrorism after the Reichstagsbrand on 27 February, the Reichstag election had not given Hitler the absolute majority he wanted. Only when the Centre parties agreed to support the Enabling Act of 24 March 1933 did a ›Machtergreifung‹ in the totalitarian sense acquire the all-weather cloak of Hitlerian ›legality‹, and become a proper cause for Nazi celebration. Precisely because the terms ›Machtübernahme‹ and to a lesser extent ›Machtergreifung‹ had remained in general rather than official circulation during the NS regime, they outlived the Third Reich and were accepted by postwar historians and the wider public. Regardless of subsequent critiques, both terms are still held to be synonymous with 30 January 1933.[77]

77 See Norbert Frei, »Machtergreifung. Anmerkungen zu einem historischen Begriff«, *Vierteljahreshefte für Zeitgeschichte* 31 (1983), pp. 136-145.

On each anniversary Hitler addressed his now toothless Reichstag, and the vast audience beyond – his fellow Austro-Germans, his allies abroad, and the anxious world. He had made the fifth anniversary the occasion for reviewing the succession of triumphs since the nation's ›Day of Awakening‹. On the sixth, there were new triumphs to be added to his list, beginning with the so-called ›liberation of the Ostmark‹ (i.e. the Anschluß) and culminating in the Munich Agreement and the subsequent occupation of the Sudetenland.

Now poised for the invasion of Czechoslovakia, the occupation of Memel, and the final threats to Danzig, Hitler used his January 1939 address to reaffirm his intentions in quite another field. The key sentence in his speech was one that was to be issued to all branches of the NSDAP in September 1941 in the form of a poster. Designed like a page from a Lutheran prayer-book, it began with an illuminated initial and ended with the demi-god's name divided at the centre by the *Hakenkreuz.*

»WENN • ES • DEM • INTERNATIONALEN • FINANZJU-DENTUM • GELINGEN • SOLLTE • DIE • VÖLKER • NOCH • EINMAL • IN • EINEN • WELTKRIEG • ZU • STÜRZEN • DANN • WIRD • DAS • ERGEBNIS • NICHT • DER • SIEG • DES • JUDENTUMS • SEIN • SONDERN • DIE • VERNICHTUNG • DER • JÜDISCHEN • RASSE • IN • EUROPA.«[78]

78 See Plate 45, and caption, in Ian Kershaw, *Hitler. 1936-45 Nemesis*, London 2000. An original copy of the poster is in the Wiener Library, London.

This very sentence is referred to by Victor Klemperer in his Dresden diary of 5 February 1939 – the day on which Schüler conducted the world premiere of Blacher's *Symphony* in Berlin. Klemperer has no need to repeat, or add to, the conclusion already reached in his long and impressive diary entry of 10 January. There he had argued that there was no German or West European ›Jewish question‹ other than the one fabricated by the NSDAP, and that the »Erlösung von denen, die sie erfunden haben« was the only means of resolving it. He ends: »Und die Welt – denn nun ist ja wirklich die Welt davon betroffen – wird dazu gezwungen sein.«[79] On 5 February, however, he immediately turns from Hitler's Reichstag speech to the realities of life in a Dresden suburb and the difficulties, expense and frustrations of trips into a city where more and more familiar places are barred to him.

79 Klemperer, *Ich will Zeugnis ablegen bis zum letzten*, p. 458.

Without prior knowledge it would be impossible to guess from the press notices of the Blacher premiere that they were written on the same day and in the same Germany as Klemperer's diary entry about Hitler's global threats and his own unhappy »Fahrten in die Stadt«.

168

Not even in the official Party press – *Der Angriff* as well as the *Völkischer Beobachter* – did the reviews contain the faintest echo of Hitler's speech six days before. Ideological issues, national or international politics – these seem to belong to a different world than that of a concert in the Staatsoper's Sunday-morning ›Morgenfeier‹ series.

Schüler opened the programme with the Blacher *Symphony*. Next came a vocal *Concerto da Camera* (soloist, Erna Berger) composed some 12 years before by the German-born Yugoslav composer Boris Papandopulo (1906–1991). The concert ended with Strauss's *Also sprach Zarathustra*.

Seven of the nine music critics whose reviews are preserved in Blacher's Notebook were wholly positive about the *Symphony*, and describe its Berlin premiere as a major success for the composer; at the end of the performance, they report, he »was repeatedly called to the platform«.[80] An eighth is respectful and for the most part appreciative, but enters a caveat which deserves consideration later.

80 Erich Roeder, »Berliner Konzertrunde«, *Der Angriff*, 6 February 1939: »Blacher wurde am Schluß mehrmals gerufen.«

It would be facile to attribute the high degree of unanimity to the special conditions of a censored press. As we shall discover, the fact that a notorious and vociferous Nazi was responsible for the one unfavourable review turns out to be irrelevant. With due allowance for received opinion and the power of the herd instinct – phenomena familiar from media studies of all periods – the Berlin press did well by the *Symphony*, and also managed to give an apparently fair impression of Papandopulo's *Concerto da Camera*. Certainly, the energetic and high-level promotion of *Concertante Musik* after its ›sensational‹ success with the Berlin public in December 1937 had had its desired effect. For all but the Party hacks, Blacher was now recognisable and respected in his own right. Not one critic – not even Walter Abendroth, the friend and first biographer of Pfitzner[81] – linked Blacher to any other composer, living or dead, whether to identify the form and style of his *Symphony* as traditional (and therefore ›German‹) or modern (and still ›German‹). This was an unusual experience for Blacher, and in one respect it was unique: never before (to the best of our present knowledge) had the press reviewed a new work of his without central or marginal reference to Stravinsky.

81 Abendroth was critic of the *Berliner Lokal-Anzeiger*.

The omission of that now illustrious name confirms that whatever their labelling systems, card indexes, and party affiliations, the Berlin critics could still use their ears, and did. The voice they heard and acknowledged in the *Symphony* was the one they all recognised from *Concertante Musik*. So what had become of the seemingly inescapable and no longer ideologically suspect notion that it was a Stravinskian voice?

The European premiere of Stravinsky's *Jeu de Cartes* – generically a ballet score, but already with strong symphonic leanings – had been given by the Dresdner Staatskapelle under Karl Böhm early in the 1937-38 season; and soon after, Stravinsky had arrived from Paris to conduct the Berliner Philharmoniker in the commercial recording of the score which Telefunken was to release in Germany and abroad in 1938. With *Jeu de Cartes* fresh in their ears, Blacher's Berlin critics already knew enough to avoid the carelessness of characterising his *Symphony* as Stravinskian in any substantive sense. Similarities of taste and temperament are easily heard, but the distinction between direct influence and common ancestry is seldom clear-cut.

Of greater interest, surely, is the infra-structural link between the 3-movement *Symphony* Blacher completed in Dresden, no later than the autumn of 1938, and the 4-movement *Symphony in C* which Stravinsky began in Paris that same autumn. It derives from a common debt to the most popular of all Russian symphonists: Tchaikovsky. The complexities of that relationship – on Stravinsky's side especially, but also on Blacher's – would reward extensive analysis in some other place. Here, it may be enough to recall how closely Stravinsky was involved with the music of his great predecessor prior to, during, and after the composition of *Le Baiser de la fée*. As conductor and conversationalist he was a well-known advocate of Tchaikovsky's *Second Symphony* – the one in C minor known as the ›Little Russian‹. Yet it was surely in the earlier *G minor Symphony* and specifically in the opening movement (to which Tchaikovsky gave the subtitle »Reveries of a Winter Journey«) that Stravinsky found the sound-image and (in a musical sense) the motto from which, *moderato alla breve*, his own *Symphony in C* sets out after its post-Beethovenian 25-bar introduction.

The 23-bar Lento introduction to Blacher's *Symphony* could hardly be more different. Harmonically it relates to all three movements, tonally to the opening Allegro (in C major-minor) and thematically to the central Adagio. Evolving from the opening major-minor oxymoron – which is the motto – its chromatically changing harmonies are underpinned by the double-bass/timpani pedal point on C, which turns out to be the tonic of the C major-minor Allegro.

Dissonantly enhancing the harmonies – and entering on B, E, and A respectively – three versions of a simple ›Russian theme‹ are announced during the Lento. As memorable for its Tchaikovskian chromatic turn as for the universal descending fourths with which it begins and ends, the theme, as such, will not be heard again until the start of the central Adagio.

The sonata-like Allegro is chiefly driven by the Lento's major-minor conflict. It sets off in quite another direction, far from the Russian steppes: the *risoluto* opening idea is presented as a canon two in one, with the imitating voice entering one beat later at the octave below. The theme is the big surprise that none of the Berlin critics dared mention. Although a reference to comparable austerities in the Haydn symphonies of the 1760s would have been harmless and to the point, it would have been logically insupportable without mention of the theme's much more recent and instantly identifiable allegiances. Neither weakly derivative nor a dry exercise in the grammar of a *lingua franca*, it represents a categorical statement on behalf of a modern tradition whose founder, theorist, and master-practitioner was Paul Hindemith.

The *risoluto* marking of the Allegro's main theme is typically Hindemithian. Yet the resolve to which it refers is specific to the sonata form aspirations of a modally ambivalent movement whose basic principle is canonic. The second subject or *Seitenthema* (as the textbooks of Blacher's youth would have called it) is conventionally in the dominant, but the tonal development carries less weight than the homophonic texture whose *dolce e espressivo* finds something in common between the Lento introduction and a lyricism latent in the so-called first subject. The resumption of the polyphonic argument by solo trumpet and oboe, *leggiero* and in canon (bar 117 etc.), is not the interruption it may seem to be, but a step towards the development or *Durchführung* (159-266). It is entirely in the spirit of the second subject that solo flute and clarinet in octaves begin the development with an inversion of the first subject, no longer *risoluto*, but *leggiero e grazioso*. Canonic in origin but homophonic in effect – despite the imitative tendency of its ostinato accompaniment – the passage is an early indication of how the shifting interplay between musical character and polyphonic texture will determine the course of the Adagio and the final Vivace.

At the start of the Adagio, the 5-bar theme of the Lento evolves rhapsodically into an 18-bar melody. As in the Lento, the presentation is homophonic, and the harmonic premiss is a major-minor conflict. But the characteristic harmony is now released from the constraints of a tonic pedal, and therefore free to modulate from the still insecure home key of D minor – the axis between the C minor of the first movement and the E minor of the last – towards the relative clarity of A minor. From that new tonal centre there begins the first of three canonic developments.

Given the apparently rhapsodic character of the opening statement, this reversion to the severe contrapuntal spirit of the first movement demonstrates the melody's underlying strength. Yet the first-time reader or listener may at this point question the wisdom of subjecting a lyrical slow movement to the same canonic stringencies as the first movement. In fact they are not the same: the seven bars of Canon 1 are balanced by the first seven bars, marked *un poco più mosso*, of a seemingly simple *Lied* or Chant. Its apartness is emphasised both by the *pp dolce* scoring for an unaccompanied wind-trio of two oboes and bassoon, and by the tonal shift from E to F sharp major-minor (continuing the pervasive *Wechseldominant* trend).

A new affirmation of the *Symphony*'s pre-Stravinskian Russianness, the passage harks back to Mussorgsky rather than Tchaikovsky. Apart from the repeated falling thirds (in false relation), the theme is in conjunct motion and equal note-values throughout. Like some primitive ikon, it seems engrossed in its own symmetries: the bassoon part mirrors the oboe's melody at time-interval zero; and the modal vacillations are finally resolved by an ›archaic‹ open fifth cadence on F sharp, coinciding with the start of Canon 2.

Led by solo horn and answered by lower strings (with the interval of imitation halved) the second canon remains within the F sharp orbit until Cantus 2 quickens the tempo again. A semitonal shift to F major-minor, and the unprecedented sonority of the full string section on its own, give the Cantus a new momentum. Its ›archaic‹ cadence is set aside by a swift movement in contrary motion and a *crescendo* into the Adagio's massive climax.

While the woodwind and violas restore the theme to its F-sharp minor centre, the four horns resume the major-minor conflict, and the violins and cellos, *forte* and *espressivo*, declaim the main melody in octaves. A structural and dynamic *crescendo* is achieved when the woodwind, now including piccolo, complete their development of the Cantus, and the strings resume the canonic treatment of the main melody.

172

By strictly technical means that have as little to do with the Stravinsky of *Le Baiser de la fée* as those of the Tchaikovsky originals, the Adagio has fulfilled its overtly Tchaikovskian objectives in its own terms. As so often in the best Tchaikovsky, however, the view from the structural summit is surpassed by the one from the descent. The *pp* return of the Cantus, scored for two trumpets and bass tuba with an imitative ostinato accompaniment on the clarinets, sounds in its new key of A minor like an echo of some early 19th-century Tsarist *Feldmesse*. It cadences into a 26-bar Coda.

The Coda is the musical centre, the still centre, of the entire *Symphony*. Its sustained espressivo is directly related to that of the movement's homophonic opening, but is intensified by the minor mode's contrapuntal disputes with the major – the ›false relation‹ (*Querstand*) left unresolved even by the final Cantus and its valedictory trumpets. While the solo flute begins its lyrically classical inversion of the main melody, the contrapuntal embellishments derived from the Cantus and carried over to the Coda give rise to new kinds of modal conflict.

In the harmonic and contrapuntal structure of a Coda poised between D minor and its V-minor the primary and secondary functions of C sharp (in dominant or localised tonic harmony) and G sharp (as temporary leading note) are repeatedly called in question by the main melody's characteristic preference for the lowered seventh and the minor third. Without overt or surreptitious reference to ›blue‹ harmony – though quite close to it in the chromatic approach to the renewed dominant pedal at bar 99 – the Coda's excursion into a private realm of *musica ficta* has no academic or neo-classical aims: its ›honesty‹ is strictly musical.

Still unanswered and still under discussion is the only question with which the music is concerned: major or minor? The *Innerlichkeit* of a music that distances itself from Romantic subjectivity can only recognise the claims of its own material; the »Ehrlichkeit« of such music may therefore postulate forms of structural introspection that exclude, or seem to exclude, all extraneous and contextual phenomena.

No gesture in the *Symphony* is in that sense more eloquent and less demonstrative than the Adagio's last three bars. In the seven previous bars the dominant function of the pedal point on A has been increasingly overlaid by a contrapuntal superstructure favouring a high incidence of *Querstand*, not only between the two melodic voices whose dying falls begin in close imitation, but also between them and the inner voice, a pitch-variable ostinato derived from the head-motif of the Cantus. The acute cross-related and vertical clashes at bars 102-104 enhance the effect of the sudden unanimity achieved by the two melodic voices in their cadential phrase.

The impression of a modally clarified cadence in A minor is deceptive, and exposed as such in the space of a single quaver: the rhythmic prolongation of the Cantus ostinato allows horns 2 and 4 to initiate the three-bar cadence with an *fp* B flat, and the first horn to follow with the similarly accented major third above, exactly as in bar 1 of the Adagio, and similarly carried over to the next bar. The second oboe then contradicts the suspended D natural with a C sharp approximating to D flat, and the first oboe, above the stave, begins its conclusive falling fourth, A-E.[82]

These are the very pitches with which the solo oboe had begun the last of the three terraced thematic statements in the Lento introduction to the Allegro. In this instance, however, the A is an upbeat, and the E is the upper voice in the final chord: a polyvalent ninth chord on the movement's nominal tonic, D, to which the fifth and the lowered seventh are added by the descending semitonal resolutions of the second horn's B flat and the second oboe's C sharp. Meanwhile the long-disputed but now absent modal third is only imaginable as F natural.

Harmonic closure determined by scrupulous voice-leading, it nevertheless reflects much wider considerations. In isolation, the three cadential bars might suggest late Ravel, but in the longer perspective their only terms of reference are those of the *Symphony* itself. The pivotal function of a chord that takes account of the Adagio's leanings towards A minor while reaffirming its nominal home key of D minor is part of the process of mediating between the first movement and the last. The Adagio's last three bars confirm that the movement is at once the conclusion of the opening Lento-Allegro, and the Prelude for the concluding Fugue.

The »Fuge« – so titled, and marked Vivace – begins in E minor, a second step from the C centre of the opening Allegro. Its *leggierissimo* subject freely synthesises in reverse order the scalar and arpeggiated elements from the Allegro's second subject-group, where they are marked respectively *leggiero* and *dolce*.[83] The relationship is informal and even playful, and would barely deserve mention were this as

82 It is typical of Blacher's architectural orchestration that the oboes have not been heard without doublings since Cantus l, and with one exception have not been heard at all since the climax of the movement: the exception (bar 93) is a solitary A flat (doubled by flute and violas) which, significantly, is in enharmonic terms the same ›false relation‹, a fourth below, as the second oboe's entry in the penultimate bar of the Adagio.

83 See first movement, bars 117-120, for trumpet and oboe in scalar imitation at the unison, interrupting the arpeggiated *dolce* figures to which they relate – and the different association between the two in the terminal development at 338-350.

simple a fugue as the rather makeshift counter-subject seems at first to indicate.

It is in fact a double and a mirror fugue, divided at the centre, with each half culminating in a massive stretto. The first stretto establishes the counter-subject on an equal footing with the fugue subject, and pits them against a highly characteristic hemiola-motif derived from the counter-subject. Divided between trumpets and trombones in *fortissimo* imitation, the hemiola-motif is modally as well as metrically innovative: the connotations of its raised or Lydian fourth, like those of its rhythm, are East European or Hungarian.

The disciplined clamour of the first stretto makes an ideal foil for the chamber music textures of the second and now inverted fugal exposition. The original exposition's *scherzando* character is preserved, but modified by new commentaries from the strings and muted horns. Just when the course of the second fugue threatens to become almost predictable, it is drastically altered by the entry of the four horns proclaiming, in unison and free augmentation, a version of the first movement's *risoluto* main theme.

Firmly in the Hindemith-Reger-Bach tradition, the second fugue-subject dominates the texture until the final stretto. Here, the first fugue-subject, presented in close imitation (rectus and inversus), has to contend with the *ff feroce* fanfares of the entire brass section, resonantly projecting the hemiola-motif and its Lydian message in four-part canonic imitation at the unison and octave.

Splendidly reinforcing the festive effect of the first fugue's concluding stretto, its successor is clearly the culmination of the building-process but not its completion. Closure is the function of the *maestoso* Coda, where the ›Lydian‹ fanfares are immediately replaced by four-part stretti (*fff*) on the diatonic fugue subject (original and inverted). Simultaneously and in the same *fortissimo* dynamic, the counter-subject is replaced by the second fugue-subject in octaves on strings and woodwind. The modal indecision which the chorale has inherited from the first movement's *risoluto* main theme is finally resolved in favour of E major.

The tonic harmony is in itself unequivocal. Yet the Coda's effect of rhetorical closure has already been anticipated by the *maestoso* apodictics of the concluding stretto, and neither fugue nor canon have anything further to contribute to the cause of symphonic unity. At the very end of one of the most intelligent and accomplished three-movement structures of its era – an achievement not unworthy of comparison with the best of Roussel – the need for a *harmonically* clinching event is paramount. Instead, 10 bars of conscientious *Stimmführung* produce an E major that sounds, in this context, too logical to be artistically truthful.

During an informal discussion between Gottfried von Einem and the present writer concerning various publishing matters including one that arose from the Blacher Nachlaß,[84] Einem mentioned Blacher's *Symphony*, described it as ›magnificent‹, and recalled his perplexity and distress when Blacher spoke slightingly of it in later years (how much later Einem did not say). According to Friedrich Saathen, Einem had first heard the *Symphony* at one of Schüler's rehearsals towards the end of January 1939, and had then attended the *Hauptprobe* at the Staatsoper, armed with a score. Hoping for an autograph, he introduced himself to the composer. Some two years later, his renewed study of the score convinced him that Blacher was the composition teacher he needed. Schüler gave him a letter of introduction, the lessons began on 22 April 1941, and the bonds of a lifelong friendship were swiftly forged.[85]

Einem never wavered in his admiration for the *Symphony*, nor (it seems) did Blacher relent. In so far as his rationale seems to have been extra-musical, tactical, and music-political, it will be discussed at a later point in the present study. Meanwhile, the ethical dimension implicit in the composition of such a work at such a time has strictly musical ramifications.

It is to these that Stuckenschmidt carelessly draws our attention in his biographical essay of 1963 and its 1985 revision.[86] Influenced no doubt by the composer's attitude to a work whose Berlin premiere he himself had surely missed,[87] he avoids any reference to its reception in 1939 and any further observation that might commend the piece to postwar conductors, institutions, or audiences. Rather than commit himself in any respect whatsoever, he follows his bald announcement of the premiere with these words:

»Blacher äußerte sich über das Stück mit ein paar grundsätzlichen Bemerkungen: ›Bei aller tänzerisch bedingten Musik scheint mir der Rhythmus das Entscheidende. Bei der Symphonie ist das Verhältnis der drei Elemente, Melodie, Harmonie und Rhythmus, naturgemäß ein anderes; es verschiebt sich zugunsten der Melodie. Die Hauptsache scheint mir die musikalische Ehrlichkeit zu sein.‹«

84 The meeting was in Wien, ca. 1980.

85 Saathen, *Einem Chronik*, pp. 91-92,100.

86 Stuckenschmidt, *Boris Blacher*, 1963, p. 14 / 1985, p. 24.

87 At the time of the premiere Stuckenschmidt was living and working in Prague, where he was to remain after the German occupation, until conscripted for military service.

176

The only sense discernable in these »grundsätzlichen Bemerkungen« –
for which, as usual, no source is given – is one that seems to rest on the
endlessly shifting sands of moral and ethical relativism. Its postulate is
a species of »Ehrlichkeit« that is the »Hauptsache« in a Symphony but
not, apparently, in »tänzerisch bedingter Musik«.

How can Blacher have lent his name to a notion that seems to contradict everything he and his household gods stood for? The effect of the
quotation Stuckenschmidt attributes to him extends beyond the apparently questionable »Ehrlichkeit« of the ballets of Tchaikovsky and
Stravinsky: it reaches the Beethoven of *Die Geschöpfe des Prometheus*
as surely as the Mozart of *Les Petits Riens*.

In National Socialist musicology as in the race-theory it derived from,
the superiority of a given form, genre, type or methodology is aggressively asserted in the face of the alleged inferiority or ›degeneracy‹ of
other forms etc. The only unfavourable review of Blacher's *Symphony*
in his private collection is the one that comes closest to the approved
stereotypes.[88] The author, Friedrich Welter, asserts that Blacher's talent
is best suited for ballet music, and that his shortcomings as a sym-
phonist might have been less apparent had he named his new work a
Triptych or even a Sinfonietta. Welter is careful to make his point without recourse to the jargon that would have identified his review as a
specifically National Socialist attack on a prominent and indeed privileged ›independent‹.

Welter had demonstrated his loyalty to the KfdK and the official Party
line as early as July 1933, when he published in *Die Musik* a rabble-
rousing article entitled »Um die deutsche Musik – Ein Bekenntnis«.[89]
His last major publication before his conscription for war service was a
volume entitled *Musikgeschichte im Umriß*, published in Leipzig in
1939. It is clear from the damning excerpts included in Joseph Wulf's
documentation *Musik im Dritten Reich* (1963/66) that the appearance
of such a book in the aftermath of the so-called ›Reichskristallnacht‹ of
1938 was opportune, to say the least.[90] Yet Welter's relatively innocuous notice of the Blacher *Symphony* is equally representative of its
time. Welter had interests of his own. For one thing he was a composer, not unnoticed in Berlin; for another, he was a composition teacher.
Among his pupils at the time of the premiere of the *Symphony* was the
young Gottfried von Einem.[91]

88 Friedrich Welter,
»Morgenfeier mit neuer
Musik«, *Berliner Illustrierte
Nachtausgabe*, 6 February
1939.

89 *Die Musik* 25
(1932/33), pp. 727-730.

90 See Joseph Wulf, *Musik
im Dritten Reich. Eine
Dokumentation*, Hamburg
1966, pp. 46, 119, 321, 440;
also pp. 223-224 for
excerpts from Welter's July
1933 article.

91 See Saathen, *Einem
Chronik*, p. 93.

Welter was alone in doubting the formal coherence of the work and suggesting that »Symphonie« was a misnomer. The only adverse comment made by any of the eight other reviewers whose notices are preserved in Blacher's Notebook relates to the *Symphony*'s emotional content rather than its form:

92 Hans Martin Cremer, »Die Lebenden hatten das Wort«, *12 Uhr Blatt*, 6 February 1939.

»Man möchte Blacher noch etwas mehr Seele, Herz, starkes Gefühl wünschen. Vieles klingt noch zu wenig aus dem Inneren heraus geschaffen.«[92]

This is the voice of the age, not of any one culture. In the music-columns of London's and New York's leading newspapers throughout the 1930s and 1940s such sentiments were commonplace. In America and Britain the Ivesian or Stravinskian modernists had their various answers to conservatism's perpetual lament that music had become a ›cerebral‹ affair. In the Germany of 1939 a similar answer on behalf of Blacher and his *Symphony* seems to be veering in the direction of Baldur von Schirach:

93 Otto Steinhagen, »Junge Schaffende haben das Wort«, *Berliner Börsenzeitung*, 6 February 1939.

»Seine spartanisch knappe und herbe Melodik verzichtet auf leicht bestehende Wendungen, steht aber durchaus auf einem ausgesprochen männlich-starken Gefühlsgrunde.«[93]

On an altogether higher level is the review by Gertrud Runge:

94 Gertrud Runge, »Symphonik von Gestern und Heute«, *Deutsche Allgemeine Zeitung*, 6 February 1939.

»[...] Blacher schreibt keine Symphonie im klassisch-romantischen Sinne. Es geht ihm nicht um Affekt-Gestaltung oder kämpferische Auseinandersetzung gegensätzlicher Themen. Die drei Sätze seines Werkes [...] wahren vielmehr die Einheit der Substanz und des Charakters. Das ist schon bedingt durch die imitierende Schreibweise (Umkehrung, Engführung, Verbreiterung usw.). Mit ihrer Hilfe vermag Blacher aus einem verhältnismäßig unscheinbaren Gedanken-Material die große Form straff und logisch zu entwickeln. Daß er dabei niemals trocken oder gelehrt wirkt, verdankt er in erster Linie seiner elementaren rhythmischen Begabung [...].«[94]

95 The only Gertrud Runge yet traced was a coloratura soprano born in 1880. She survived the Second World War, and died in 1948. There is as yet no evidence that she was the Runge who reviewed the Blacher Symphony in 1939. However, her husband was a Kapitänsleutnant von Einem, the son of a former Prussian war minister. If the singer was also the reviewer of 1939, a search for family or other links with Gottfried von Einem might prove rewarding.

Runge's review deserves a special place among the 14 that have so far come to light.[95] Her independence of thought and language, though admirable, is not unique, for the arts pages and especially the music pages of the more reputable German newspapers in the middle and late 1930s still maintained a degree of intellectual freedom. What distinguishes the Runge notice is the integrity of its position with regard to Richard Strauss:

»Die Stilwandlung, die sich in den letzten Jahrzehnten im musikalischen Schaffen vollzogen hat, konnte kaum deutlicher unterstrichen werden als durch die Gegenüberstellung der besprochenen Werke [Blacher, Papandopulo] mit Richard Strauss' Tondichtung *Also sprach Zarathustra*. Diese subjektive Spiegelung von Nietzsches Philosophie, zugleich kennzeichnend für die geistige Lage des Jahrhundert-Endes, ist uns schon eigentümlich ferngerückt.«

It is from that measurable distance that Runge's concluding tribute to Strauss seems fair-minded, ungrudging, and convincingly non-partisan. In the critical circumstances, hers is more than a tour de force: it is an emblem of the truth that need not wither in a landscape of untruth.

»Richard Strauss und wir« is the title of an article published in *Die Musik* four months after the premiere of Blacher's *Symphony*.[96] Its author was Alfred Burgartz, one of the court-favourites of Herbert Gerigk, Rosenberg's chief musical consultant. Under Gerigk's editorship since 1936, *Die Musik* was currently advertising itself by word and deed as the organ of the Rosenberg office.[97] At the head of »Richard Strauss und wir« stands an editorial announcement to the effect that the author is currently at work on a »comprehensive biography« of the Master. Fortunately for Strauss's postwar reputation it never materialized. Burgartz's article is evidence enough. The closing fanfare is in the usual key:

> »Der deutsche Musiker soll nicht gottverloren im Hintergrunde wirken, sondern deutsche Kunst siegreich in die Welt hinaustragen! In diesem Sinne hat Richard Strauss Herrliches und Unvergeßliches für sein Vaterland getan.«

The contrast with Runge is such that it is disappointing to find that Blacher's collection of reviews contains none by Burgartz of his *Symphony*. Probably he was no longer writing for the *Berliner Illustrierte Zeitung*. He did however retain his Berlin column in *Die Musik*, and it is there that he allowed himself a few inconspicuous lines about the Blacher *Symphony*.[98] The operative sentences are these:

> »Eine überzeugende Logik der musikalischen Gedankenarbeit gehört zu den Hauptmerkmalen der Blacherschen Musik. [...] Was ihr an Klang und Farbe fehlt, ersetzt sie durch eine musikantische Triebkraft, die auch da das Werk beherrscht, wo eine kühle, oft allzu kühle Verstandesarbeit zum bestimmenden Eindruck wird.«

In effect if not in intention, Burgartz is replying to Runge, and getting his own back. While students of the contemporary press in Stalin's Russia will tend to argue that in totalitarian contexts every published snub is an official snub, the evidence suggests that personal and sectarian interests were responsible for the tone and the almost insulting brevity of Burgartz's response to Blacher's *Symphony*. In that respect at least, he and Welter may have been comrades-in-arms.

By 1938, the Rosenberg office had lost much ground to Goebbels and his Kulturkammer. Under Gerigk's editorship, *Die Musik* was now intensifying its propagation of the race-theories which seemed to be Rosenberg's strongest remaining weapon. Pseudo-science was exercised in the interests of displaying the impeccable genealogies of such

96 *Die Musik* 31 (1938/39), pp. 577-582.

97 The official designation of *Die Musik* incorporates Rosenberg's own official title: »Organ der Hauptstelle Musik beim Beauftragten des Führers für die gesamte geistige und weltanschauliche Erziehung and Schulung der NSDAP«.

98 *Die Musik* 31 (1938/39), p. 416.

99 See for instance Kurt Benkel, »Der Jude in der Volksmusik«, *Die Musik* 31 (1938/39), pp. 365-368.

figures as Reger and Strauss, and light relief was provided in the form of musicology's equivalent to gutter-press journalism.[99]

Meanwhile, Stege had seized the advantage by moving the *ZfM* closer to the opposing camp, and developing his case for National Socialist ›modernity‹. Hans Büttner's long and enthusiastic review of the 1938 Reichsmusiktage had already been a portent of that.[100] Supporting the right of young composers – such as Blacher in his *Geigenmusik* – to break with the Romantic past, Büttner had heartily endorsed the opening words of the Propaganda Minister, and relegated to a few dismissive lines the concurrent ›Entartete Musik‹ exhibition (treating it as the sideshow it actually was, and complaining that its organisers had ignored the *ZfM*'s pioneering work).

100 Horst Büttner, »Reichsmusiktage in Düsseldorf«, *ZfM* 105 (1938), pp. 736-743.

Stege continues the same ideological warfare by different means in an extended review of the two recent premieres at the Staatsoper: Wagner-Régeny's and Caspar Neher's *Die Bürger von Calais* under the young Herbert von Karajan on 28 January 1939, and the Blacher *Symphony* under Schüler eight days later.[101] His indictment of the opera has a measured and judicious tone, but is none the less relentless. First, Wagner-Régeny is taken to task for his observations about ›Heldentum‹ in an introductory article in the *Völkischer Beobachter*. According to Stege, the opera is concerned less with the ›active heroism‹ prized by National Socialism than with its ›passive‹ form (by Stege's lights, though he does not say so, a relic of Judeo-Christian culture). The ideological weakness, continues Stege, is compounded by aesthetic and technical miscalculations: Wagner-Régeny overestimates the virtue of ›Volkstümlichkeit‹, and is insensitive to the monotonous and undramatic effect of a succession of simple ternary and rondo forms. With a short music example to prove his point, Stege finds that even the musical materials are primitive, uninteresting, and poorly composed.

101 Fritz Stege, »Berliner Musik«, *ZfM* 106 (1939), pp. 266-274.

Pausing to refresh himself with some recently discovered Hugo Wolf, Stege turns to Blacher and concedes that »der Griesgrämige« may be offended by his »etwas bissiger, übermütiger Humor«. So much the better for Blacher, declares Stege, formerly himself one of the »grumpy persons«. With a weather eye on *Die Musik*, he cites the »beherzigenswerte Mahnung« recently publicised by the HJ – »Laßt doch der Jugend ihren Lauf!« – and proceeds under the banner of »stilistische Bewegungsfreiheit«, to give a wholly positive and musicianly account of the *Symphony*, with well-chosen music examples (from Blacher's manuscript). He ends by declaring that the work deserves to be heard in every German concert hall, where it is likely to be as warmly received as it was in the Staatsoper.

Throughout, Stege has been as careful as his colleagues to avoid implicating Blacher and his *Symphony* in the consequences of National Socialist *Affektenlehre*. His reasons for doing so differ from theirs in so far as they derive from the thesis he had presented in a 1936 article for *Völkische Musikerziehung*:[102]

102 Quoted in Wulf, *Musik im Dritten Reich*, p. 247.

»Es gibt keine nationalsozialistische Musik an sich, wohl aber eine Kunst, die den Nationalsozialismus als Erlebnisquelle betrachtet und ihm ihre seelischen Anregungen verdankt. Eine Sinfonie, die als absolute Musik keinerlei sichtbare Zusammenhänge mit dem Nationalsozialismus aufweist, kann unter Umständen nationalsozialistischer sein als ein mit äußerlichen Mitteln gestaltetes ›nationalsozialistisches‹ Kunstwerk – sofern das nationalsozialistische Gefühlserlebnis ausschlaggebend ist für die persönliche Gestaltung der Sinfonie.«

Two days before the premiere of Blacher's *Symphony*, one of Berlin's leading evening papers published an interview with the composer. Erna Stoll's fine photograph of a pensive Blacher – looking downwards and away from the camera – occupies most of the second column, and is captioned by an announcement of the Sunday-morning premiere. Beneath a banner headline, »»Musik muß ehrlich sein…‹« the interview comprises 53 lines of text, and the signature »Jenkner«.

The third and longest paragraph begins by rehearsing the question the interviewer has put to the composer regarding the »Grund seiner Haltung oder seines Prinzips«. Blacher's reply is quoted verbatim in two pithy sentences: affirming the primacy of rhythm »bei aller tänzerisch bedingten Musik«, he maintains that in a symphony »das Verhältnis der drei Elemente Melodie, Harmonie und Rhythmus […] verschiebt sich zugunsten der Melodie«. Although the same two sentences reappear 24 years later in Stuckenschmidt's biographical essay, the third is still missing, for Jenkner continues with a competent summary of Blacher's crucial comments on the *form* of the Symphony, with due regard to »ein melodisch beherrschtes Adagio«, but concentrating on the thematic and contrapuntal structures.

The next and final paragraph is purely biographical. It begins with Blacher's credo: »Die Hauptsache scheint mir die musikalische Ehrlichkeit zu sein.« Identical in its wording, but not in its function, with the third sentence quoted by Stuckenschmidt, it no longer relates exclusively to the *Symphony*, but is the pretext for a brief survey of

Blacher's career, which has been held in reserve since the opening references to the reception of *Fest im Süden* and *Concertante Musik*. A single sentence suffices for his early years in China and Siberia – »mit dem Vater von den Bolschewisten nach Sibirien verbannt [sic]« – and his studies in Berlin with Friedrich E. Koch. Another sentence brings the story up to date and ends the interview: »Mit der Energie, die den schmalen, ernsten und stillen Menschen kennzeichnet, ist Boris Blacher seinen Weg gegangen, bis er sich vor einigen Jahren allmählich dem Urteil der Öffentlichkeit zu stellen begann.«

Apart from the passing reference to the Bolsheviks, the Jenkner interview is ideologically and stylistically innocuous. In that respect it is another and striking instance of the latitude enjoyed by reviewers of Blacher's music in recognition of the even greater latitude he had by now earned for himself. The paper for which Jenkner was writing was *Der Angriff am Abend*.

In 1927, Goebbels founded *Der Angriff* as a personal organ in more or less friendly competition with the official party newspaper, Rosenberg's *Völkischer Beobachter*. In 1933 it acquired a weekly offshoot, and a year later it became the daily newspaper of Robert Ley's monolithic labour union, the Deutsche Arbeitsfront (DAF). *Der Angriff am Abend* was one of its several tributaries. As we have seen, Blacher's connexion with the DAF and its entertainments wing, the KdF, seems to have been established in 1934, at the time of *Alla Marcia IV*.

No programme-book for the first performance of the *Symphony* has yet been traced. Predictably, there is none in the Stuckenschmidt Nachlaß. Nor was there one in the Blacher Nachlaß. It is from there, however, that the Boris Blacher archive acquired its copy of the *Angriff* interview.[103] Further enquiry into possible sources for Stuckenschmidt's alarming quotation would seem to be a low priority.

103 SAdK, Boris-Blacher-Archiv 1.69.262.

In its proper context, Blacher's emphasis on »die musikalische Ehrlichkeit« is unequivocal and unexceptional. The composer of the *Symphony* and the composer of *La Vie* are indeed one and the same; the polyphonic ear that insists on the clarity and comprehensibility of every contrapuntal detail in the *Symphony* is the same ear that controls the block harmony, the ostinati, and the homophony of *Orchester-Capriccio* and *Alla marcia IV*; the popular appeal of *Concertante Musik* is achieved with the same intelligence that denies any such appeal to

182

the didactic polyphony of the 1931 *Konzert-Ouvertüre*.[104] The *Symphony* was indeed a culmination.

Stege's account of the *Symphony* was published two months before Burgartz's insultingly cursory notice in *Die Musik*. Evidence that Blacher was not the principal target was soon forthcoming. In the June issue of *Die Musik*, Herbert Gerigk hailed the newly released recording of *Concertante Musik* and found it even more revealing of the work's strengths than a live performance. His conclusion was unambiguous: »Die vollendete satztechnische Meisterschaft ermöglicht Blacher den Einbau kontrapunktischer Feinheiten, die den Kenner begeistern und den Liebhaber im naiven Genießen nicht beeinträchtigen«.[105]

V. Departure from Dresden

Stuckenschmidt's brief account of Blacher's academic career in Dresden is both flattering and implausible:

»Die pädagogische Wirksamkeit war nicht von sehr langer Dauer, weil Blacher mit seinen Schülern nicht nur die politisch vorgeschriebene Art von Musik behandelte, sondern auch Werke von Paul Hindemith und Darius Milhaud.«[106]

At any German Konservatorium in 1938/39, the »politically prescribed« music would have been ›German‹ or ›Nordic‹, and the counterpoint studies would probably have been designed to demonstrate the fundamental Germanness of ›Mehrstimmigkeit‹, from Schütz to Reger. The logical progression to Hindemith was obvious, and hardly treasonable even in those times. Though Hindemith himself had in effect abandoned Hitler's Germany – his wife had finally closed their Berlin apartment in August '38 – Schott-Verlag was still publishing and quietly promoting his music; and the second volume of *Unterweisung im Tonsatz* was published while Blacher was still in Dresden. Unlike Milhaud – a forgotten name in Germany since the *Christophe Colomb* scandal in 1930 – Hindemith was still a palpable presence. In a review of the 1939 contemporary music festival in Baden-Baden, the Nazi critic Friedrich W. Herzog made a telling comparison in the course of criticising an orchestral work by the Party-approved Hans Brehme: »Was stilistisch gesehen bei Paul Hindemith als ursprüngliches Zeugnis seines Musiziertemperaments anzusehen ist, trägt hier allzu deutlich die Vorzeichen zweiter Hand.«[107]

104 The autograph of the *Konzert-Ouvertüre* (SAdK, Boris-Blacher-Archiv 1.75.4) has the dedication: »Erich Hannemann / zu Weihnachten 1933 anstatt einer / Weihnachtsgans vom Erzeuger dieses / Monstrums / Berlin 1933«.

105 *Die Musik* 31 (1938/39), p. 620. In England in the 1950s it was rumoured that the recording had been made without Party approval, and that the actual conductor was not Schüler but Schuricht.

106 Stuckenschmidt, *Boris Blacher*, 1963, p. 14 / 1985, p. 24.

107 *Die Musik* 31 (1938/39), p. 522.

It is entirely credible that Blacher discussed Hindemith and Milhaud with his Dresden students, but almost inconceivable that his academic career was cut short for that reason. He was, after all, the appointee of Dresden's Generalmusikdirektor.

In the memoirs Böhm published in 1968 under the provocative title *Ich erinnere mich ganz genau*, Wagner-Régeny and his *Der Günstling* are admiringly and appealingly recalled, but Blacher is not remembered at all. Theirs had been a musical relationship that had flowered for a year and withered in the natural course of events. After the Anschluß, Böhm had his eye on Wien and the Staatsoper. In 1939 he was increasingly active in Berlin, and there is evidence – for instance in a seasonal survey by Hans Schnoor in the *ZfM* – that his position vis-à-vis the Party in Dresden was no longer secure.

Was it perhaps for Böhm and Dresden that Blacher and Koch had originally conceived *Fürstin Tarakanowa*? If so, Böhm's pointed neglect of the Blacher *Symphony* and the opera's premiere in Wuppertal are part of the same history. But where were Furtwängler, Schuricht, Jochum, Rosbaud, Clemens Krauss, and the young Karajan when Stege was sounding his clarion call on behalf of the *Symphony*? Six relevant names, and for each a different answer. Within nine months, the *Symphony*, like Schuricht's Danzig passport and Blacher's Nansen one, had become another casualty of war.

VI. London, Summer of '39

The last of the pre-war summer seasons of opera and ballet at Covent Garden was to have been preceded by a visit from Prague's German Opera. Beecham had planned it as part of his 5-week London Music Festival that spring; but Hitler's invasion of Czechoslovakia on 15 March had put paid to the idea.

Mainly because of the uncertain world situation – and its effect, no doubt, on funding sources and cashflow estimates – but also because inspired improvisation had always played a part in Beecham's enterprises, some arrangements for his own opera season at Covent Garden remained undecided until a relatively late date. Roles could therefore be found for several singers from Prague's German Opera who had escaped to England. Other singers came from America, yet others – and many of them – from the ›Greater Germany‹ to which they would be returning for the 1939/40 season. Beecham had kept faith with the spirit of international cooperation he had passionately and provocatively advocated in a fund-raising article published in January by the *Daily Telegraph* under the title »Shall not Covent Garden stand where it did?«[108] On 2 May he opened his Covent Garden season with Smetana's *The Bartered Bride* (*Die verkaufte Braut*).

By now, the anti-German feeling in England was strong. Fortunately, Beecham had already in 1938 abandoned hope of renewing his long-standing partnership with Furtwängler. Instead he shared the conducting with another great contemporary, the 76-year-old Felix Weingartner. The *Ring* and *Tristan* he reserved for himself.

Among the lesser lights returning to Covent Garden that summer was Blacher's former pupil Karl Koch. According to the incomplete records in the Archive of the Royal Opera House, Koch's sixth and last summer-engagement as Stage Assistant to Frank Ballard began on 2 June – a Friday – and was subject to the same 8-week work-permit as before. Whatever his understanding with the Immigration authorities and Equity (the relevant Trade Union), it is clear that in 1939 his actual duties must have had much less to do with opera than with ballet. The Beecham season had already been running for a month. It ended on 15 June with *Tristan* – and a curtain speech from Sir Thomas. Koch had arrived in time for the start of Beecham's *Ring* cycle on the 6th – two days before the Russian Ballet began rehearsals for its summer season.

In the year since Colonel de Basil's resignation, the company had been under the management of Gerry (German) Sevastianov and had acquired a new name: ›The Covent Garden Russian Ballet‹. Its 1939 season opened on Monday 19 June,[109] and closed on Saturday 29 July – a day after Koch would have been due for his final pay-packet. The dates suggest that Koch timed his 1939 visit to coincide or overlap with Blacher's (though that may have started and ended later).

So long as Blacher's visit to London the previous summer remains conjectural there is no means of assessing its status in relation to that of the authenticated visit a year later. Since the surviving documentation shows that in 1939 Blacher made his arrangements in liaison with Bote & Bock, the relevant Party offices would automatically have been apprised of them. The regulations regarding foreign trips by RMK members had always been strict. For professional engagements or employ-

108 *Daily Telegraph*, 28 January 1939; the greater part of the article is quoted in Geissmar, *The Baton and the Jackboot*, pp. 354-357.

109 In Paris on 19 June 1939 – at the height of French hostility to all things German – Leo Borchard conducted *Concertante Musik* in a programme of Haydn, Tchaikovsky, and Kurt Atterberg (Sträßner, *Der Dirigent Leo Borchard*, p. 268). Did Blacher travel to London via Paris?

110 See Andrew McCredie, *Karl Amadeus Hartmann. Sein Leben und Werk*, Wilhelmshaven 1980, p. 40, and Kater, *Composers of the Nazi Era*, pp. 92-94, for accounts of Karl Amadeus Hartmann's unofficial visit to the 1935 IGNM Festival in Prague, and of the subsequent enquiries conducted by Heinz Ihlert of the RMK. According to Kater, Hartmann travelled »as a private citizen on the strength of his personal passport« to the 1938 IGNM Festival in London.

111 See Walker, *De Basil's Ballets Russes*, p. 95. The memoir was originally in the possession of Sevastianov's widow, the former ›baby ballerina‹ Irena Baranowa (with whom he had eloped in 1936, when she was 17). Its present location is unknown. Walker refers to it frequently, but never quotes from it. She gives no page references or contextual information.

ments in foreign territories, prior approval was compulsory.[110] In Blacher's case, the connexion with the Russian Ballet, however tenuous, was of particular interest to the Berlin authorities, and at the highest level.

There is evidence for that – some of it rather flimsy – in Kathrine Sorley Walker's summary of a passage from Sevastianov's unpublished memoir.[111] The immediate pretext for the summary is twofold: a paragraph concerning the Russian Ballet's Berlin visit in the autumn of 1938 and Sobinova's astonishment »at the apolitical attitudes of the rest of the company«, followed by a shorter paragraph over-generously attributing the political apathy »to the fact that the Russian artists had no personal political stake in any country«. Walker continues:

»Neither Sevastianov, at the time very much in charge of arrangements, nor Fokine seems to have had any unwillingness to book a season in Berlin for September 1939, although in his unpublished memoir Sevastianov records an odd little story, which suggests that he did try to withdraw earlier in the year. He writes that he cabled the German authorities to the effect that he regretted, but he did not have enough Aryans in the company to fulfil the contract. He had a reply from Goebbels to the effect that it was for Goebbels to decide who was Aryan and from his point of view all members of the Covent Garden Russian Ballet were pure Aryans. / Denisova recalls that Fokine began to rehearse a ballet for the Berlin season. This was set to Wagner's Venusberg music from *Tannhäuser*, to be called *Bacchanale*. [...] Although the company had visas in their passports for Germany and Vova Grigoriev had sent the music ahead to Berlin, every emphasis was altered on 3 September 1939 when World War II began. [...] Vova Grigoriev began negotiations to get the music out of Germany and managed to do so via Italy, still at that time neutral.«

It seems reasonable to assume that the music thus recovered from Germany did not include the unique fair-copy manuscript of *La Vie*, let alone any performance material extracted from it. Had the project advanced as far as that, its existence would have been known to Bote & Bock and the Berlin authorities, and documented accordingly.

However demanding Blacher's teaching commitments in Dresden, the finished score of *La Vie* should have reached the London headquarters of the Russian Ballet in time for a place to have been found for the piece in the 1939 summer season, if the management was so inclined. If it was not, or if the intention changed, a suitably nebulous plan for its future would have been in the approved de Basil tradition. Perhaps a try-out in Australia in the summer of 1940? Perhaps even New York in November 1940 (when the Met was to be closed for refurbishment and the Russian Ballet would have to make do with the 51st Street Theatre)? As de Basil's former chauffeur who had then become his devoted pupil and finally replaced him, Sevastianov was a master in the art of adroit procrastination. Shelving a project of which the Berlin authorities were ignorant would have been a simple matter so long as Berlin's attention was fixed on the two other projects – the *Harlekinade* and the *Hamlet*.

Had the shipment of performance-material to Berlin in August imposed firm deadlines for the completion of a full score and the production of parts, a harlequinade would in theory have been deliverable even if Blacher's starting point had been 2 July rather than (say) the previous summer. But that would have entailed Fokine's and Lichine's consent to the engagement of a guest-choreographer.

As for *Hamlet*, the only short-cut to a ballet was Tchaikovsky's. For the title role, the company already had the ideal dancer-mime in Dimitri Rostov, the greatly admired Dodon in Fokine's *Le Coq d'Or* (1937).[112] Without the participation of Fokine or Lichine, the project was unrealistic even in the long term. A contract or in-principle agreement expressly involving Blacher with Fokine or David Lichine is unlikely to have remained a secret for long – least of all in Germany during the summer of 1939.

112 Rostov joined the de Basil company in 1936. Born in Kharkov, he served on the German front in 1918 as a junior officer in the White Army (Walker, *De Basil's Ballets Russes*, p. 92).

The threatened or the actual invasion of Czechoslovakia could well have been the origin of Sevastianov's first attempt to disentangle his company from the commitment to Berlin in September 1939. By the time Blacher reached London, preparations for war were visible on every side. Except in cultural, social and business circles where ›apolitical‹ attitudes were often an outward sign of pro-Nazi sympathies, a Berlin season for the Covent Garden Russian Ballet should have been barely discussable by June 1939 and quite unthinkable by the end of July. In Germany itself, however, the hopes of another visit by the adored Russian Ballet would have been sustained by the almost universal belief in the continuing passivity and impotence of the Western powers. Although the audited accounts of the Covent Garden Russian Ballet for the financial year 1938/39 and the details of its funding-sources for the remaining months of 1939 would doubtless confirm the company's apolitical status, its apparently unrecorded involvement with one of the leading German composers of his generation is the other side of the question raised by the puzzling disappearance of *La Vie*.

The Russian Ballet opened its 1939 Covent Garden season on 19 June with the European premiere of Lichine's *Le fils prodigue* or *The Prodigal Son*, based on the Prokofiev score commissioned by Diaghilev and first choreographed in 1929 by Balanchine. The season is chiefly remembered by dance historians for the premiere on 30 June of Fokine's *Paganini*.

In the summer of 1937 Fokine had visited Rachmaninov at his home in Switzerland and tried in vain to interest him in writing a ballet score. Instead, Rachmaninov suggested his *Rhapsody on a theme of Paganini* (1934) and the legend of a Faustian pact – in Rachmaninov's own words, a deal with »the evil one« which promises Paganini »perfection in art« (and a perfect woman) in return for his immortal soul.[113] The »evil one«, or so Rachmaninov suggested, should be represented on the stage by figures who are »caricatures, absolute caricatures, of Paganini himself«; and their entries were to be co-ordinated with the musical appearances of the Dies Irae. Reluctant at first, Fokine eventually obliged. Rostov danced and mimed the role of the protagonist.[114]

113 Rachmaninov, quoted in Walker, *De Basil's Ballets Russes*, pp. 91-92.

114 Rachmaninov, quoted ibid., pp. 91-92.

Eight years later, Blacher composed his *Orchestervariationen über ein Thema von Niccolò Paganini* and dedicated it to Johannes Schüler. To all outward appearances – and the appearances are brilliant – it was a remarkably successful attempt to repeat and if possible surpass the success of *Concertante Musik*. Its surfaces are therefore, by definition, smooth but non-reflective: the listener-cum-observer is not encouraged to consider experiential and contextual distinctions between the worlds of 1937 and 1947. It is only beneath the surface represented by the musico-technical-professional ambitions and their ›successful‹ realisation that one would expect to find the artistic justifications that might help ensure the survival of such a piece. It is there, in the fathomable depths, that Rachmaninov's Dies Irae and Fokine's Faust are commemorated only by their absence. Displaced, they become the ghosts on the battlements of Blacher's two *Hamlets* – the ›Symphonische Dichtung‹ extracted in 1939/40 from the sketches for a *Hamlet* ballet (and first performed in December 1940 by the Berliner Philharmoniker under Schuricht), and the 70-minute ballet composed ten years later for Blacher's Russian-born and Moscow-trained friend the choreographer Tatjana Gsovsky.[115]

115 Stuckenschmidt, *Boris Blacher*, 1985, p. 24, is the only known source for the information about Blacher's *Hamlet* for the Ballets Russes.

A week before the premiere of *Paganini* on 30 June 1939, the *Daily Telegraph* published a letter from Fokine describing the ballet and its production as »immensely complicated«.[116] If Blacher had access to Fokine during the rehearsal period, it was surely a matter of hours and minutes rather than days or evenings. After the premiere, it seems, Fokine was already thinking of *Bacchanale*, his Wagner ballet for Berlin. Later in July, rehearsals for *Bacchanale* had already started.

Blacher's productivity during his weeks in England can be roughly estimated from the existing scores and the little that is yet known about their precise chronology in the period between February 1939 (the *Symphony* premiere) and October 1940 (the *Hamlet* premiere), and the completion of *Fürstin Tarakanowa*. A more-or-less complete draft of the *Harlekinade* score and unquantifiable drafts for the *Hamlet* should have been feasible for so swift a writer by the end of July, but only in the unlikely event that Sevastianov or the Grigorievs were faithful to the spirit as well as the letter of whatever agreement existed between them. The evidence suggests that it was not an exclusive agreement. Blacher had at least one other official commitment in England. Its history has been obscure until very recently, and in some respects remains so.

VII. London – Birmingham, July 1939

In May 1939 the Elektrola recording of *Concertante Musik* had been released in the UK by HMV. For the German cultural attaché and later for Blacher himself it was an elegant and impressive visiting card, unencumbered by national or Party insignia. For the old and honoured firm of Novello & Co in its function as exclusive British agent for Bote & Bock, the recording was an unexpected bonus. Until now, Blacher was unknown in England, and few other additions to the post-1933 Bote & Bock catalogue had much to offer British musicians or audiences. No-one would have had a better understanding of the potential embarrassments than a recent recruit to Novello's board of directors, a certain Dr. Aber.

Adolf Aber (1893–1960) had studied at the Hochschule für Musik in Berlin under Hermann Kretzschmar. In 1919 he took his doctorate there, with a dissertation on music at the courts of Germany (from Luther's Reformation to the dissolution of the Weimarer Hofkapelle in 1662). A Thuringian by birth, he had then made his home in Leipzig, where he became chief music critic of the *Leipziger Neueste Nachrich-*

116 Walker, *De Basil's Ballets Russes*, p. 93.

189

ten and, in 1927, a partner in the music-publishing firm of Friedrich Hofmeister. Aber's reviews of *Jonny spielt auf* in 1927 and *Aufstieg und Fall der Stadt Mahagonny* in 1930 had assured him a place beside Leipzig's Generalmusikdirektor, Gustav Brecher, in the demonology of the then editor of the *Zeitschrift für Musik*, Alfred Heuß. Heuß's highly personalised and implicitly racist campaigns against the livelihoods of both men were deployed on a broader front by his successor as editor, Fritz Stege.

As we already know from his later campaign against Stuckenschmidt, Stege represented the KfdK in his capacity as ideological and political monitor of current music-criticism in Germany. Politically, Aber's crime was not so much his sympathy for unacceptable composers – after all, Krenek and Weill had long been represented by the Party as symptoms of a general malaise – but rather his support for a Jewish Generalmusikdirektor in Wagner's birthplace. The joint agitation against Aber and Brecher did not cease once its objectives had been attained in February/March 1933; it was recorded and monumentalised in the first edition (1941) of Herbert Gerigk's *Lexikon der Juden in der Musik*, where the politics of the Aber entry justify the Parthian shot in the Brecher entry: »Freund Adolf Abers«.[117]

By 1939 Aber was an established and much-respected figure in British music-publishing and British music in general. For Blacher and his work he achieved what was, in the circumstances, a small miracle: an entrée to the antechamber of the BBC's Director of Music, and a commission, or at least an invitation, from the greatly admired conductor and little-known composer Leslie Heward (1897–1943).

In an obituary article first published in *The Music Review* and reprinted in a memorial volume of 1944, the critic and composer Cecil Gray declared that Heward was »beyond question the best all-round conductor in England in his time, the most far-reaching and catholic in his taste«.[118] At the Royal College of Music he had studied conducting with Adrian Boult, whose own mentor, and later Heward's model, was Artur Nikisch. In 1929, Boult resigned as conductor of the City of Birmingham Orchestra (CBSO), and began his double career as the BBC's Director of Music and as chief conductor of its newly formed Symphony Orchestra. Heward became his successor in Birmingham, and during the 1930s, he and the orchestra formed an increasingly close association with the BBC's Midland station. Once a week, from

117 Brecher and his wife took their own lives while trying to escape in a small boat from Holland to England after the Blitzkrieg of 10 May 1940. See Jürgen Schebera, *Gustav Brecher und die Leipziger Oper 1923–33*, Leipzig 1990, p. 101.

118 *Leslie Heward (1897–1943). A Memorial Volume*, ed. Eric Blom, London 1944. A substantial excerpt from Gray's obituary is in Michael Jones, »Leslie Heward (1897–1943)«, *The Journal of the British Music Society* 19 (1997), pp. 45-60. Jones ends with a short section on Heward's recordings, which includes the information that his producer at EMI in the late 1930s was Walter Legge (1906–79). Legge spoke fluent German, produced many historic recordings in Germany before the outbreak of war (including Beecham's great *Zauberflöte*) and forged his lifelong friendship with Karajan while the as-yet-undiscovered conductor was still Generalmusikdirektor in Aachen. A connection between Legge and the Schüler recording of *Concertante Musik* seems highly probable.

190

October 1934 until the outbreak of war, the CBSO under Heward became the BBC Midland Orchestra. Their radio programmes tended to be more adventurous than the CBSO's subscription concerts at Birmingham Town Hall, and included such historically important events as Bartók's appearance as soloist in his *Second Piano Concerto*.

The pre-1939 history of broadcasting in the Midlands and the North of England, as in Scotland and Wales, has yet to be adequately researched. As regards the Midland Orchestra, this will entail arduous and protracted investigations: none of the official files survived wartime bombing (and even the exact date of the Bartók performance is still to be ascertained).

Meanwhile, the massive archives of the central broadcasting authority in London – that is, the provisional and subsidiary administration of 1922–27 and the independent British Broadcasting Corporation that succeeded it – have for many decades proved a priceless resource.[119] The literature is enormous. Among the arts, music has in that respect been privileged.

Appendices to Nicholas Kenyon's standard history of the BBC Symphony Orchestra[120] list the World or British premieres given by the BBCSO up to 1980, and give complete programme details for the public concerts of contemporary music presented by the BBC in their London studios – a historic series that began in January 1931 with Schoenberg conducting *Erwartung*, and ended in February 1939 with Ansermet conducting the ›Symphonic Fragments‹ from Berg's *Lulu* and the Suite from Hindemith's *Nobilissima Visione*. In 1999, the American musicologist Jennifer Doctor published a 500-page study of the BBC's policy with regard to ›advanced‹ modern music in the period 1922–36.[121] Invaluable as far as it goes, it focuses – to quote the publisher's blurb – »on policies and plans behind transmissions of music by composers associated with Arnold Schoenberg's circle« and allegedly »analyses the BBC's attempts to manipulate critical and public responses to this repertory«. Although Doctor herself does not suggest that there was any such »manipulation«, it is unfortunate that her study does little to suggest the breadth and fair-mindedness of the BBC's policy towards contemporary music in general during her chosen periods. Kenyon's appendices show that collectively, the Second Viennese School was not featured more prominently than any one of the four contemporary figures who were held in particular esteem – Stravinsky, Bartók, Milhaud and Hindemith.

119 BBC Written Archives Centre, Caversham Park, Reading RG4 8TZ. The author is particularly grateful to Jeff Walden of the Archives Centre for his painstaking help with enquiries arising from the present study.

120 Nicholas Kenyon, *The BBC Symphony Orchestra, 1930–1980*, London 1981.

121 Jennifer Doctor, *The BBC and Ultra-Modern Music, 1922–1936. Shaping a Nation's Tastes*, Cambridge 1999.

If influencing critical and public opinion – rather than »manipulating« it – was a benevolent aim of BBC music policy throughout the 1930s, the principal beneficiary was surely Hindemith. From the first year of the Contemporary Music Series (when Frank Bridge conducted the local premiere of the *Konzertmusik*, Op.49) to the last concert in that series and to the complete performance of *Mathis der Maler* given at the Queen's Hall in March 1939, Hindemith's achievements were placed at the forefront of those considered representative of the second generation of acknowledged ›masters‹ in contemporary music. It was probably an accident of planning that the BBC's first and only positive reaction to the so-called ›New Order‹ in Germany was a Hindemith feature in the third and fourth weeks of March 1933 – beginning with the *Konzertmusik*, Op.48, continuing with *Das Unaufhörliche* at the Queen's Hall under Sir Henry Wood on 22 March, and ending with the Brecht *Lehrstück* under Boult on 23 March. But the image of a composer who had successfully dissociated himself from the political hurly-burly was particularly cherished in Britain; and *Mathis der Maler* did much to reinforce it.

The view that Hindemith was the outstanding voice in German music since Strauss was fostered by the BBC, not created by it. During the late 1920s that view was already finding favour at the highest academic level – consummately at the level of Donald Francis Tovey. If the BBC contributed any view of German music post-Hindemith, it had been by default. Throughout the 1930s, Broadcasting House and its Music Division in London remained adamantly aloof from the music of the ›new‹ Germany. In the heyday of RMK-inspired ›exchange concerts‹ and cultural co-operation between Germany and England, Broadcasting House quietly ignored such manifestations as Carl Schuricht's concert of English music in Wiesbaden in 1936, and Leo Borchard's exceptional follow-up with the Berlin Philharmonic in 1937.[122]

122 See footnote 60.

As the only organisation in the British Isles with the financial and other resources to respond to the overtures sponsored by the Reichsmusikkammer, Broadcasting House was perhaps alone among West European and Scandinavian radio stations in denying a hearing for official Nazi composers and their fellow-travelling colleagues. To what extent this was a formal BBC policy as distinct from a tacit understanding is a question requiring extensive research. But it was not only in musical matters that Boult diverged from Beecham – who assiduously cultivated his reputation in Germany, and affected to regard its leaders as »something of a joke«.[123]

Half a year before Beecham's German tour with the LPO, Boult took the BBC Symphony Orchestra on a continental tour, which began in Paris, ended in Budapest, and proceeded via Zürich to Wien (for a concert including the Viennese premiere of Schoenberg's *Orchestervariationen*, Op.31). The avoidance of Germany in the year of the Berlin Olympics was pointed, and hardly surprising. One of the Music Department executives involved in the planning of the 1936 tour was the conductor Edward Clark, who was also the prime mover in the BBC's Contemporary Music series, and Honorary Secretary of the IGNM from 1936–47. Politically, Clark's views were akin to those of his friend Hermann Scherchen; and like Scherchen, and the IGNM in general, he gave no quarter to National Socialism and its sympathisers, but viewed Italian fascism and its representatives more kindly.[124]

Clark's career in the BBC ended with his formal resignation a month before the 1936 tour. Boult was accompanied on the tour by Kenneth Wright (1899–1975), who had been with the Music Department since 1926, and was Boult's invaluable Assistant from 1930 to 1940. A public servant in the best sense of the word, a man of high principle and a true friend of his fellow musicians, Wright was widely respected in the field of contemporary music and a personal friend as well as a supporter of composers (such as Roberto Gerhard), and conductors (such as Walter Goehr) who were making a new life for themselves in a musical climate that was often unfriendly.[125] It was to him that Adolf Aber referred Blacher.

The extent of Wright's first-hand knowledge of music in Germany is not known. Kenyon's history of the BBCSO records that in 1937 Wright was »dispatched to the office of Goebbels, Minister of Propaganda« to affirm the Corporation's intention to broadcast in October Schumann's recently ›discovered‹ *Violin Concerto*. The manuscript was in the Berliner Staatsbibliothek, the copyright had been assigned to Schott, and presumably it was the RMK, with the Minister's backing, which was claiming the moral rights to the world premiere.[126] It seems unlikely that Wright would have left Berlin without being hearing the names of two or three of the younger composers active in Germany. But he had left well before the premiere of *Concertante Musik*.

123 Reid, *Thomas Beecham*, pp. 215-218. Partly quoting Geissmar, *The Baton and the Jackboot*, Reid writes »for a long time Beecham's attitude was playful and lofty. [....] As late as seven months before the outbreak of the war he described Hitler and Mussolini as great comedians, without whom life would be very dull indeed.«

124 Casella and Malipiero retained their positions of influence in the IGNM throughout the 1930s, and Malipiero was a favoured guest in Hitler's Germany. In February 1936 Clark conducted an all-Malipiero concert in his BBC series.

125 For a short biography of Wright, see Doctor, *The BBC and Ultra-Modern Music*, pp. 408-410; Doctor's book contains numerous excerpts from Wright's correspondence and memoranda, from which it is clear why his contemporaries held him in such high regard.

126 Kenyon, *The BBC Symphony Orchestra*, pp. 141-143.

On 19 July 1939, Wright, in his capacity as ADM (Assistant Director Music), officially interviewed Blacher in his office at Broadcasting House. His typewritten report is on a printed form headed »Record of Interview«. It names the interviewee as »B. Blacher, Tallinn-Eesti, Pännu 30. K.3«, and the subject as »Esthonian music«. According to Wright's handwritten action list, the memo was to be filed (action 5) after it had been circulated – »for information please« – to three officials identified by acronyms (in the BBC style of the day), and one named person. At the head of the circulation-list is the acronym DDM – Boult's Deputy Director of Music (at that time, Dr Reginald Thatcher).

The report reads as follows:[127]

»Dr. Aber, as representative of the Bote & Bock catalogue, which published some works of this Esthonian composer, had asked me to interview him [Blacher] during his London visit. This I did in the presence of Miss Henn-Collins.

Mr. Blacher we found, though of Esthonian parents (formerly Russian) was born in China and was educated at an English school there. He afterwards moved to Russia and lived in Siberia until after the Revolution; and he has for 17 years resided in Berlin with a Nansen passport. He visits Esthonia annually on holiday, and has a fair knowledge of the small musical activities there are there, but does not speak Esthonian. He has had various performances here, mainly by Heward, and would like to maintain contact with us as a composer. At the same time, if he obtains any information of interest to us or to the British Council he will send it direct.

He mentioned that although there are three published volumes of Esthonian folk music these are not well edited, and emphasised that there is no real Esthonian tradition in music, the main characteristics being what we regard as Russian. [End of Record]

[*signed*] K.A. Wright«

The identity of Henn-Collins seems to be common knowledge: her name, however, is unlikely to have been mentioned had she been a ›mere‹ stenographer or secretary. What kind of ›information‹ was Wright now expecting from his four colleagues? There is none in the surviving files.

As the one and only document testifying that Blacher was in London at any time prior to the outbreak of war, Wright's record is invaluable, even though its fascination lies not in what it actually puts on record but in what is missing, and was surely unspoken at the time of the interview. Aside from the total masking of Blacher's real and actual position in German music – a topic more relevant to Boult as Director of Music than to the indicated recipients of the report – the reference to Heward is exceptionally cryptic.

194

The holograph score of Blacher's *Concerto da Camera*[128] is less so. Its title-page reads: »Aufführungsrecht vorbehalten. / Mr. Leslie Heward. / dedicated. / Concerto da Camera / Boris Blacher 1939.« At the top right-hand corner are Heward's initials, and at the opposite corner the date »Aug. 16.« In Heward's 1939 diary – now in the possession of his daughter, Karen – the name »Blacher« appears three times without explanation: Thursday 13 July, Thursday 20 July, Wednesday 16 August. The orchestra's broadcasts being traditionally on the Friday of each week, 18 August appears to have been the scheduled date for the Blacher performance. The first two rehearsals had presumably been brought forward, in order to ensure that Blacher could attend them. Whether in Berlin before leaving, or in London on his arrival, he had himself extracted the concertino and ripieno parts – on the same manuscript paper he had used for the score. The score's title page is stamped »Novello & Co. Ltd.« at the bottom right-hand corner.

128 SAdK, Boris-Blacher-Archiv 1.75.13.1.

The fact that the score contains a few non-autograph markings (presumably Heward's) which have been transferred in the same hand to the otherwise unmarked parts, is puzzling, and tends to suggest – unless the BBC went to the considerable and at the time unusual expense of photocopying – that the parts were never used. Until there is definite proof that the *Concerto* was broadcast, the possibility of cancellation cannot be discounted, and might indeed explain Wright's reticence about the current project.

Towards the end of July 1939, Hitler's claims to Danzig and its Polish corridor became more strident than ever; and on 8 August, all German citizens under the age of 70 were required to register for military or civilian service.

Blacher's father Eduard had remained in Manchuria after his retirement, and died there in April 1939. The exact date is unknown, as are the circumstances in which his wife moved from the family home in Estonia to a new home in Danzig.

A Modern Ballet?

Had *La Vie* reached the London stage even as late as the Russian Ballet's 1939 summer season, it would surely have established the composer's reputation in England – and before long, in America too. For a music that stands so confidently at the very end of the Franco-Russian tradition established by Diaghilev and his secondary composers some fifteen years earlier, it was a unique opportunity that would never return.

If Sevastianov and his company were indeed the sponsors of *La Vie*, they were negligent. Blacher would have fared better elsewhere: unwittingly, he had created a fine vehicle for Frederick Ashton and the Vic-Wells Ballet (as it then was), and had composed a score to which Constant Lambert, the Vic-Wells's distinguished music director, would have responded promptly, shrewdly, and with friendly candour.[129] In the context of Gertrude Stein's text for the Berners/Ashton choral ballet *A Wedding Bouquet* – whose premiere Lambert had conducted in April 1937 – even the lamentable title *La Vie – Life – A Modern Ballet* might have been welcomed with a knowing smile. But not after a glance at the scenario. Unlike the Russian Ballet – which had no Artistic Director and was over-dependent on the lopsided Fokine-Lichine partnership – the Vic-Wells company under Ninette de Valois's inspired leadership was discriminating and professional in all its doings. It had no call for mere hack-work, however well-meant (as Falconer's surely was).

The Falconer scenario is an attempt to adapt ›slice-of-life‹ theatre to a ›modern‹ choreographic view of the urban street-scene. It was influenced, perhaps, by the reputation rather than the content of Kurt Jooss's *Big City* (1935), the well-received London version of his *Großstadt von heute* (Essen, October 1932). Of Jooss's social and moral commitments, or his heritage from German Expressionism (and Georg Kaiser especially), there is no trace in the *Life* scenario. Indeed, if Falconer was associated with or employed by the Russian Ballet, a certain antipathy towards Jooss may be taken for granted, and the most likely model for the ideological vacuum of his urban scenes was Massine's *Jardin publique*, the Vladimir Dukelsky ballet unsuccessfully produced by de Basil in 1935 and revised, to little effect, a year later.

Who or what can have induced the shrewd and watchful Blacher to accept such a farrago? A simple answer would be gratifying, but there is none, nor any clue that might lead to one. The only convincing and accessible alternative entails the scrutiny of *La Vie* in the light of *Fest im Süden* and the little we know of its origins.

129 Lambert (1905–1951) was a prodigious musician and a gifted if mannered composer – perhaps the only British composer of his day with whom Blacher had any natural affinities (chiefly through the Russian ›Five‹, American jazz, and Satie). *Horoscope* – Lambert's ballet for Ashton and Margot Fonteyn – was first staged in January 1938, and has several Blacher-like aspects (beginning with the palindromic prelude). cf. also Lambert's *Elegiac Blues* (1927) and the Notturno of Blacher's *Geigenmusik*.

196

Presumably on Blacher's authority, Stuckenschmidt makes out that the first version of *Fest im Süden* was inspired by a »surrealist« scenario.[130] Neither naming the author nor explaining so unlikely an involvement with a modernist tradition that had never taken root in Germany, he goes on to record that Lizzie Maudrik rejected the scenario and persuaded Blacher to ›accept‹ the necessity of a new one. However, sketches in the Nachlaß deriving from the original version include the original version of »Auftritt und Tanz des Blumenmädchens«; it bears the blamelessly realist title, »Tanz der Wirtin mit dem Tuch«.[131] Simpler and more convincing than Stuckenschmidt's account is the explanation provided by Herbert Trantow, Maudrik's Kapellmeister in Berlin and the conductor of *Fest im Süden* in Kassel: »das Stück von Blacher, ursprünglich krankend an einem theaterschwachen Stoff, wurde in gemeinsamer Arbeit mit [...] Ellen Petz-von Cleve vollkommen umgearbeitet und mit neuem Libretto versehen«.[132]

As official sponsor of *Fest im Süden* and private midwife of its success at the Kassel theatre in February 1937, Maudrik had every reason in June to commend the ballet and its composer to de Basil during her stint with his dancers at Covent Garden. It was more than a matter of collegiality and a slight proprietorial interest: in a letter from Manchuria dated 12 September 1937, Blacher's father Eduard asks whether the Staatsoper – chief among the many interested theatres – is likely to take any »fernere Schritte« towards a production of *Fest im Süden*.[133] Clearly, Maudrik and Trantow had discussed the possibility with Blacher, and quite probably they had temporized on the grounds that the world premiere of Wagner-Régeny's Kleist ballet, *Der zerbrochene Krug*, was scheduled for October, and further plans would depend on its reception.

The idea of de Basil staging for Berlin a ballet already premiered in Kassel was clearly unrealistic, whatever its appeal to Maudrik on personal as well as professional grounds. But half-an-hour with the piano reduction of *Fest im Süden* and a Covent Garden repetiteur might well have convinced the Colonel – such being his musical tastes – that Blacher was just the man to provide a successful new ballet. The formula for a crowd-pleaser had passed its first test in the Berlin press as well as in a supposedly provincial backwater. Why not adapt and exploit it in the wider interests of the Russian Ballet's devoted publics in London and Berlin, Paris and New York?

130 Stuckenschmidt, *Boris Blacher*, 1985, p. 22.

131 *Boris Blacher 1903–1975. Dokumente zu Leben und Werk*, p. 80; SAdK, Boris-Blacher-Archiv 1.69.162.

132 *Theaterzeitung des Preußischen Staatstheaters Kassel*, Spielzeit 1936/37, Nr. 12, pp. 4-7; quoted in *Boris Blacher 1903–1975. Dokumente zu Leben und Werk*, p. 79.

133 The text of Eduard Blacher's letter (SAdK, Boris-Blacher-Archiv 1.69.380) is given in full in *Boris Blacher 1903–1975. Dokumente zu Leben und Werk*, pp. 81-82. Compare Walter Steinhauer, »Kleiner Tip für die Bühnen: Boris Blacher«, *BZ am Mittag*, 20 September 1937, in Blacher's Notebook – a friendly and helpful plea for further productions of *Fest im Süden*, expressing surprise that no theatre has yet followed Kassel's example.

Close or even relatively cursory comparison tends to support the hypothesis that the preliminary and definitive versions of *Fest im Süden* were Blacher's models for *La Vie*. In scale, format, and popular-polystylistic tendency, the two ballets are indeed strikingly similar. That general impression is or seems to be confirmed by generic resemblances between individual numbers, and especially the salient ones – a Tango and a Waltz in both cases. Yet it is precisely in these numbers that the profound differences between *La Vie* and its predecessor first become apparent.

The *Fest im Süden* Tango – an extended Pas de Deux for the Flower Girl and her new Sailor-lover – is a skilful and effective pastiche; the Waltz is marked »parodistisch«; and both relate to conventions of Operetta and Musical Comedy current in the Europe of the mid-1930s. In *La Vie* the Waltz is a full-blooded homage to the Russian master of that form, with witty but in no respect sardonic comments from the world of ›modern‹ Show Business. The Tango is neither pastiche nor parody, but a classic example – more than a mere *Kabinettstück* – of a form that had held a peculiar fascination for composers of many sorts, including the most ›serious‹, since the beginnings of its popularity.

Central to the structure of *La Vie* as if to life itself, the Tango's highly dramatic ›entry‹ is prepared by two numbers with Hispanic overtones – the so-called (and posthumously named) »Rag-Caprice« (No. 4), which is better understood as a Brazilian ›Maxixe‹, and the »Carnival« (No. 6), which corresponds to the »Tanz der Bäuerinnen und Matrosen« (Nr. 2) in *Fest im Süden*.

The *La Vie* Tango generates no less than three ethnically related successors. The first two form the pair of dance-variations on an extended lyrical theme – an *echt*-Blacher Rhumba, brilliantly done, then the sixth and most sympathetic in his series of Alla marcias. Beginning like a local band from back-street Madrid or the shanty-towns of Rio de Janeiro, trumpets, trombones, percussion and bass gather orchestral support and stir up enough rhythmic and harmonic trouble to represent a significant threat to the ›authorities‹ and the status quo. If there is something of Calderón and the underlying pessimism of his late *comedias* in the scene-setting, there is also, surely, a ›modern‹ awareness that military force is a last resort, and not the hallmark of national identity. A derisive trombone glissando that might once have echoed from Whitehall to the Wilhelmstraße inverts the proletarian humour of the march's opening figure, and brings the demonstration to an abrupt and disrespectful halt.

Counter-measures and reprisals are reserved for a so-called »Coda« (»Danzón« in the published score). The definitive version begins with 25 bars of choreography-in-music: an ostinato A-minor guitar-harmony – directly recalling the »Tanz des Eifersüchtigen« (*Fest im Süden*, Nr. 8) – is strummed *fortissimo* in the Andalusian manner, but interrupted three times, at intervals decreasing from five bars to three, by a dissonant chordal progression scored for brass only. The modulatory tendency of the brass chords is then confirmed by the conclusion, where a solo oboe, supported by bassoon but otherwise unaccompanied, imitates a vocal cadenza in the flamenco style. Together with its characteristic syncopation, it seems to have emerged from the same collective consciousness as the Alla marcia variation, and to represent something stronger, deeper and more enduring than the previous altercations between strings and brass. In the context of a ›modern ballet‹ whose pastimes and apprehensions are collective, the solitary human voice evoked by the solo oboe raises questions – about the individual's place in society, for instance – that demand an answer.

It is at this crucial juncture – marked by the double bar – that the definitive score calls into question the very meaning of ›coda‹ by appending a substantial dance-finale. In classical (19th century) ballet, the Coda is a separate movement concluding the Grand Pas de Deux and providing the prima ballerina and her partner with a solo variation each – whereupon they are united in a final brief duet. But *La Vie* is not a classical ballet, nor a neo-classical one either. Its Coda[134] is a full company get-together, with rather more ›Gemeinschaftsgefühl‹ than was good for it in the summer of 1938. It dissociates itself from the Variations and becomes a separate movement that responds to the Alla marcia without reconciling the antagonisms manifest in its own 25-bar prefix.

The first of the Rondo's two episodes (*Couplets*) is a catchy variation on the oboe's flamenco theme, not so much Andalusian in manner as Latin-American (of which more later). *Feroce* interruptions from the lower strings are answered no less aggressively by the brass. Episode 2 is conciliatory; marked *espressivo*, its melodic and rhythmic gestures become sensuously suggestive as bitonal alleviations of the ›heavy‹ guitar harmony prepare for the final and triumphant return of the

134 In the 1980 study-score, the Coda is titled »Danzón« and the final number »Envoi«.

Rondo-theme, in stretto-like combination with elements from the two episodes.

In this form, including its 25-bar introduction, the Coda is almost equivalent in duration to the Rhumba and March combined. Not only does it usurp their own finale-like role, but it diminishes the synoptic effect of *La Vie*'s actual and inspired Coda – the »Envoi« of the published score. It is a tribute to the fundamental integrity and autonomy of *La Vie* that the Rondo-proper – as distinct from its 25-bar prefix – immediately strikes the listener as structurally anomalous. Unexplained, it leaves a question-mark over the whole score.

Now if not earlier, Blacher's pencil draft of four of the ten numbers – 3, 4, 6, and 9 – becomes an indispensable research tool.[135] In all musical essentials, each number in its draft form is identical with the definitive version. Because the last two (or three) pages of No. 6 are missing, it is easy to misinterpret the vital evidence conveyed by the final page in the collection, which happens to be the last of the twelve extant pages of No. 9.

As in the definitive score, the main section of No. 9 comprises the Theme (Andantino) and its Rhumba and March variations. The twelfth and last page is headed »Coda« and carries the 25-bar unit, ending with a double bar and no sign of the Rondo. Because the tenth and last number is missing from the draft score – apart from a half-page of contrapuntal workings that relate to it – it is conveniently easy to assume that the Rondo was attached to it. The other missing numbers are also adjacent pairs – the first and second, the seventh and eighth. And yet: »Coda« is Blacher's heading (in the draft score) for the last 26 bars of the 5/8 Scherzo.

Blacher is not prone to carelessness in formal and technical matters. With him, nothing is more germane to »die musikalische Ehrlichkeit« than crystal-clear *Stimmführung*. In that respect, the solo oboe's unaccompanied cadenza promises much more than the Rondo's repetitious A minor delivers. If the Rondo is in fact a heteronomous interpolation – as the musical and manuscript evidence suggests – the most likely explanation is that in June or July 1938 a playthrough of the draft score of *La Vie*[136] met with the same kind of mixed but largely sympathetic response as the playthrough of version I of *Fest im Süden* three years earlier: X liked the music but thought that the Variations needed a rousing finale for the assembled company; Y liked the music too, but

135 SAdK, Boris-Blacher-Archiv 1.69.148. In addition to the four numbers, it includes the fragment numbered 3b (see Appendix in the 1980 study-score) and a half page of contrapuntal workings relating to No. 10 (the final number). Blacher misnumbers the 5/8 time Scherzo as 4 instead of 3, and corrects himself at the head of the ensuing ›Maxixe‹ (to which – probably for Maudrik's *Kaleidoskop* – he has added a melodic embellishment).

136 There is no evidence that Blacher made a preliminary short score, or that the Russian Ballet had the time or resources to make a reduction from the draft.

insisted on a proper story-line with dramatic incidents; and Z, who was too busy to provide one, suggested asking young Robert Falconer.

Prior to the Rondo, there is only one obvious instance of a breakdown in the autonomy of *La Vie*, and it is one for which the only evidence is musical. Until the masterly Tango, No. 7 is a structurally insecure succession of quasi-choreographic notations. It begins brightly enough with a syncopated nursery-rhyme jingle in the kind of C major *Petrushka*'s empty-headed Ballerina was fond of. The tune is in fact derived by inversion from No. 2 (and due to be inverted in its turn). Before long, it is peremptorily brushed aside by a literal reprise in G major of the previous number's D major theme. Without explanatory stage action – which Falconer doesn't provide – the reprise seems musically gratuitous. Its choreographic function is partly revealed by a mock-Tchaikovskian interruption (beginning at fig. 70), after which an absurdly premature reprise of the ballroom Waltz (No. 5) enters in its original C major, and continues for some while after the brass section in 2/4 time has begun to contradict it by ingeniously superposing the original nursery-rhyme tune. This dispute precipitates a musically effective but dramaturgically incomprehensible affray, from which, stealthily at first, the Tango at last emerges.

As a form of composition whose watchword is obedience to the choreographer's every wish, the preliminaries to the Tango are beyond reproach. In the self-governing colony of *La Vie*, however, they are, quite literally, egregious.

The contrast with *Fest im Süden* is telling. Three years before, the revisions and elaborations of an allegedly ›undramatic‹ draft version were all but seamless. Among the outstanding examples are the montage-effects of the last two movements: a »Liebesduett« (Nr.11) intercutting salon and café music with Tchaikovskian *appassionato*, and a Finale in which the musical cinematography captures – as if on Closed Circuit TV – the intervention of The Jealous One, the murder of the Young Sailor, and his lover's frenzied and fatal response. Such things can only be achieved in close and sympathetic collaboration; and of that there is no evidence in the revised score of *La Vie*, or in Falconer's scenario.

Just as the scenario of September 1938 ignores the musical dimension, so does the ›finished‹ score – of unknown date (though October seems likely) – ignore the scenario. Revealingly, there is not a single reference in the scenario to anything suggestive of a Spanish or Latin-American milieu. Which is the more probable: that Blacher wrote the draft and the final scores of *La Vie* after reading the scenario, and willfully imposed the Hispanic colourings? Or that Falconer had been encouraged by the Russian Ballet to provide a scenario that would among other things cover up and neutralize the Hispanic elements in the preliminary score?

Perhaps the greatest commercial and artistic loss de Basil's Diaghilev repertory had sustained after Massine's departure had been the Falla /Picasso/Massine *Three Cornered Hat* (*Der Dreispitz*). In January 1938, as we have seen, Massine appeared with the de Basil company for the last time. After his departure, a Russo-Spanish connexion that went back as far as Glinka and even further would not have been severed overnight, either by de Basil or by his colleagues and eventual successors. With Berlin as a factor in the equation, the ramifications were becoming increasingly complicated.

In April 1938 Franco announced his imminent victory. But despite the massive support the Nationalists were receiving from Germany and Italy – chiefly in the air but also on the ground – Barcelona was not taken until January 1939, and Madrid until March.

It is in that context that the preliminary score of the work we know as *La Vie* acquires its peculiar significance. If it was not composed in London in the summer of 1938, it was surely composed in the knowledge of British feelings about the Spanish Civil War. Koch, if no-one else, would have seen to that. If it was composed in London during the Russian Ballet's London season, Blacher could well have played truant, and attended at least some of the concerts in the 16th IGNM Festival. Bartók and his wife performing the *Sonata for Two Pianos and Percussion*, would have been one obvious attraction, and Hartmann's ›Carillon‹ *Quartet* another. The closing concert was at the Queen's Hall on 24 June, and included, as we have noted earlier, excerpts from *Mathis der Maler*. It also included Copland's *El Salón México*.

The least eclectic among his German contemporaries (with Orff as a special exception), Blacher always seems acutely aware of his material and where it comes from. We know that the first episode of the questionable Rondo finale of *La Vie* begins with a blatantly ›vulgar‹ tune (fig. 210) deriving from the oboe's flamenco cadenza, and we recognize how appropriate to it is the tone of the B flat trumpet in this register. Not until a B flat clarinet varies the tune a major seventh higher –

with a trilling bassoon two octaves below – does the Latin American accent, in combination with an acoustic trick, suggest, for a fleeting moment, that it is the ›wrong‹ clarinet, and thereby remind us of *El Salón México* and the E flat clarinet's intervention at fig. 27.

In a court of law – even in Fritz Stege's court – the echo-effect would not be acceptable evidence that Blacher was at the Queen's Hall, London, on 24 June 1938, or that he was fascinated by a piece that Stege would have execrated. But it does provide another indication that the Rondo finale may have been the creature of a round-table conference in London, and that the Coda to the Variations was until then to have ended with the oboe cadenza and its flight from the Spanish battlefield and its A minor fixations.

In that context, but not after the Rondo, the effect of the orchestra's pandiatonic hymn at the start of No. 10 is harmonically revelatory. *Tranquillo* yet *forte* (accented), in 5/4 time, it proclaims a C major ›concord‹ that rejoices in its alliance with the submediant and the world of jazz. It is no longer, in any respect, Hispanic. It is a home-coming, via pre-revolutionary Moscow and St. Petersburg, and, as such, it is a fantasy. Yet it is a fantasy dispelled by the stark realism of the 12-bar Coda, and the bifocal vision of its G major-minor conclusion.

In the projected sequel to the present study, there will be occasion to examine in some detail Lizzie Maudrik's ill-fated attempt to incorporate elements of *La Vie* in her *Kaleidoskop* version of *Harlekinade*, after its production in Krefeld by Jens Keith in February 1940. Although *Harlekinade* may originally have been intended and sketched for the Russian Ballet (as Stuckenschmidt suggests), it was completed in meticulous conformity with aesthetic guidelines repeatedly flouted in *La Vie*.

The »stylistic freedom of movement« advocated by Stege in his March 1939 review of the Blacher *Symphony* sounds suspiciously like post-war if not postmodern pluralism, though in practice it was severely circumscribed (as Stege himself demonstrated in his *ZfM* review of *Kaleidoskop*). The gulf between *La Vie* and *Harlekinade* is wide and deep, and might induce vertigo in some; but the earlier cleft between *La Vie* and *Fest im Süden* is deceptively narrow – too narrow for its actual depth to be gauged by the naked eye or even the plumblines of modern Music Theory.

In characterising Blacher's music of the 1930s as a form of »Gebrauchs- und Unterhaltungsmusik« Stuckenschmidt may have believed he was doing his old friend a good turn. He was certainly writing from the same standpoint as that of the music departments in the West German radio system of the 1960s. After all, it was a time when Copland himself was commonly labelled a composer of ›gehobene Unterhaltungsmusik‹ (or ›Mittlere Musik‹ as a later generation would learn to call it).

For music listeners as well as for musicologists who still have time to listen to music, the leap from *Fest im Süden* to *La Vie* is hardly less than from (say) *Die sieben Todsünden* to *Nobilissima Visione*. It is no accident that the one feature of *Fest im Süden* that singles it out from the Blacher of that decade or later ones is a sub-system of clandestine allusions to Weill. Without exception they are allusions to *Aufstieg und Fall der Stadt Mahagonny* – whose successful 1930 production in Kassel had been conducted by Weill's friend and former pupil Maurice (de) Abravanel – and yet each of them was defensible (at least within the RMK) on the grounds that it comes from the store of U-Musik formulae used by such Party-approved composers as Theo Mackeben, Edmund Nick, and Eduard Künneke, and does not refer to Weill at all. Plausible though it is, the casuistry is exposed by the striking coincidence that neither the Tango nor the parodistic Waltz would have seemed in the least incongruous had they turned up in Weill's anti-fascist operetta *Der Kuhhandel* (1934–35), of which Blacher may have heard from Caspar Neher via Wagner-Régeny.

Whether the original *Fest im Süden* was composed before or after Stege's condemnation of the *Orchester-Capriccio* is an unknown detail that might shed some light on the ballet's uncertain progress, but rather less on its relevance, if any, to the world we live in. Written for one market, revised for another, successfully premiered, and eventually exported to the Czech National Theatre in Prague after the success of *Concertante Musik*[137] it may yet be discovered as another instance of postmodernism before its time. It were better remembered as the historical curiosity it is.

La Vie is quite another story. Shorn of its accretions,[138] it deserves a place in the repertory of post-Stravinsky ballets that are still occasionally heard in the concert-hall. Already rescued, by the very nature of the music, from its putative scenario, it provides choreographers with the same discretionary powers as Strawinsky's *Scènes de Ballet*.

137 Stuckenschmidt, *Boris Blacher*, 1963, p. 13.

138 i.e. the entire Rondo (No 9a, Danzón) after bar 25, and the entire introduction to the Tango in No.7, up to the double-bar at 220+5. The 12-bar Appendix, cadencing in C major, makes an effective structural upbeat to the Tango.

204

Scènes de Ballet is a score that was deplored by many of the composer's admirers, and even now is held in rather low esteem. It was commissioned by the great Broadway showman Billy Rose for his revue *The Seven Lively Arts*, composed in Hollywood, and completed on 23 August 1944. After writing the closing bars of the »Apothéose«, Strawinsky entered on his manuscript the words: »Paris n'est plus aux allemands«.[139]

139 Maurice Abravanel conducted the first stage performance that same year.

Exactly six years before, Blacher was putting the finishing touches to a ballet that might, even yet, have reached Paris – though not from the direction of René Blum's Monte Carlo, nor in the carefree spirit of Milhaud's ›opérette dansée‹ *Le Train bleu*. In so far as the »Life« of *La Vie* reflected that of the major centres of Western democracy in the last months before a looming war, it included a portion of ›la vie parisenne‹. Artistically and musically, few would have appreciated its ironies as acutely as de Basil's former Artistic Director – the selfsame René Blum who was to perish in Auschwitz in 1942.

If the contra-*apothéose* of Blacher's epilogue to *La Vie* seems to describe the ›Landschaft des Exils‹, it is perhaps because of what has already been uttered in the prologue. There, Blacher had spoken with an ›openness‹ foreign to the polyphonic world of the *Symphony* and unmatched even by the nocturnal blues of *Geigenmusik*. For such candour there would have been immediate penalties. Instead, *La Vie* itself was silenced, totally, for the remainder of his lifetime.

POSTSCRIPTS

I. Porträt mit Heiligers Skulptur

Bernhard Heiliger's sculptured head of the 60-year-old Blacher is widely admired and much photographed. Among the photos is one by Stefan Moses.[140] A work of art in its own right, it is unique and unrepeatable, though infinitely replicable in our ›age of electronic reproduction‹ (to paraphrase Walter Benjamin). At the centre, raised above its heavy plinth, is the sculpture; in front of the plinth is an empty brandy glass; bills and correspondence are stacked on the plinth, as if awaiting the sculpture's attention. Directly behind the sculpture sits a figure in shirt-sleeves, his face entirely hidden by the lifesize head, his

140 The Moses photograph is reproduced on the back cover of Stuckenschmidt, *Boris Blacher*, 1985.

identity distinguishable only by a characteristic tuft of hair above the sculpture's right ear, and another above its hairline.

The Magritte-like confusion of subject and art-object is enhanced by the human architecture: Blacher's forearms, wrists and hands form an elliptical arch; his outstretched fingers clasp the sculptured temples and forehead; tympanum, architrave, and doorway rest on his hunched shoulders; the cruciform carving of brow and nose frames the stony lucidity of eyes that would seem remorseless and unforgiving were it not for the mouth's silent reproach.

To all appearances, the gravity of the sculpture is belied by the child-like playfulness of the subject's pose, posture, and imposture. A comedy of disguises, it is played in a theatre better known for its tragedies.

141 Stuckenschmidt, *Boris Blacher*, 1985, facing p. 56.

In 1964 Blacher wrote: »Bernhard Heiliger war meine erste direkte Begegnung mit der dreidimensionalen Raumproblematik. Bei der ersten Begegnung war ich lediglich ein Objekt, d.h. ein Opfer.«[141]

In the Moses photograph the sacrificial object strikes back, and the sacrifice or offering is re-enacted in a form that recovers from the art-work the truth it necessarily dissembles. The hands clasped to the forehead are the tell-tale signs of former times, when too many hands were blocking ears, shielding eyes, muffling mouths.

The Moses photograph is the memory-laden intermediary between the Heiliger sculpture and the Stuckenschmidt pen-portraits and fictions of 1963 and 1970. Writ large in Stuckenschmidt are the hopes and fears of a generation charged with organising and running the Bundesrepublik as a political and cultural force within the framework of Western democracy. There was a job to be done.

At the very start of the last book he published before his recent death, the philosopher Bernard Williams writes:

142 Bernard Williams, *Truth & Truthfulness. An Essay in Genealogy*, Princeton / London 2002, pp. 1-2.

»Accounts which have been offered as telling the truth about the past often turn out to be biased, ideological, or self-serving. But attempts to replace these distortions with ›the truth‹ may once more encounter the same kind of objection, and then the question arises, whether any historical account can aim to be, simply, true: whether objective truth, or truth at all, can honestly (or as we naturally put it, truthfully) be regarded as the aim of our inquiries into the past.«[142]

Williams has no time for ›deconstructive‹ histories whose ultimate purpose is to show that there's no such thing as historical truth. Nevertheless, it is from the direction of Critical Theory and the

Frankfurt School that he soon arrives at Nietzsche, and a passage from *Der Antichrist* (50) which is essential to his own argument:

»Man hat jeden Schritt breit Wahrheit sich abringen müssen, man hat fast Alles dagegen preisgeben müssen, woran sonst das Herz, woran unsre Liebe, unser Vertrauen zum Leben hängt. Es bedarf Größe der Seele dazu: der Dienst der Wahrheit ist der härteste Dienst. – Was heißt denn *rechtschaffen* sein in geistigen Dingen? Daß man streng gegen sein Herz ist, daß man die ›schönen Gefühle‹ verachtet, daß man sich aus jedem Ja und Nein ein Gewissen macht!«

It is in the context of National Socialism's misappropriation of Nietzsche that Blacher's recourse to the emblem of ›musical probity‹ becomes all-important. For each and every work he composed during the twelve years of the Hitler regime it is one of the ultimate tests. It can never be the only one.

II. Last Questions – in anticipation of »Der Großinquisitor«

»A fearful sin lies at the door of the reign of Nicholas
in this moral murder of a generation, in this spiritual
damage done to its children. The wonder is that the strong
and healthy, though warped, still survive. [...] The whole
system of government lay in instilling the religion of
blind obedience, leading to power as its rewards.«
Alexander Herzen, *My Past and Thoughts* (1861–67)

»*Orloff*: Ich muß alles unauffällig tun, muß falsch sein,
darf nicht offen reden. Das ist nicht ehrenvoll,
aber die Sicherheit des Staates verlangt es.«
Blacher/Koch, *Fürstin Tarakanowa* (1941), Act II, scene 3

The *Concerto da Camera* which Blacher composed for and dedicated to Leslie Heward was written in the aftermath of the successful premiere of his *Symphony* in Berlin in February 1939. In contrast to the *Symphony*, the *Concerto* is a ›private‹ work – more so, indeed than the *String Quartet* of 1940. Like the *Symphony*, the *Quartet* makes public its dedication to a time-honoured Austro-German form, and its indifference to – between friends, its abhorrence of – anything redolent of what a Hans Schnoor or an Alfred Burgartz would have called »gesund-kräftiges Deutschtum«.

Admittedly, a pseudo-musicological case might be made for the *Concerto* as a product of Blacher's period at the Dresden Konservatorium. It might, for example, adduce the one-movement concerti grossi of the remarkable Pisendel, and the recent publication (in Essen in 1937) of Waldemar Woehl's new edition of Corelli's twelve *Concerti Grossi*. But such a case would falsify what is unique about the piece. Unpublished, unnoticed, and quite possibly never performed, the *Concerto* is a message from one remarkable musician to another; and it is certainly the last such message to have reached England from Germany before the start of World War II.

Its symmetrical form – Larghetto 1 – Allegro 1 – Larghetto 2 – Allegro 2 – Larghetto 3 – folds inwards towards the centre. It is in that central Larghetto that Blacher reveals himself as he rarely does in the *Symphony* and not at all in the *Quartet*.

143 The handwriting has yet to be checked against an authenticated Heward manuscript.

144 The duration of the *Concerto* is ca. 13-14 minutes. The duration given in Kunz, »Werkverzeichnis Boris Blacher«, is considerably underestimated.

There are a few non-autograph pencil markings in Blacher's manuscript. Almost certainly they are Leslie Heward's[143] and undoubtedly they are the consequences of a first reading,[144] not of prolonged study. Beneath the final D major chord of Larghetto 3, Heward (if it was he) has inscribed a pensive question mark – pensive in the sense that it is not a hasty expression of disbelief or outrage, but rather of deliberation and puzzlement. It is justified.

The first Larghetto is a rebus; the third reveals it to be a palindrome, without, however, establishing the finality or indeed the logic of the sustained D major triad. Strictly according to the diktat of the palindrome, the *Concerto* has returned to its starting point as if nothing has been changed by the experience of the central Larghetto – the experience, that is, of sustained modal counterpoint without the invasive chromaticism of Larghetto 1 or the transient bitonality and bi-modality of the two Allegro sections. Are we therefore to conclude that the luminous and enlightening centrality of the idyll had been an illusion, or worse, a relic of the Enlightenment itself, and hence of Weimar humanism?

The question would hardly arise were it not for the looming presence of *Fürstin Tarakanowa*. In his March 1939 *ZfM* review of the Blacher *Symphony*, Fritz Stege had mentioned that »one of the most important German stages« was planning to mount the world-premiere of »a Calderón opera« – meaning, of course, *Die Dame Kobold*. It seems unlikely that Blacher or his publishers would deliberately have misled so influential a figure. Since the Wuppertal theatre was not among the most prominent in Germany, it is conceivable that in 1939 Blacher had two opera projects, of which *Fürstin Tarakanowa* was the second.

Once again, precise datings are of the essence. Although the Wuppertal production of *Fürstin Tarakanowa* in June 1941 was characteristic of the period that began with the Hitler-Stalin pact of 23 August 1939 and ended with the invasion of Russia in June 1941, it is barely imaginable that the work itself was not already far advanced, and its production in view, before Blacher left England in July 1939.

The historical and aesthetic shift from *Die Dame Kobold* to *Fürstin Tarakanowa* is in some respects comparable to the shift from *La Vie* to *Harlekinade*. There is one notable difference: for all its premonitions, *La Vie* is an expression of a free spirit, whereas *Harlekinade* is a score whose stylish costumes and masks are indeed characteristic of Blacher, yet knowingly amenable to Party guidelines. The same of course could be said of Wagner-Régeny's *Der zerbrochene Krug*, but not of the works of Jean Françaix which were finding favour in Germany in the late 1930s, and have some technical affinities with *Harlekinade*. Unquestionably, it was Lizzie Maudrik's rash decision to embellish *Harlekinade* with some of the poisoned fruits of *La Vie* that was responsible for Fritz Stege's well-known protest about Blacher's »jazztechnische Effekte: mit exponierten Bläsern u.a.«: »Also volksfremde Stilmerkmale, zu denen man längst innerlich einen derart großen Abstand gewonnen hat, daß man sie nicht auf der Opernbühne anzutreffen wünscht.«[145]

145 Fritz Stege, »Berliner Musik«, *ZfM* 107 (1940), p. 535.

Stege's apparent change of heart with regard to Blacher will also be evident in his much more favourable yet cool review of *Hamlet*, and in due course it will be necessary to examine the evidence of extra-musical causes. However, it would be misleading to end this study of Blacher's work in the 1930s without locating *Fürstin Tarakanow*a in relation to Stege's critique of *Die Bürger von Calais*.

The action is set in the Mediterranean port of Livorno in the year 1775, and concerns a conspiracy by Polish aristocrats and their Russian accomplice to depose Catherine the Great. Furnished with a forged will, the Princess Tarakanowa is Pretender to the throne. The conspirators are outwitted by Admiral Orloff, who arrives in Livorno with part of Catherine's fleet, and presents himself as a potential ally. A grand reception at the British Consulate (Act II) provides the appropriate Tchaikovskian setting for the intrigues and deceptions. Orloff is, or professes to be, fascinated by the Princess, who in Act III joins him on his flagship, still believing that the throne will soon be hers. Having already murdered the senior conspirator, Orloff formally arrests the Princess and orders his fleet to sail for Kronstadt.

Koch's libretto is based on a successful novel by Hans von Hülsen (1890–1968). Von Hülsen had been one of the 88 German writers who in October 1933 signed a solemn and inalienable pledge of loyalty to the Reichskanzler; and it is just such a pledge to his Empress that enables Orloff to justify to himself the sacrifice of much that he holds dear. For him there are no moral considerations, and no dimensions of human experience or behaviour, that are not in principle subordinate to *raisons d'état*.

From that standpoint the libretto was ideologically irreproachable, and quite without the ambiguities and weaknesses Stege had deplored in Neher's text for Wagner-Régeny. The Admiral of the Fleet who sets sail for Kronstadt at the end of the opera has completed a triumphantly successful mission, foiled the conspiracy, captured the imposter and unearthed the forged will. A hero indeed – ›aktives Heldentum‹ incarnate.

But not according to the music. To what extent and how deeply the opera contradicts the apparent conclusions of its strictly utilitarian libretto are questions for a later time and another context. At this juncture, it is important to identify *Fürstin Tarakanowa* as a work that is committed to the German stage of its time by the very nature of its libretto, but one that is nevertheless the product of a profound scepticism. Indispensable to our readings of the work is the understanding that part of the score, and probably much the greater part, must have been composed after Hitler's invasion of Poland on 1 September 1939 – a purportedly ›pre-emptive‹ action associated, of course, with the accession of the former ›Free State‹ of Danzig.

It was in Danzig on 7 November that Blacher's mother Helena Anna Blacher died, in circumstances as yet unknown. Even if her next-of-kin had not included one of the leading Baltic-German musicians of the day, details of her parentage and ancestry would very soon have been collated by the local NS bureaucracy, and passed on to the appropriate authorities in Berlin. In Blacher's case, however, those authorities included the RMK, the Rosenberg office, and the associated fiefdom of Herbert Gerigk.

These are not matters that figure in Stuckenschmidt's pen-portraits (where even the outbreak of war passes almost unnoticed). A sense that Blacher's life had entered a new phase is however conveyed by reference to the advent of the young pianist Gerty Herzog:

»Blacher hat in einem Rundfunkgespräch auf seine scherzhafte Weise über das Jahr 1940 gesagt: ›Die schöne Zeit des Junggesellenlebens hörte auf. Denn da kam plötzlich eine junge Dame, die auch Klavier spielte, und seit der Zeit muß ich zwischendurch immer für Klavier schreiben‹.«[146]

146 Stuckenschmidt, *Boris Blacher*, 1985, p. 25.

Wrenched from its context, Blacher's alleged jocularity about a momentous year in world history teeters at the very edge of the abyss, while »die schöne Zeit des Junggesellenlebens« becomes complicit with Stuckenschmidt's benign fiction of an era when Blacher's windband *Divertimento* was merely representative of his »heiter und brillant« contributions to respectable light music. If the truthfulness of the Heiliger sculpture seems greater today than it did forty years ago, it is perhaps because we can now begin to recognise that it partakes of the truthfulness of the music hidden behind it (rather than of the figure in the Moses portrait). In the lineaments of that stony face may be read the messages of the prelude to *La Vie* and of the Alpha-and-Omega palindrome of the *Concerto da Camera*. Yet it is only in certain lights that the sculpture acquires the luminosity of that work's central Larghetto; and it is in those lights that it can also reflect the three questions posed by *Der Großinquisitor*, and the silent answer.

147 The present study is part of a projected three-part monograph covering the period from 1933 to 1953. Part 2 (1940–45) will begin with a consideration of *Die Dame Kobold* and *Fürstin Tarakanowa*. The third part will end with *Preußisches Märchen* and *Abstrakte Oper Nr. 1.*

Fulham, 31 October 2003[147]

ACKNOWLEDGEMENTS

The author expresses grateful thanks to the following institutions and individuals:

The British Library; The London Library; Westminster Public Library; BBC Written Archives Centre (Caversham Park, Reading, RG4 8TZ, England); Archive of the Royal Opera House, Covent Garden; The City of Birmingham Symphony Orchestra

Piers Burton Page, Francesca Franchi, Professor Alain Frogley, Lyndon Jenkins, Beresford King-Smith, Malcolm MacDonald, Stephen Maddock, O.W. Neighbour, Michael O'Hare, Andrew Porter, Jeff Walden, Bobby Woodward

The Archive of the Academy of Arts in Berlin, its Library, and its various branches have been a fundamental and indispensable source of help and friendly assistance throughout this project. A very special debt of gratitude is due to Heribert Henrich for unstinting support in his dual capacity as musicologist in charge of the Boris Blacher archive and editor of the present volume.

Boris Blacher, 1968, Foto: Heinz Köster

Inventar der Musikalien im Boris-Blacher-Archiv

Zusammengestellt von Heribert Henrich

1. OPER

Habemeajaja. Kammeroper in vier Bildern (1929) Nur in einer Fassung mit Klavierbegleitung erhalten
(Haggers, d.i. Albert von Haller)

– Partitur: Autogr. m. Eintr. v. fr. Hd., 19 fol. [1.69.22]
– Partitur: Dr. m. hs. Eintr. v. Gerty Herzog, 64 p. [1.69.52]
– Partitur: Dr. m. Eintr. v. fr. Hd., 64 p. [1.69.53]

Demetrius. Musikdrama in fünf Akten (Autorschaft Blachers fraglich, vor 1930) Fragment
(Richard Staedter)

– Text: Ts.-Dg. m. Eintr. v. fr. Hd., 54 fol. [1.69.69]
– Klavierauszug f. I. u. II. Akt: Autogr. m. Eintr. v. fr. Hd., 70 fol. [1.69.68]

Die Dame Kobold. Oper in drei Akten (um 1935)
(nach Piedro Calderón de la Barca)

– Partitur (ohne Ouvertüre): Autogr., 146 fol. [Slg. Bote & Bock 1.75.150]

Fürstin Tarakanowa. Oper in drei Akten (1940)
(Karl O. Koch nach Hans von Hülsen)

– Libretto (unvollst.): Ts., 3 fol. [1.69.136.3]
– Skizzen: Autogr., 4 fol. [1.69.136.2]
– Skizzen, Partitur (unvollst.) u. Klavierauszug (unvollst.): Autogr., 6 fol. [Slg. Bote & Bock 1.75.17.9]
– Skizzen u. Klavierauszug (unvollst.): Autogr., 49 fol. [Slg. Bote & Bock 1.75.17.1-8]
– Partitur (unvollst.): Autogr., 5 fol. [1.69.136.1]

Oper nach »Der Wald« (um 1940) Fragment
(nach Alexander N. Ostrowski)

– Partitur (unvollst.): Autogr., 32 fol. [1.69.102]

Romeo und Julia. Kammeroper in drei Teilen (1943/1946)
(nach William Shakespeare)

– Klavierauszug f. 3 Chansons (Nr. 2 unvollst.): Kopistenschr., 6 fol. [1.69.40.1-3]

Die Flut. Kammeroper in einem Akt (1946)
(Heinz von Cramer nach Guy de Maupassant)

– Partitur: Autogr. m. Eintr. v. fr. Hd., 44 fol. [Slg. Bote & Bock 1.75.31]

Die Nachtschwalbe. Dramatisches Nocturno (1947)
(Friedrich Wolf)
13 Nummern

– Skizzen: Autogr., 8 fol. [1.69.137]
– Skizzen in [1.69.101.1, fol. 1ʳ-4ᵛ] *Vier Klavierstücke*
– Partitur f. Nr. 2 (unvollst.): Autogr., 10 fol. [1.69.64]
– Partitur: Autogr. m. Eintr. v. fr. Hd., 92 fol. [Slg. Bote & Bock 1.75.35]

Preußisches Märchen. Ballett-Oper in fünf Bildern (1949–1952)
(Heinz von Cramer)

– Skizzen: Autogr., 34 fol. [1.69.131]
– Partitur: Autogr. m. Eintr. v. fr. Hd., 267 fol. [Slg. Bote & Bock 1.75.46.1]
– Partitur f. Bühnenmusik in Nr. 13: Autogr., 8 fol. [Slg. Bote & Bock 1.75.46.2]
– Klavierauszug: Autogr. m. Eintr. v. fr. Hd., 138 fol. [Slg. Bote & Bock 1.75.38]
– Text (nicht verwendete Neufassung 1960): 2 Ts.-Dg. m. Eintr. v. fr. Hd., je 47 fol. [Slg. Bote & Bock 1.75.46.3]

Abstrakte Oper Nr. 1 (1953)
(Werner Egk)
1. Angst. Allegro, 2. Liebe I. Andantino, 3. Schmerz. Allegro moderato, 4. Verhandlung. Moderato assai, 5. Panik. Molto allegro, 6. Liebe II. Allegretto, 7. Angst. Allegro

– Text: Ts. m. Eintr. v. fr. Hd., 7 fol. [Slg. Bote & Bock 1.75.53]
– Skizzen: Autogr. m. Eintr. v. fr. Hd., 2 fol. [Slg. Bote & Bock 1.75.47.3]
– Partitur: Autogr. m. Eintr. v. fr. Hd., 47 fol. [Slg. Bote & Bock 1.75.47.1]
– Klavierauszug: Autogr. m. Eintr. v. fr. Hd., 26 fol. [Slg. Bote & Bock 1.75.47.2]

Rosamunde Floris. Oper in zwei Akten (neun Bildern) (1960)
(Gerhart von Westerman nach Georg Kaiser)

– Textvorlage: Ts.-Dg., 78 fol. [Slg. Bote & Bock 1.75.67]
– Skizzen u. Entwürfe: Autogr., 26 fol. [1.69.138]
– Partitur: Autogr. m. Eintr. v. fr. Hd., 197 fol. [Slg. Bote & Bock 1.75.68]
– Klavierauszug: Autogr. m. Eintr. v. fr. Hd., 47 fol. [Slg. Bote & Bock 1.75.69]

Zwischenfälle bei einer Notlandung. Reportage in zwei Phasen und 14 Situationen (1964–1965)
(Heinz von Cramer)

– Text: Hektogr. m . autogr. Eintr. u. m. Eintr. v. fr. Hd., 50 p. geb. [Slg. Bote & Bock 1.75.82]
– Text f. I. Bild u. II. Bild (unvollst.): Ts., 5 fol. [Slg. Bote & Bock 1.75.83]
– Text für I.-VIII. Bild: Ts. u. Dg. m. autogr. Eintr., 41 fol. [1.69.72]
– Skizzen: Autogr., 9 fol. geb. u. 16 fol. [1.69.133]
– Skizzen u. Entwürfe: Autogr., 12 fol. [Slg. Bote & Bock 1.75.84]
– Skizze f. X. Bild: Autogr. m. Eintr. v. fr. Hd., 2 fol. [Slg. Technische Universität Berlin 475]
– Solo-Violin-Stimme f. II. Bild: Kopistenschr. m. Eintr. v. fr. Hd., 4 fol. [Slg. Technische Universität Berlin 476]
– Partitur: Autogr. m. Eintr. v. fr. Hd., 139 fol. [Slg. Bote & Bock 1.75.86]
– Klavierauszug: Autogr. m. Eintr. v. fr. Hd., 80 fol. [Slg. Bote & Bock 1.75.85]

Zweihunderttausend Taler. Oper in drei Bildern und Epilog (1969)
(nach Scholem Alejchem in der dt. Übersetzung von Siegmund Bendkower)

- Text f. II. Bild (ältere Fass., unvollst.): Ts.-Dg. m. autogr. Eintr., 15 fol. [1.69.71.2]
- Text f. II. Bild (überarbeitete Fass., unvollst.): Ts.-Dg., 6 fol. [1.69.71.1]
- Text f. III. Bild: Ts.-Dg., 19 fol. [1.69.71.3]
- Partitur: Autogr. m. Eintr. v. fr. Hd., 215 fol. [1.69.43]
- Klavierauszug: Autogr. m. Eintr. v. fr. Hd., 100 fol. [1.69.42]
- Klavierauszug: Dr., 219 p. [1.69.44]

Ariadne. Elektronische Oper (um 1971) Nicht ausgeführtes Projekt
(Lotte Ingrisch)

- Text: Ts. m. Eintr. v. fr. Hd., 14 fol. [Slg. Bote & Bock 1.75.101]

Yvonne, Prinzessin von Burgund. Oper in vier Akten (1972)
(nach Witold Gombrowicz)

- Text: Ts. m. Eintr. v. fr. Hd., 57 fol. [Slg. Bote & Bock 1.75.110]
- Gliederung u. Skizzen: Autogr. m. Eintr. v. fr. Hd., 3 fol. [1.69.173]
- Particell, zugleich Klavierauszug: Autogr. m. Eintr. v. fr. Hd., 81 fol. [Slg. Bote & Bock 1.75.111]
- Partitur: Autogr. m. Eintr. v. fr. Hd., 154 fol. [Slg. Bote & Bock 1.75.120]

Das Geheimnis des entwendeten Briefes. Crimical (1973)
(Herbert Brauer nach Edgar Allan Poe)
7 Bilder

- Skizzen u. Entwürfe: Autogr., 33 fol. [1.69.135]
- Partitur: Fotok. d. Autogr. m. Eintr. v. fr. Hd., 99 fol. [505]
- Partitur: Fotok. d. Kopistenschr. m. Eintr. v. fr. Hd., 106 fol. [1.69.38]
- Klavier-Stimme f. I. Bild: Kopistenschr., 4 fol. [1.69.39]
- Stimmen: Fotok. d. Kopistenschr., 135 fol. [506]
- Stimmen: Fotok. d. Kopistenschr. m. Eintr. v. fr. Hd., 121 fol. [507]

2. BALLETT

Ehe. Ballett in 3 Bildern (1928) 2 Klar, Trp, Pos, Pk, Schl, Kl, Vl

- Partitur m. Eintr. f. eine Neufassung m. geändertem Sujet: Autogr., 15 fol. [1.69.17]
- Partitur: Autogr., 16 fol. [1.69.18]
- Klavierauszug: Autogr., 13 fol. [1.69.19]

Fest im Süden. Tanzdrama in einem Aufzug (1935) Orch
(Ellen Petz)
1. Ouvertüre. Molto sostenuto – Prestissimo, 2. Tanz der Bäuerinnen und Matrosen. Vivace, 3. Auftritt und Tanz des Blumenmädchens. Moderato, 4. Tanz des jungen Matrosen. Moderato – Allegretto, 5. Duo: Blumenmädchen, junger Matrose. Tempo di Tango, 6. Dorfwalzer. Walzertempo (Parodistisch), 7. Einsa-

mes Liebespaar. Andante, 8. Tanz des Eifersüchtigen. Allegro, 9. Szene. Sostenuto – Allegretto – Sostenuto, 10. Volkstanz. Walzertempo, 11. Liebesduett. Adagio, 12. Finale. Moderato – Allegro feroce – Maestoso – Sostenuto – Presto

  – Skizzen u. Entwürfe: Autogr., 7 fol. [1.69.162]
  – Partitur f. Nr. 3, 4, 9, 10 u. 12: Autogr., 24 fol. [Slg. Bote & Bock 1.75.8.1-3]

La Vie. A modern ballet [Dance Scenes] (1938) Orch
(Robert Falconer)
1. Intrada. Lento, 2. Pas de deux. Moderato, 3. Scherzo. Andantino – Allegretto scherzando – Moderato, 4. Rag-Caprice. Sostenuto – Allegretto, 5. Valse »La Vie«. Tempo di Valse, 6. Carnival. Allegro, 7. Episodes and Tango. Moderato assai – Allegro – Tempo di Valse – Moderato assai – Tango tempo, 8. Intermezzo. Andante – Prestissimo, 9. Variations. Andantino – Allegro moderato – Alla marcia, 9a. Danzón. Allegro moderato, 10. Envoi. Tranquillo – Largo, Appendix: Sostenuto

  – Entwurf f. Appendix u. Nr. 3, 4, 6, 9 u. 9a: Autogr., 16 fol. [1.69.148]

Harlekinade (1939) Orch
(Jens Keith)
1. Prolog. Prestissimo, 2. Tanz der Kolombine. Allegro, 3. Adagio, 4. Szene. Allegro, 5. Polka. Allegretto, 6. Walzer. Tempo di Valse, 7. Polonaise. Alla Polacca, 8. Galopp. Vivo, 9. Tarantella. Allegro, 10. Epilog. Prestissimo – Adagio – Allegro

  – Partitur f. Trio u. Coda von Nr. 8: Autogr., 2 fol. [Slg. Bote & Bock 1.75.15]

Chiarina. Ballett in einem Akt (1946) Orch
(Paul Strecker)
1. Promenade und Variationen: Moderato – 5 Variationen – Coda. Tempo I – Tempo di Valse – Tempo I, 2. Adagio, 3. Finale: Rondo. Allegro – Andante maestoso – Tempo I

  – Partitur: Autogr. m. Eintr. v. fr. Hd., 45 fol. [Slg. Bote & Bock 1.75.32.2]
  – Klavierauszug: Autogr. m. Eintr. v. fr. Hd., 18 fol. [Slg. Bote & Bock 1.75.32.1]

Hamlet. Ballett in einem Prolog und drei Bildern (1949) Chor, Orch
(Tatjana Gsovsky nach William Shakespeare)
Prolog: 1. Moderato, 2. Maestoso; I. Bild: 3. Allegro, 4. Maestoso, 5. Allegretto – Andante maestoso – Tempo I, 6. Ophelia – Hamlet. Andante – Allegro; II. Bild: 7. Hamlet – Monolog. Larghetto, 8. Szene und Mausefalle. Allegretto, 9. Allegro, 10. König. Moderato, 11. Largo – Presto – Tempo I – Moderato – Allegro – Tempo I; III. Bild: 12. Allegretto, 13. Moderato – Vivace, 14. Vivace – Andante maestoso

  – Partitur: Autogr. m. Eintr. v. fr. Hd., 88 fol. [Slg. Bote & Bock 1.75.39]

Lysistrata. Ballett in drei Bildern (1950) Chor, Orch
(nach Aristophanes)
1. Allegro molto, 2. Überredungstanz der Lysistrata. Vivace, 3. Moderato, 4. Molto allegro, 5. Con moto, 6. Adagio, 7. Allegretto, 8. Andante – 3 Variationen, 9. Tangotempo, 10. Moderato, 11. Moderato – Allegro

  – Skizzen u. Entwürfe: Autogr., 31 fol. [1.69.134]
  – Partitur: Autogr. m. Eintr. v. fr. Hd., 69 fol. [Slg. Bote & Bock 1.75.41.1]
  – Klavierauszug: Autogr. m. Eintr. v. fr. Hd., 29 fol. [Slg. Bote & Bock 1.75.41.2]

Der Mohr von Venedig (1955) Orch
(Erika Hanka nach William Shakespeare)
Prolog: Presto, I. Bild: Erste Liebe und Sich-Finden. Moderato, I. Ritornell: Von den Wonnen der Liebe.
Allegretto, II. Bild: Nächtliche Szene in Cypern. Vivace – Maestoso – Allegro – Maestoso, II. Ritornell:
Von dem Mitleid gütiger Frauen. Alla marcia, III. Bild: Fest im Schloß. Maestoso – Vivace – Alla marcia –
Vivace, III. Ritornell: Von der Falschheit des Weibes. Prestissimo, IV. Bild: Gelage bei Bianca. Allegretto –
Vivace – Tempo I, IV. Ritornell: Von der Sehnsucht nach Glück. Allegretto, V. Bild: Othellos Eifersucht.
Moderato – Allegro – Molto agitato, V. Ritornell: Von den Martern der Eifersucht. Moderato, VI. Bild:
Die Entfremdung des Paares. Moderato assai, VI. Ritornell: Von der Grausamkeit der Enttäuschung.
Largo, VII. Bild: Jago als Mörder. Agitato, VII. Ritornell: Von der Macht des Bösen. Con moto, VIII. Bild
und Epilog: Othellos Mord und Zusammenbruch. Adagio – Presto

- Skizzen u. Entwürfe: Autogr. m. Eintr. v. fr. Hd., 37 fol. [1.69.132]
- Partitur: Autogr. m. Eintr. v. fr. Hd., 132 fol. [Slg. Bote & Bock 1.75.55]
- Klavierauszug: Kopistenschr. m. autogr. Eintr. u. m. Eintr. v. fr. Hd., 52 fol. [Slg. Bote & Bock 1.75.56.1]
- Ergänzungen zum Klavierauszug: Autogr. m. Eintr. v. fr. Hd., 8 fol. [Slg. Bote & Bock 1.75.56.2]

Demeter. Ballett in vier Bildern (1963) Orch
(Yvonne Georgi)
I. Bild. In einem Garten: 1. Moderato – Allegretto – Agitato, 2. Moderato – Zwischenspiel. Agitato, II.
Bild. An einem Brunnen in Eleusis: 3. Allegretto, 4. Adagio, III. Bild. Im Gemach der Königin: 5.
Andante, 6. 4 Variationen, IV. Bild. Vor einem Tempel: 7. Allegro, 8. Andante, 9. Allegretto, 10. Finale.
Vivace – Moderato

- Libretto: Ts./Ts.-Dg. m. autogr. Eintr. u. m. Eintr. v. fr. Hd., 5 fol. [Slg. Bote & Bock 1.75.77]
- Entwurf (unvollst.): Autogr., 30 fol. [Slg. Bote & Bock 1.75.79]
- Partitur: Autogr. m. Eintr. v. fr. Hd., 102 fol. [Slg. Bote & Bock 1.75.78]

Tristan. Ballett in sieben Bildern (1965) Ges, Orch
(Tatjana Gsovsky)
1. Prolog. Andante, 2. Sonnenwende. Allegro – Moderato, 3. Bei Marke. Moderato – Allegro, 4. Die
Barke. Andante sostenuto – Allegro – Moderato – Adagio – Andante, 5. Im Garten. Andante, 6. Die
Trennung. Allegro – Moderato – Andante sostenuto, 7. Imaginäre Szene und Fastnacht. Andante – Allegro
molto – Presto

- Libretto: Hs. v. Tatjana Gsovsky, 13 fol. [Slg. Bote & Bock 1.75.89]
- Libretto: Ts. m. autogr. Eintr. u. Eintr. v. fr. Hd., 7 fol. [Slg. Bote & Bock 1.75.90]
- Libretto: Ts.-Dg., 4 fol. [Slg. Bote & Bock 1.75.91]
- Skizzen: Autogr., 2 fol. [1.69.130]
- Partitur: Autogr. m. Eintr. v. fr. Hd., 92 fol. [Slg. Bote & Bock 1.75.93]
- Klavierauszug: Autogr. m. Eintr. v. fr. Hd., 34 fol. [Slg. Bote & Bock 1.75.92]

3. BÜHNENMUSIK

Die Rechenmaschine (1947) Klar, 3 Sax, 2 Trp, Pos, Schl, Git, Kl, Kb
(Elmer Rice)
19 Teile

– Dirigierauszug: Kopistenschr. m. Eintr. v. fr. Hd., 12 fol. [Slg. Bote & Bock 1.75.145.1]
– Stimmen: Kopistenschr. m. Eintr. v. fr. Hd., 51 fol. [Slg. Bote & Bock 1.75.145.2-11]

Krieg und Frieden (1955) Ges, Blockfl, Klar, Trp, Pos, Schl, Git, Banjo, Cemb, Akk, Vl
(Alfred Neumann und Erwin Piscator nach Leo Tolstoi)
33 Teile

– Text f. Nr. 19: Ts. m. autogr. Eintr., 1 fol. [Slg. Bote & Bock 1.75.127.8]
– Partitur: Autogr. m. masch. Eintr., 4 fol. [Slg. Bote & Bock 1.75.125]
– Partitur: Kopistenschr. m. masch. Eintr., 11 fol. [Slg. Bote & Bock 1.75.126]
– Stimmen: Kopistenschr. u. Autogr., 17 fol. [Slg. Bote & Bock 1.75.127.1-7]

Demetrius (1969) Fl, Klar, Sax, 2 Trp, Pos, Schl, Kl, Vl, Kb
(Friedrich Schiller)
14 Teile

– Gliederung u. Zeitplan: Ts. m. Eintr. v. fr. Hd., 1 fol. [497]
– Partitur: Autogr., 5 fol. [495]
– Stimmen: Kopistenschr., 26 fol. [496]

4. FILMMUSIK

Stresemann (BRD 1956/57, Regie: Alfred Braun) Orch
41 Teile

– Gliederung u. Arbeitsnotizen: Ts./Ts.-Dg. m. autogr. Eintr., Autogr. u. fr. Hs., 8 fol. [Slg. Bote & Bock 1.75.129]
– Partitur: Autogr., 38 fol. [Slg. Bote & Bock 1.75.128]

Heinrich Heine (BRD 1970, Produktion: H. Segelke) Fl, Klar, Trp, Hf, Kl, Xyl, Vib, Schl, 2 Vl, Vla, Vc, Kb
15 Teile

– Gliederung, Arbeitsnotizen u. Skizze: Ts. u. Autogr., 6 fol. [1.69.127]
– Partitur: Autogr. m. Eintr. v. fr. Hd., 18 fol. [1.69.37]

5. HÖRSPIELMUSIK

Die letzten Tage von Berlin (1946) Ges, Picc, Fl, Ob, 3 Klar, 3 Sax, Fg, 3 Trp, 2 Pos, Tb, Schl, Git, Kl, Kb
10 Teile

– Partitur f. Nr. 1-6: Autogr., 8 fol. [Slg. Bote & Bock 1.75.142]
– Partitur d. Instrumentalsatzes f. 4 Chansons: Autogr., 6 fol. [Slg. Bote & Bock 1.75.143]

Gyges und sein Ring (1946) Fl, Klar, Sax, Trp, 2 Vl, Vla, Vc, Kb
(nach Friedrich Hebbel)
7 Teile

– Partitur: Autogr., 8 fol. [Slg. Bote & Bock 1.75.130]

Kinderkreuzzug 1939 (1946) Ges, 3 Klar, 3 Sax, 2 Trp, Pos, Git, Kl, Kb
(Bertolt Brecht)
3 Teile

– Partitur d. Instrumentalsatzes: Autogr., 6 fol. [Slg. Bote & Bock 1.75.144]

Kolchis (1946) Picc, 3 Sax, 2 Trp, 2 Pos, Schl, Kl, Kb
(Hedda Zinner)
5 Teile

– Partitur: Autogr., 8 fol. [Slg. Bote & Bock 1.75.131]

6. ORCHESTERWERKE

Symphonie (um 1930) Fragment

– Partitur f. 2. Satz »Presto«: Autogr., 12 fol. [1.69.70.2]
– Klavierauszug, u. d. T. »II. Symphonie«, f. 1. Satz »Allegro ma non troppo« u. 2. Satz »Presto«: Autogr., 10 fol. [1.69.70.1]

Konzert-Ouvertüre (1931) Kl. Orch

– Partitur: Autogr., 10 fol. [Slg. Bote & Bock 1.75.4]
– Partitur: Autogr., 10 fol. [1.69.13]

Kleine Marschmusik (1932)
1. Auf einen Marsch von Mercadante. Moderato, 2. Auf einen Marsch von Bellini. Allegro moderato, 3. Auf einen Marsch von Rossini. Allegro vivace

– Partitur: Autogr. m. hs. Eintr. v. Erich Hannemann, 14 fol. [Slg. Bote & Bock 1.75.5]

Orchester-Capriccio über ein Volkslied (1933)

– Partitur: Dr., 26 p. [Slg. Bote & Bock 1.75.171]

Alla Marcia (1934)

– Partitur: Autogr. m. hs. Eintr. v. Erich Hannemann, 10 fol. [Slg. Bote & Bock 1.75.6]

Divertimento für Streichorchester (1935)
1. Ouvertüre. Vivace, 2. Intermezzo. Andantino, 3. Scherzo. Presto, 4. Allegro moderato con Variazioni

– Stimmen: Autogr. m. Eintr. v. fr. Hd., 58 fol. [Slg. Bote & Bock 1.75.9.1-12]
– Stimmen (unvollst.): Autogr. m. Eintr. v. fr. Hd., 6 fol. [1.69.62.1-4]

Divertimento für sinfonisches Blasorchester (1936)
Einrichtung: Hans Felix Husadel
1. Intrada. Feierlich, nicht langsam, 2. Marsch. Sehr schnell und frisch

– Partitur: Hs. v. Hans Felix Husadel, 12 fol. [Slg. Bote & Bock 1.75.10]

Drei Orchester-Etüden (1936)
1. Kanonische Studie. Allegro, 2. Crescendo-Studie. Andante, 3. Geläufigkeits-Studie. Presto

– Partitur: Autogr., 28 fol. [1.69.1]

Concertante Musik (1937)

– Partitur: Autogr. m. hs. Eintr. v. Carl Schuricht u. m. Eintr. v. fr. Hd., 20 fol. geb. [Slg. Bote & Bock 1.75.12]

Symphonie (1938)
1. Largo – Allegro, 2. Adagio, 3. Fuge. Vivace – Maestoso

– Partitur: Dr. m. hs. Eintr. v. Johannes Schüler [532]

Rondo (1938)

– Partitur: Autogr., 18 fol. [1.69.16]

Hamlet. Symphonische Dichtung (1940)

– Partitur: Fotok. d. Autogr., 64 fol. [Slg. Bote & Bock 1.75.20]

Symphonie Nr. 2 in D (1942)
1. Allegro, 2. Andante, 3. Prestissimo, 4. Sostenuto – Allegro maestoso – Vivace

– Partitur f. 1. Satz (unvollst.): Autogr., 6 fol. [1.69.34.1]
– Partitur f. 1. Satz (unvollst.): Autogr., 15 fol. [1.69.34.2]
– Partitur: Autogr., 49 fol. [1.69.35]

Partita für Streichorchester und Schlagwerk (1945)
1. Allegro – Presto, 2. Andante con moto, 3. Vivace molto – Andante

– Partitur: Autogr. m. Eintr. v. fr. Hd., 30 fol. [Slg. Bote & Bock 1.75.28.1]
– Partitur: Autogr. m. Eintr. v. fr. Hd., 30 fol. geb. [Slg. Bote & Bock 1.75.28.2]

Konzert für Jazzorchester (1946)
1. Allegro, 2. Andante, 3. Molto Allegro

– Partitur: Fotok. d. Autogr., 48 fol. [Slg. Bote & Bock 1.75.29]

Orchestervariationen über ein Thema von Niccolò Paganini (1947)

– Skizzen u. Fehlerliste: Autogr., 14 fol. [1.69.111]
– Partitur: Autogr. m. Eintr. v. fr. Hd., 42 fol. [Slg. Bote & Bock 1.75.34]

Orchester-Ornament (1953)

– Partitur: Autogr. m. Eintr. v. fr. Hd., 38 fol. [Slg. Bote & Bock 1.75.48]

Studie im Pianissimo (1953)

– Partitur: Autögr., 26 fol. [Slg. Bote & Bock 1.75.49.1]

Zwei Inventionen (1954)
1. Allegro molto – Andante, 2. Vivace – 8 Variationen – Coda

– Partitur: Autogr. m. Eintr. v. fr. Hd., 21 fol. [Slg. Bote & Bock 1.75.50]

Hommage à Mozart. Metamorphosen über eine Gruppe von Mozart-Themen (1956)

– Partitur: Autogr. m. Eintr. v. fr. Hd., 20 fol. [Slg. Bote & Bock 1.75.45]

Orchester-Fantasie (1956)

– Skizzen: Autogr., 8 fol. [1.69.122]
– Partitur: Autogr. m. Eintr. v. fr. Hd., 60 fol. [Slg. Bote & Bock 1.75.57]

Music for Cleveland (1957)

– Skizzen: Autogr., 10 fol. [1.69.129]
– Partitur: Autogr. m. Eintr. v. fr. Hd., 40 fol. [Slg. Bote & Bock 1.75.58]
– Partitur: Korrekturabzug m. autogr. Eintr. u. m. Eintr. v. fr. Hd., 37 fol. [1.69.50]

Musica giocosa (1959)

– Partitur: Autogr. m. Eintr. v. fr. Hd., 20 fol. [Slg. Bote & Bock 1.75.66]

Fanfare zur Eröffnung der Berliner Philharmonie (1963) 6 Hr, 4 Trp, 4 Pos

– Partitur: Fotok. d. Autogr. m. Eintr. v. fr. Hd., 2 fol. [Slg. Bote & Bock 1.75.104]

Stars and Strings (1972) 4 Sax, 2 Trp, 2 Pos, Schl, Kl, Kb, Streichorch

– Skizzen: Autogr., 5 fol. [1.69.112]
– Partitur: Autogr. m. Eintr. v. fr. Hd., 17 fol. [Slg. Bote & Bock 1.75.117]
– Ergänzungen zur Altsaxophon- u. Schlagzeug-Stimme: Autogr., 2 fol. [Slg. Bote & Bock 1.75.118]

Fanfare für drei Orchester zum Richtfest der Staatsbibliothek (1973) I: 2 Trp, 2 Pos; II: 2 Trp, 2 Pos, Tb; III: 3 Hr

– Skizzen: Autogr., 2 fol. [1.69.117]
– Partitur: Autogr., 2 fol. [Slg. Bote & Bock 1.75.105]

Pentagramm für 16 Streichinstrumente (1973)
1. Allegro, 2. Andante, 3. Presto, 4. Lento

– Skizzen: Autogr., 8 fol. [1.69.113]
– Partitur: Autogr. m. Eintr. v. fr. Hd., 26 fol. [Slg. Bote & Bock 1.75.132]

Poème (1974)

– Skizzen: Autogr., 5 fol. [1.69.126]
– Partitur: Autogr. m. Eintr. v. fr. Hd., 41 fol. [1.69.36]

7. WERKE FÜR SOLOINSTRUMENT[E] UND ORCHESTER

Geigenmusik (1936) Vl, Orch
1. Sinfonia. Allegro, 2. Nachtstück. Andantino, 3. Capriccio. Allegretto grazioso e scherzando

– Klavierauszug u. Solostimme: Lichtp. d. Autogr., 8 fol. + 6 fol. [Slg. Bote & Bock 1.75.11.1-2]

Concerto da Camera (1939) 2 Vl solo, Vc solo, Streichorch

– Partitur: Autogr. m. Eintr. v. fr. Hd., 12 fol. [Slg. Bote & Bock 1.75.13.1]
– Stimmen: Autogr. m. Eintr. v. fr. Hd., 24 fol. [Slg. Bote & Bock 1.75.13.2-7]

Konzert für Klavier und Orchester Nr. 1 (1947)
1. Adagio – Presto, 2. Andante, 3. Allegro

– Partitur: Autogr. m. Eintr. v. fr. Hd., 56 fol. [Slg. Bote & Bock 1.75.36.1]
– Klavierauszug: Autogr. m. Eintr. v. fr. Hd., 25 fol. [Slg. Bote & Bock 1.75.36.2]
– Solo-Stimme f. 1. Satz (unvollst.): Autogr., 4 fol. [1.69.63]

Konzert für Violine und Orchester (1948)
1. Allegro moderato, 2. Adagio, 3. Presto

– Partitur: Autogr. m. Eintr. v. fr. Hd., 50 fol. [Slg. Bote & Bock 1.75.37.1]
– Klavierauszug u. Solo-Stimme: Autogr. m. Eintr. v. fr. Hd., 18 fol. + 6 fol. [Slg. Bote & Bock 1.75.37.2-3]

Concerto für Klarinette, Fagott, Horn, Trompete, Harfe und Streicher (1950)
1. Allegro, 2. Andante con moto, 3. Presto

– Partitur: Autogr., 28 fol. [1.69.30]

Dialog für Flöte, Violine, Klavier und Streicher (1950)
1. Lento – Allegro – Lento, 2. Vivace. Thema – 7 Variationen – Coda

- Entwurf: Autogr., 17 fol. [1.69.161]
- Klavierauszug (zwei Klaviere): Autogr., 31 fol. [1.69.175]
- Klavierauszug (zwei Klaviere) f. 1. Satz: Autogr., 5 fol. [1.69.149]

Konzert für Klavier und Orchester Nr. 2 (in variablen Metren) (1952)
1. Andante – Allegro – Tempo I, 2. Moderato, 3. Molto vivace – Andante – Tempo I

- Partitur: Autogr. m. Eintr. v. fr. Hd., 34 fol. [1.69.33]
- Partitur f. 1. Satz (unvollst.): Autogr., 4 fol. [1.69.128]
- Klavierauszug (2. Satz unvollst.): Autogr. m. hs. Eintr. v. Gerty Herzog u. m. Eintr. v. fr. Hd., 18 fol. [1.69.32.1]
- Klavierauszug f. 2. Satz: Autogr., 2 fol. [1.69.32.2]
- Klavierauszug: Dr. m. hs. Eintr. v. Gerty Herzog, 37 p. [1.69.46]

Konzert für Bratsche und Orchester (1954)
1. Andante con moto, 2. Allegro molto, 3. Adagio, 4. Presto

- Partitur: Autogr. m. Eintr. v. fr. Hd., 36 fol. [Slg. Bote & Bock 1.75.52.1]
- Ergänzungen zur Solo-Stimme: Autogr. m. Eintr. v. fr. Hd., 1 fol. [Slg. Bote & Bock 1.75.52.2]

Variationen über ein Thema von Muzio Clementi (1961) Kl, Orch

- Partitur: Autogr. m. Eintr. v. fr. Hd., 58 fol. [Slg. Bote & Bock 1.75.70]
- Klavierauszug: Autogr. m. Eintr. v. fr. Hd., 24 fol. [Slg. Bote & Bock 1.75.71]
- Klavierauszug f. 9. Variation (unvollst.): Autogr., 1 fol. [Slg. Bote & Bock 1.75.72]

Konzertstück für Bläserquintett und Streichorchester (1963)
1. Allegro – Intermezzo I, 2. Vivace – Intermezzo II, 3. Molto Allegro

- Entwurf: Autogr., 21 fol. [1.69.125]
- Partitur: Autogr. m. Eintr. v. fr. Hd., 41 fol. [Slg. Bote & Bock 1.75.75]
- Partitur: Fotok. d. Autogr. m. autogr. Eintr. u. m. Eintr. v. fr. Hd., 36 fol. [Slg. Bote & Bock 1.75.76]

Konzert für Violoncello und Orchester (1964)
1. Adagio, 2. Allegretto, 3. Adagio, 4. 5 Variationen. Vivace – Coda. Adagio

- Partitur: Fotok. d. Autogr., 64 fol. [Slg. Bote & Bock 1.75.80]
- Klavierauszug u. Solo-Stimme: Autogr. m. Eintr. v. fr. Hd., 6 fol. + 12 fol. [Slg. Bote & Bock 1.75.81.1-2]

Virtuose Musik für Violine solo, 10 Bläser, Pauken, Schlagzeug und Harfe (1966)
1. Lento – Vivace, 2. Lento, 3. Allegretto

- Partitur: Autogr. m. Eintr. v. fr. Hd., 28 fol. [Slg. Bote & Bock 1.75.94]

Konzert für hohe Trompete und Streichorchester (1970)

- Skizzen: Autogr., 4 fol. [1.69.119]

– Partitur: Autogr. m. Eintr. v. fr. Hd., 12 fol. [Slg. Bote & Bock 1.75.107]
– Solo-Stimme: Autogr., 4 fol. [Slg. Bote & Bock 1.75.108]

Maestoso – Allegro (um 1970) Kl, Orch / Fragment

– Partitur (unvollst.): Autogr., 8 fol. [1.69.66]

Konzert für Klarinette und Kammerorchester (1971)
1. Allegro, 2. Moderato – 4 Variationen – Coda. Presto

– Partitur: Autogr. m. Eintr. v. fr. Hd., 18 fol. [Slg. Bote & Bock 1.75.113]
– Klavierauszug: Autogr., 8 fol. [Slg. Bote & Bock 1.75.114]

8. KAMMERMUSIK

Drei Stücke für Flöte, 2 Klarinetten (A) und Schlagzeug (1927)
1. Andante, 2. Allegretto, 3. Tempo di Valse

– Partitur sowie Entwurf f. 4. Stück: Autogr., 2 fol. [1.69.20]

Suite für zwei Klaviere (aus »Habemeajaja«) (1929) Fragment

– Partitur f. 1. Satz »Einleitung und Marsch. Allegro vivace«, 2. Satz »Kanon. Allegretto« u. 3. Satz »Choral. Moderato« (unvollst.): Autogr., 3 fol. [1.69.15]

Streichquartett Nr. 1 (1930)
1. Allegro, 2. Adagio, 3. Finale. Presto

– Stimmen: Autogr. m. Eintr. v. fr. Hd., 26 fol. [Slg. Bote & Bock 1.75.2.1-4]

Ohne Titel (um 1930) Fl, Ob, Fg, Vl, Vla / Fragment

– Partitur f. 2. Satz »Kanon für Violine und Bratsche« u. 4. Satz »Allegro moderato«: Autogr., 1 fol. [1.69.151]

Streichtrio. Drei Studien über jüdische Volkslieder (1931)
1. Allegro moderato, 2. Intermezzo. Andante, 3. Vivace

– Partitur (teils Entwurf) sowie Entwurf f. Variante d. 2. Satzes: Autogr., 5 fol. [1.69.23.1]
– Partitur f. 1. u. 2. Satz: Autogr., 2 fol. [1.69.24]
– Violin-Stimme f. 2. u. 3. Satz: Autogr. 3 fol. [1.69.23.2]
– Violoncello-Stimme: Autogr. m. Eintr. v. fr. Hd., 4 fol. [1.69.23.3]

Sonate für Violine und Klavier (1932) Fragment
1. Allegro moderato, 2. Andante con moto, 3. Vivace

– Violin-Stimme (unvollst.): Autogr. m. Eintr. v. fr. Hd., 4 fol. [1.69.60]

Fünf leichte Duos für 2 Violinen (1936)
1. Moderato assai, 2. Andante, 3. Allegretto, 4. Larghetto, 5. Alla marcia

− Partitur: Autogr., 2 fol. [1.69.14]

Sonate für Flöte und Klavier (1940)
1. Allegro, 2. Andante, 3. Presto − Lento

− Partitur: Autogr. m. Eintr. v. fr. Hd., 6 fol. [Slg. Bote & Bock 1.75.18]

Streichquartett Nr. 2 (1940)
1. Andante − Allegro, 2. Sostenuto − Vivace

− Partitur: Autogr. m. Eintr. v. fr. Hd., 10 fol. [Slg. Bote & Bock 1.75.16]

Sonate für Violoncello und Klavier (1940/1941)
1. Andante − Allegro moderato − Andante, 2. Vivace molto

− Partitur: Autogr., 6 fol. [1.69.29]
− Partitur: Autogr. m. Eintr. v. fr. Hd., 8 fol. [1.69.105]
− Partitur u. Violoncello-Stimme: Fotogr. d. Autogr. m. Eintr. v. fr. Hd., 6 fol. geb., u. Autogr. m. Eintr. v. fr. Hd., 4 fol. [Slg. Bote & Bock 1.75.19.1-2]

Sonate für Violine und Klavier (1941)
1. Allegro non troppo, 2. Andantino − Allegretto, 3. Menuett. Allegretto, 4. Rondo. Allegro

− Partitur u. Violin-Stimme: Autogr. m. Eintr. v. fr. Hd., 9 fol., u. Kopistenschr. m. autogr. Eintr. u. m. Eintr. v. fr. Hd., 4 fol. [Slg. Bote & Bock 1.75.21.1-2]

Sonatine für Klavier zu vier Händen (1942)
1. Moderato, 2. Allegretto, 3. Vivace

− Partitur: Fotogr. d. Autogr. m. autogr. Eintr. u. m. Eintr. v. fr. Hd., 6 fol. [1.69.100]

[Streichquartett] (1943) Fragment

− Partitur f. 2. Satz »Presto« (teils Entwurf) und 4. Satz »Allegro vivace«: Autogr., 10 fol. [1.69.99]

Streichquartett Nr. 3 (1944)
1. Presto, 2. Andantino, 3. Allegro molto, 4. Larghetto

− Partitur: Autogr. m. Eintr. v. fr. Hd., 11 fol. [Slg. Bote & Bock 1.75.26]

Divertimento für Trompete, Posaune und Klavier (1946)
1. Allegro, 2. Andantino, 3. Presto, 4. Moderato, 5. Allegretto, 6. Viertel = 56, 7. Presto

− Partitur u. Posaunen-Stimme: Autogr. m. Eintr. v. fr. Hd., 7 fol. + 3 fol. [Slg. Bote & Bock 1.75.30.1-2]
− Partitur u. Bläser-Stimmen: Dr. m. hs. Eintr. v. Gerty Herzog, 18 p. + 4p. + 4 p. [1.69.47.1-3]
− Partitur u. Bläser-Stimmen: Dr. m. hs. Eintr. v. Gerty Herzog u. montierten Fotok., 18 p. + 4 p. + 4 p. [1.69.48.1-3]
− Partitur: Fotok. d. Autogr., 13 fol. [1.69.27]

»Der Familie zum 6. September 46« (1946) Melodieinstrument, Kl

– Partitur: Autogr., 2 fol. [1.69.174]

[Bläserquintett] (um 1950) Fragment

– Partitur f. 1. Satz »Allegro«: Autogr., 6 fol. [1.69.97]

[Streichquartett in variablen Metren] (um 1950) Fragment

– Partitur f. 1. Satz »Allegro moderato« u. 4. Satz »Presto« (unvollst.): Autogr., 7 fol. [1.69.98.1-2]

Divertimento für vier Holzbläser (1951) Fl, Ob, Klar, Fg
1. Allegro, 2. Moderato – 5 Variationen – Coda

– Partitur: Autogr. m. Eintr. v. fr. Hd., 11 fol. [Slg. Bote & Bock 1.75.42]

Epitaph. Streichquartett Nr. 4 (1951)

– Skizzen: Autogr., 1 fol. [1.69.123]
– Partitur: Fotogr. d. Autogr. m. Eintr. v. fr. Hd., 4 fol. geb. [Slg. Bote & Bock 1.75.44]

Two Poems for Jazz Quartet (1957) Vib, Kb, Schl, Kl
1. Halbe = 120, 2. Halbe = 160

– Partitur: Autogr. m. Eintr. v. fr. Hd., 8 fol. [Slg. Bote & Bock 1.75.59]
– Partitur: Korrekturabzug m. autogr. Eintr. u. m. Eintr. v. fr. Hd., 5 fol. [1.69.49]

Oktett für Klarinette, Fagott, Horn und Streichquintett (1965)
1. Andante, 2. Presto, 3. Andante, 4. Allegro – 5 Variationen – Andante

– Skizzen: Autogr., 10 fol. [1.69.118]
– Partitur: Autogr. m. Eintr. v. fr. Hd., 21 fol. [Slg. Bote & Bock 1.75.87]

Geburtstagsgratulation für HHS [d.i. Hans Heinz Stuckenschmidt] (1966) Klar, Vib

– Skizze in [1.69.4, fol. 4ᵛ] *Improvisation über +-1*
– Partitur: Autogr., 1 fol. [1.69.65]

Improvisation über +-1 (1966) Jazz-Combo, Streichquartett
1. Fassung: Fl, Sax, Schl, Kb, Streichquartett
2. Fassung: Fl, Sax, Trp, Schl, Kb, Streichquartett

– Partitur f. 1. Fass.: Autogr., 10 fol. [1.69.3]
– Partitur d. Bläser f. 2. Fass.: Autogr., 4 fol. [1.69.4]

Spiel mit (mir) ... oder Die sieben Plagen für die lieben Kinder, armen Eltern und beklagenswerten Musiklehrer (1967) Vl, Kl oder 2 Vl, Blockfl ad lib.
1. Leere Saiten. Walzertempo, 2. Dur und Moll. Allegro, 3. Pausen zählen! Moderato, 4. Achtung! Vier Finger auf der D-Saite. Allegretto, 5. Sorgfältig zählen! Allegro, 6. Sich nicht herausbringen lassen. Andantino, 7. Die verflixte Sieben 2/4 + 3/8 = ?. Allegretto

– Gliederung u. Skizze f. 5. Satz: Autogr., 2 fol. [1.69.114]
– Partitur u. Stimmen f. Vl 2 u. Blockfl: Autogr. m. Eintr. v. fr. Hd., 9 fol. [Slg. Bote & Bock 1.75.102]

Variationen über einen divergierenden c-moll-Dreiklang. Streichquartett Nr. 5 (1967)

– Skizzen: Autogr., 8 fol. [1.69.124]
– Partitur: Autogr. m. Eintr. v. fr. Hd., 18 fol. [Slg. Bote & Bock 1.75.121]
– Korrekturen: Autogr., 1 fol. [Slg. Bote & Bock 1.75.122]

Triga einer chromatischen Leiter (1970) Fl, Klar, Trp, Kl, Streichquartett
Gemeinschaftsarbeit mit Sesshu Kai und Paul Gutama Soegijo
1. Teil: Westen (Boris Blacher), 2. Teil: Osten (Sesshu Kai), 3. Teil: Südosten (Paul Gutama Soegijo)

– Partitur f. 1. Teil: Autogr., 6 fol. [Slg. Bote & Bock 1.75.109]

[Sonate für Violine und Violoncello] (um 1970)
1. Allegro – Adagio – Allegro, 2. Adagio – Presto

– Partitur: Autogr., 9 fol. [498]

Sonate für 2 Solo-Violoncelli und kleines Orchester ad libitum (um 1970) Fassung für 2 Solo-Violoncelli
vollständig, Fassung mit Begleitung Fragment
Bearbeitung der Sonate für Violine und Violoncello
1. Allegro – Adagio [– Allegro], 2. Adagio – Presto

– Partitur d. Fass. f. 2 Solo-Violoncelli u. Entwurf d. Begleitung: Autogr., 14 fol. [1.69.67.1]
– Partitur d. Fass. m. Begleitung (unvollst.): Autogr., 1 fol. [1.69.67.2]

Blues, Espagnola und Rumba philharmonica (1972) 12 Vc
1. Blues. Blues-Tempo, 2. Espagnola. Presto, 3. Rumba

– Partitur: Autogr. m. Eintr. v. fr. Hd., 30 fol. [Slg. Bote & Bock 1.75.112]

Duo für Flöte und Klavier (1972)
1. Allegro moderato, 2. Andante, 3. Presto, 4. Andante

– Skizzen: Autogr., 3 fol. [1.69.121]
– Partitur: Autogr. m. Eintr. v. fr. Hd., 12 fol. [Slg. Bote & Bock 1.75.119]

Sonate für 2 Violoncelli und 11 Instrumente ad libitum (1972)
1. Allegro, 2. Presto, 3. Andante

– Partitur d. Fass. f. 2 Violoncelli: Autogr. m. Eintr. v. fr. Hd., 4 fol. [Slg. Bote & Bock 1.75.116]
– Partitur d. Fass. m. Begleitung: Autogr. m. Eintr. v. fr. Hd., 18 fol. [Slg. Bote & Bock 1.75.115]

Quintett für Flöte, Oboe, Violine, Viola und Violoncello (1973/1974)
1. Lento, 2. Allegro, 3. Moderato – 6 Variationen – Coda

– Partitur: Autogr. m. Eintr. v. fr. Hd., 14 fol. [Slg. Bote & Bock 1.75.124]

Variationen über ein Thema von Tschaikowski (1974) Vc, Kl

– Abschrift des Themas: Fotok. d. Autogr., 1 fol. [Slg. Bote & Bock 1.75.123.3]
– Skizzen: Autogr., 7 fol. [1.69.116]
– Partitur u.Violoncello-Stimme: Fotok. d. Autogr., 10 fol. + 4 fol. [Slg. Bote & Bock 1.75.123.1-2]

[Streichquartett Nr. 6] (1975) Fragment

– Partitur u. Stimmen f. »Lento«: Fotok. d. Autogr., 2 fol. + Dr., 5 fol. [Slg. Bote & Bock 1.75.170]

9. WERKE FÜR EIN SOLOINSTRUMENT

Apokrify Buduaro-Salonnyje [Boudoir-Salon-Apokryphen] (Autorschaft Blachers fraglich, vor 1922) Kl
1. Lotos pri sweti lunyk [Lotos im Mondlicht], 2. Kaminnyje tschasy u japonskoi wasy [Kaminuhr bei einer japanischen Vase], 3. Lilowy liker i fioletowaja pudra [Lila Likör und violettes Puder], 4. Farforowy pastuschek [Porzellan-Hirtenknabe], 5. Kitajskaja besdeliza [Chinesische Kleinigkeit], 6. Budda is tschornowo agata [Buddha aus schwarzem Achat], 7. Ritm sowremennosti [Rhythmus der Gegenwart]

– Partitur: Autogr., 8 fol. geh. [1.69.31]

Erste Bismarck-Suite aus der Musik zum Bismarck-Film (1925) Kl
Gemeinschaftsarbeit mit Winfried Wolf
Bearbeitung der Filmmusik zu Bismarck (Deutschland 1925, Regie: Ernst Wendt)
1. In der Schmiede. Ruhig, 2. Vöglein. Sehr ruhig und frei im Takt, 3. Jugendzeit. Alte Weise mit Variationen. Langsam, 4. Bei Plamann (Schulzeit). Gracioso

– Partitur: Dr. m. hs. Eintr. v. Winfried Wolf, 7 p. [1.69.55]

Habemeajaja. Radio-Arie aus der gleichnamigen Oper (1929) Kl

– Partitur: 2 Dr., je 2 fol. [1.69.54.1-2]

Ohne Titel (um 1931) Kl / Fragment

– Partitur f. Nr. 3 »Estnischer Tanz. Allegretto«: Autogr., 2 fol. [1.69.61]

Zwei Toccaten für Klavier (1931)
1. Allegro, 2. Vivo

– Partitur (Nr. 2 unvollst.): Fotok. d. Autogr., 8 fol. [Slg. Bote & Bock 1.75.3]

Zwei Sonatinen für Klavier (1940)
I. Sonatine: 1. Allegro, 2. Andantino – Vivace; II. Sonatine: 1. Moderato, 2. Allegro

– Partitur: Autogr. m. hs. Eintr. v. Gerty Herzog, 8 fol. [Slg. Bote & Bock 1.75.14]

Sonate für Klavier (1942)
1. Allegro moderato, 2. Andante, 3. Presto

– Partitur: Autogr., 6 fol. [Slg. Bote & Bock 1.75.134]

Sonate Nr. 1 für Klavier (1943)
1. Allegro vivace, 2. Presto, 3. Alla marcia funebre

– Partitur m. Varianten f. 3. Satz: Autogr. m. Eintr. v. fr. Hd., 9 fol., u. Fotok. m Eintr. v. fr. Hd., 4 fol. [1.69.28.1-3]
– Partitur (unvollst.): Autogr. m. Eintr. v. fr. Hd., 4 fol. [Slg. Bote & Bock 1.75.136]
– Partitur m. Varianten f. 3. Satz: Fotok. d. Autogr. m. Eintr. v. fr. Hd., 13 fol. [Slg. Bote & Bock 1.75.137]
– Partitur (unvollst.): Fotok. d. Autogr., 6 fol. [Slg. Bote & Bock 1.75.138]

Sonate Nr. 2 für Klavier (1943)
1. Andante, 2. Con fuoco, 3. Tempo di Minuetto, 4. Presto

– Partitur: Autogr., 8 fol. [Slg. Bote & Bock 1.75.135]

»Der Meisterin vom Weihnachtsmann« (1943) Kl / Fragment

– Partitur f. Nr. 2 »Andante« u. Nr. 3 »Moderato«: Autogr., 1 fol. [1.69.57]

[Vier Klavierstücke] (um 1949)
1. Vivace, 2. Larghetto, 3. Allegretto, 4. Molto Allegro

– Entwurf f. Nr. 1 in [1.69.102, fol. 14ᵛ] *Der Wald*
– Partitur: Autogr., 4 fol. [1.69.101.1]
– Partitur f. Nr. 1 u. Nr. 4: Autogr., 4 fol. [1.69.101.2]

Ornamente. Sieben Studien über variable Metren (1950) Kl
1. Vivace, 2. Andante, 3. Allegro, 4. Allegretto, 5. Allegro, 6. Moderato, 7. Presto

– Skizzen f. Nr. 4-6 in [1.69.160, fol. 5, 7-8] *Sonate Nr. 3 für Klavier*
– Partitur: Autogr., 8 fol. [1.69.26]
– Partitur: Autogr. m. Eintr. v. fr. Hd., 10 fol. [Slg. Bote & Bock 1.75.40]

Sonate Nr. 3 für Klavier (1951)
1. Allegro ma non troppo – Andante, 2. Andante – Vivace

– Skizzen: Autogr., 9 fol. [1.69.160]
– Partitur: Autogr. m. Eintr. v. fr. Hd., 6 fol. [1.69.25]
– Partitur (unvollst.): Fotogr. d. Autogr. m. Eintr. v. fr. Hd., 11 fol. [Slg. Bote & Bock 1.75.43]

Vier Studien für Cembalo (1964/1967)
1. Andantino, 2. Allegretto, 3. Moderato, 4. Allegretto

– Partitur f. 1.-3. Studie: Autogr. m. Eintr. v. fr. Hd., 2 fol. [Slg. Bote & Bock 1.75.95]

Variationen über eine Tonleiter (1973) Vl

– Partitur: Autogr. m. Eintr. v. fr. Hd., 2 fol. [Slg. Bote & Bock 1.75.147.1]
– Partitur (unvollst.): Autogr. m. Eintr. v. fr. Hd., 2 fol. [Slg. Bote & Bock 1.75.148.1]
– Partitur: Hs. v. Kolja Blacher, 3 fol. [Slg. Bote & Bock 1.75.149]

–   Partitur: Fotok. d. Autogr., 4 fol. [Slg. Bote & Bock 1.75.147.2]
–   Partitur: Fotok. d. Autogr., 6 fol. [Slg. Bote & Bock 1.75.148.2]

Vierundzwanzig Préludes (1974) Kl
1. Allegro, 2. Allegretto, 3. Moderato, 4. Presto, 5. Allegretto, 6. Andante, 7. Maestoso, 8. Agitato, 9. Adagio, 10. Vivace, 11. Lento, 12. Allegro molto, 13. Allegretto, 14. Lento, 15. Vivace, 16. Adagio, 17. Agitato, 18. Maestoso, 19. Andante, 20. Allegretto, 21. Presto, 22. Moderato, 23. Allegretto, 24. Allegro

–   Gliederung sowie Entwurf f. Nr. 1 u. Nr. 17-24: Autogr., 6 fol. [1.69.110]

10. WERKE FÜR SOLOGESANG

Jazz-Koloraturen (1929) Sopr, Sax, Fg
1. Slowfox, 2. Allegro molto (Charlestontempo)

–   Partitur: Autogr. m. Eintr. v. fr. Hd., 4 fol. [Slg. Bote & Bock 1.75.1]

In jenem Autobus. Foxtrott (um 1930) Ges, Kl
(Adam Adrio)

–   Partitur: Autogr., 1 fol. [1.69.12]

Liebling sei nicht bös mit mir. Slow Fox (um 1930) Ges, Kl

–   Partitur: Autogr., 2 fol. [1.69.2]

Fünf Sinnsprüche Omars des Zeltmachers (1930/1931) Mittlere Stimme, Kl
(Omar Khayyam, dt. Übersetzung: Friedrich Rosen)
1. »Des Lebens Karawane zieht mit Macht dahin«. Sostenuto, 2. »Von diesem Kreis, in dem wir hier uns drehn«. Moderato, 3. »Heut, wo noch Rosendüfte mich umschweben«. Allegro, 4. »In jener Nacht, wo keine Sterne blinken«. Lento, 5. »Omar der Zeltmacher hat von früh bis spät«. Allegretto

–   Skizze f. Nr. 1: Autogr., 2 fol. [1.69.158]
–   Partitur f. Nr. 1-3 u. Nr. 5: Autogr., 2 fol. [1.69.21]
–   Partitur f. Nr. 1 u. Nr. 4: Autogr. m. Eintr. v. fr. Hd., 1 fol. [Slg. Bote & Bock 1.75.7]

Du bist dort und ich bin hier (1943) Ges, Kl

–   Partitur: Fotok. d. Autogr., 1 fol. [1.69.107]

Drei Psalmen (1943) Bar, Kl
1. Psalm 142. Moderato – Presto, 2. Psalm 141. Allegro molto – Andante, 3. Psalm 121. Moderato

–   Partitur: Fotogr. d. Autogr., 6 fol. geb. [Slg. Bote & Bock 1.75.24]
–   Partitur d. Bearbeitung f. Bariton u. Instrumentalensemble von Frank Michael Beyer (1966): Hs. v. Frank Michael Beyer m. Eintr. v. fr. Hd., 11 fol. [Slg. Bote & Bock 1.75.25]

Und was bekam des Soldaten Weib (1947) Ges, Kl
(Bertolt Brecht)

– Partitur: Kopistenschr., 2 fol. [1.69.7]

Vier Lieder nach Texten von Friedrich Wolf (1947) Hohe Stimme, Kl
1. Kirschkerne. Allegro molto, 2. Das Zirkuspferdchen. Allegretto, 3. Herzensverstand. Lento, 4. Die
Hexe. Allegro

– Partitur: Autogr. m. Eintr. v. fr. Hd., 8 fol. [Slg. Bote & Bock 1.75.33]

Chinesisches Wiegenlied (um 1948) Ges, Kl

– Partitur u. Text: Autogr. m. Eintr. v. fr. Hd. u. m. montiertem Ts., 2 fol. [1.69.56]

Friedenspolitik (um 1948) Ges, Kl

– Particell: Autogr., 1 fol. [1.69.11]

Linker Marsch (1948) Ges, 3 Klar, 2 Trp, Pos, Kb, Kl
(Wladimir Majakowski, dt. Übersetzung: Hugo Huppert)

– Partitur d. Instrumentalsatzes: Autogr., 1 fol. [1.69.10.1]
– Klavierauszug: Autogr., 1 fol. [1.69.10.2]
– Stimmen f. Bläser u. Klavier: Kopistenschr., 7 fol. [Slg. Bote & Bock 1.75.140.1-7]

Von der Freundlichkeit der Welt (um 1948) Ges, Kl oder Git
(Bertolt Brecht)

– Entwurf: Autogr., 2 fol. [1.69.9]
– Gitarren-Stimme: 2 Fotok. d. Kopistenschr., je 1 fol. [501]

Der Graben / Rote Melodie (um 1948) Ges, Klar, Trp, Pos, Git, Kb
(Kurt Tucholsky)

– Partitur d. Instrumentalsatzes: Autogr., 4 fol. in Umschl. [533]

Der Mund (um 1950) Ges, Kl / Fragment

– Partitur (unvollst.) u. Skizze: Autogr., 4 fol. [1.69.142]

Prometheus (um 1950) Ges, Kl

– Partitur: Autogr., 2 fol. [1.69.104]

Nebel (1951) Ges, Kl
(Carl Sandburg)

– Entwurf in [1.69.161, fol. 12ᵛ] *Dialog für Flöte, Violine, Klavier und Streicher*

Warum fährst Du nicht nach Wannsee? Foxtrot (1951) Ges, Kl
(Hannes Almo)

– Partitur: Autogr. m. Eintr. v. fr. Hd., 2 fol. [1.69.59]
– Partitur: Dr. (unter dem Pseudonym Gustav Bernard), 2 fol. [1.69.51]

Francesca da Rimini. Fragment aus Dantes »Göttliche Komödie« (1954) Sopr, Vl

– Partitur: Autogr., 6 fol. [Slg. Bote & Bock 1.75.51]

Thirteen Ways of Looking at a Blackbird (1957) Hohe Stimme, Streichquartett oder Kl
(Wallace Stevens, dt. Übersetzung: Kurt Heinrich Hansen)

– Entwurf: Autogr., 4 fol. [1.69.139]

Aprèslude. Vier Lieder nach Gedichten von Gottfried Benn (1958) Mittlere Stimme, Kl
1. Gedicht. Moderato, 2. Worte. Allegretto, 3. Eure Etüden. Andante, 4. Letzter Frühling. Allegretto

– Skizzen: Autogr., 4 fol. [Slg. Bote & Bock 1.75.63]
– Partitur: Autogr. m. Eintr. v. fr. Hd., 7 fol. [Slg. Bote & Bock 1.75.62]

Five Negro Spirituals (1962) Ges, 3 Klar, Pos, Vib, Schl, Kb
1. »Talk about a child that do love Jesus«. Slow, 2. »My soul's been anchored in de Lord«. Andantino, 3. »Jesus walked this lonesome valley«. Andante con moto, 4. »Oh nobody knows the troubles I've seen«. Slow, 5. »My good Lord done been here«. Lively

– Entwurf: Autogr. m. Eintr. v. fr. Hd., 7 fol. [Slg. Bote & Bock 1.75.74]

Ungereimtes (1967) mittlere Stimme, Kl
(Kinderreime aus der Anthologie *Allerleirauh* von Hans Magnus Enzensberger)
1. »A b c d e f und g«. Allegretto, 2. »Unser Schaulmester es en gelärden Mann«. Tempo Menuetto, 3. »Madmaselle Pimpernelle«. Moderato, 4. »Guete Tag, mon cher Papa!«. Allegretto, 5. »Quunk, Quai quenni«. Allegro, 6. »Anzkiis kwanzkiis kurschpiis kluus«. Allegretto, 7. »Ich und du und dem Müller sein Kuh«. Vivace

– Partitur: Fotogr. d. Autogr., 9 fol. [Slg. Bote & Bock 1.75.103]
– Partitur u. Text f. Nr. 6 u.d.T. »Chinesisch« siehe [Slg. Technische Universität Berlin 494] *Suite*

For Seven = 3(6+X) (1973) Sopr, Jazzensemble
1. Bluestempo, 2. Allegro, 3. Fast

– Skizzen: Autogr., 9 fol. [1.69.120]
– Partitur: Autogr. m. Eintr. v. fr. Hd., 12 fol. [Slg. Bote & Bock 1.75.96]

Prélude und Konzertarie (1974) Mez, Orch
(Vera Little)
1. Prélude. Allegretto, 2. »Tears come to my eyes«. Bluestempo

– Partitur: Autogr. m. Eintr. v. fr. Hd., 22 fol. [Slg. Bote & Bock 1.75.133]

11. CHORWERKE

Gesang der Rotationsmaschinen (1930) Chor
(Erich Weinert)

– Partitur: Autogr., 2 fol. [1.69.6]

Drei Chorplakate (1931) Mchor
1. »Wir brauchen Arbeit und Brot«. Schnell, 2. »Für den Sechsstundentag und vollen Arbeitslohn«. Im schnellen Marschtempo, 3. »Hinein in die Rote Einheitsfront«. Schreiend

– Partitur: Autogr., 6 fol. [1.69.5.1-3]

Der Großinquisitor. Oratorium (1942) Bar, Chor, Orch
(Leo Borchard nach Fedor Dostojewski)
I. Teil: 1. »Nach seiner unendlichen Barmherzigkeit«. Moderato, 2. »Unmerklich und leise kommt er daher«. Adagio, 3. »Aus der Menge tönt laut«. Vivace, 4. »Die Stufen des Doms von Sevilla«. Allegro, 5. »Da schreitet plötzlich«. Sostenuto, 6. Allegro marcia, 7. »Einmütig wie von gleichem Willen gelenkt«. Maestoso, II. Teil: 8. »Langsam neigt sich der Tag«. Appassionato, 9. »Bist Du es wirklich, Du?«. Moderato, 10. »Der furchtbare und kluge Geist«. Allegro, 11. »Drei Mächte sind es allein«. Andante – Allegro – Tempo I, 12. »So höre denn«. Vivace, 13. »Du rühmst dich deiner Auserwählten«. Andante – Molto allegro, 14. »Wisse denn, ich fürchte dich nicht«. Andante – Allegro moderato

– Partitur f. I. Teil: Fotogr. d. Autogr. m. autogr. Eintr. u. m. Eintr. v. fr. Hd., 45 fol. geb. [Slg. Bote & Bock 1.75.22]
– Partitur f. II. Teil: Autogr. m. Eintr. v. Johannes Schüler u. m. Eintr. v. fr. Hd., 74 fol. geb. [Slg. Bote & Bock 1.75.23]
– Klavierauszug: Dr., 80 p. [1.69.45]
– Text in engl. Übersetzung: Ts.-Dg. m. Eintr. v. fr. Hd., 5 fol. [1.69.74]

Rückblick und Ausblick (nach 1942) Baß, Mchor, Kl / Fragment

– Partitur f. Nr. 2 »Wir säen aus...!«: Kopistenschr., 2 fol. [1.69.103]

Vier Chöre nach Texten von François Villon (1944) Chor
1. Der Scholar vom linken Balken. Con fuoco, 2. Ballade des guten Rates denen, die schlechten Lebenswandel führen. Allegro molto, 3. Rondeau. Moderato, 4. Ballade vom Piraten. Vivace

– Partitur: Autogr. m. Eintr. v. fr. Hd., 5 fol. [Slg. Bote & Bock 1.75.27]

Träume vom Tod und vom Leben. Kantate (1955) Ten, Chor, Orch
(Hans Arp)
1. »Um das Herz wölbt sich ein singender Himmel«. Moderato, 2. »Der Grund füllt sich«. Andante, 3. »Aber im Sommer wachsen den Toten wieder Flügel«. Adagio, 4. »Auf die Erde herab stürzt das brennende Fleisch des Himmels«. Allegro molto, 5. »Wer pflückt das Blatt des Himmels«. Sostenuto molto, 6. »Nur im Schlaf ist der Himmel voller Augen und Knospen«. Andante con moto, 7. »Die Blätter eilen den Flügeln zu Hilfe«. Presto – Andante

– Skizzen: Autogr., 12 fol. [1.69.108]

- Partitur: Autogr. m. Eintr. v. fr. Hd., 48 fol. [Slg. Bote & Bock 1.75.54.1]
- Klavierauszug: Autogr. m. Eintr. v. fr. Hd., 24 fol. [Slg. Bote & Bock 1.75.54.2]

Die Gesänge des Seeräubers O'Rourke und seiner Geliebten Sally Brown beide auf das Felseneiland En Vano Anhelar verschlagen (1958) Hoher Sopr, Chansonsängerin, Bar, Spr, Sprech-Chor, Orch
(Gregor von Rezzori)
1. Die Insel En Vano Anhelar, 2. Sturm und Schiffbruch, 3. Die Vögel, 4. Nacht, 5. Sally flüstert in das Ohr des schlafenden O'Rourke, 6. O'Rourke spricht im Traum, 7. Sally grüßt die Sonne, 8. Hymne auf die Zweisamkeit, 9. Durst, 10. Ein Schiff kommt in Sicht, 11. Sally erzählt von ihrer Jugend, 12. O'Rourke entwirft Atlanten und Planigloben, 13. Der Wal, 14. Sally wird Mutter, 15. O'Rourke gesteht seine Liebe

- Skizzen: Autogr., 9 fol. [1.69.140]
- Partitur für Nr. 1-7: Fotogr. d. Autogr. m. autogr. Eintr. u. m. Eintr. v. fr. Hd., 32 fol. [Slg. Bote & Bock 1.75.60]
- Klavierauszug u. Skizzen: Autogr. m. Eintr. v. fr. Hd., 22 fol. [Slg. Bote & Bock 1.75.61]

Requiem (1958/1959) Sopr, Bar, Chor, Orch
1. Requiem aeternam. Andante – Kyrie. Fließend, nicht zu schnell, 2. Dies irae. Allegro moderato – Allegro feroce, 3. Domine Jesu. Moderato, 4. Sanctus. Allegro, 5. Agnus Dei. Andante, 6. Lux aeterna. Adagio, 7. Libera me. Allegro – Andante

- Particell: Autogr., 45 fol. [1.69.58]
- Partitur: Autogr. m. Eintr. v. fr. Hd., 96 fol. [Slg. Bote & Bock 1.75.64]
- Klavierauszug: Autogr. m. Eintr. v. fr. Hd., 18 fol. [Slg. Bote & Bock 1.75.65]

Anacaona. Six Poems (1969) Chor
(Alfred Tennyson)
1. »A dark Indian maiden«. Moderato, 2. »All her loving childhood«. Allegretto, 3. »In the purple island«. Allegro, 4. »The white man's white sail«. Allegro moderato, 5. »Naked, without fear«. Andante, 6. »Following her wild carol«. Moderato

- Particell f. Nr. 1-2 u. Skizzen: Autogr., 3 fol. [1.69.109]
- Partitur: Fotogr. d. Autogr., 4 fol. geb. [Slg. Bote & Bock 1.75.106]

Vokalisen (1974) Chor
1. »A«. Moderato, 2. »A E«. Allegro molto, 3. »A E I«. Vivace, 4. »A E I O«. Tempo Tango, 5. »A E I O U«. Presto

- Entwurf: Autogr., 6 fol. [1.69.159]

12. ELEKTROAKUSTISCHE MUSIK

Raum-Musik IV (um 1960) Live-Kl, Tonband, Tonmühle

- Particell: Autogr., 2 fol. [Slg. Technische Universität Berlin 469]

[Studie für drei Klangfarben und schlagzeugartige Klänge] (um 1960)

– Partitur: Autogr., 2 fol. [Slg. Technische Universität Berlin 468]

Multiple Raumperspektiven für Live-Klavier und drei Klangerzeuger (1961/1962)
1. Moderato, 2. Moderato, 3. Presto, 4. Moderato

– Skizzen: Autogr., 14 fol. [1.69.115]
– Partitur: Autogr., 18 fol. [Slg. Bote & Bock 1.75.73.1-4]
– Partitur d. dreisätzigen Frühfassung: Fotogr. d. Autogr., 12 fol. [Slg. Bote & Bock 1.75.73.5-7]
– Stimmen f. Live-Klavier u. Zuspielbänder: Kopistenschr. m. autogr. Eintr. u. m. Eintr. v. Gerty Herzog, 27 fol. [1.69.106]
– Skizze f. »Elemente zur Verfremdung«: Hs. v. Rüdiger Rüfer, 2 fol. [Slg. Technische Universität Berlin 471]
– Aufzeichnungen zur Tonbandrealisation: Hs. v. Rüdiger Rüfer, 3 fol. [Slg. Technische Universität Berlin 472]
– Partitur f. Zuspielband d. 2. Satzes: Hs. v. Rüdiger Rüfer, 6 fol. [Slg. Technische Universität Berlin 470]

Skalen 2:3:4 (1964)
Elektronische Realisierung: Rüdiger Rüfer

– Entwurf: Autogr., 2 fol. [Slg. Technische Universität Berlin 473]
– Realisationsbeschreibung: Hs. v. Rüdiger Rüfer, 3 fol. [Slg. Technische Universität Berlin 474]

Suite (1968)
Elektronische Realisierung: Rüdiger Rüfer

– Violoncello-Stimme: Autogr. m. Eintr. v. fr. Hd., 2 fol. [Slg. Technische Universität Berlin 478]
– Violoncello-Stimme: 2 Fotok. d. Autogr. m. Eintr. v. fr. Hd., je 2 fol. [Slg. Technische Universität Berlin 479]
– Partitur u. Text f. Nr. 6 aus *Ungereimtes* u.d.T. »Chinesisch«: Kopistenschr., 2 fol.; 3 Lichtp., je 2 fol.; Fotok. d. Dr. m. Eintr. v. fr. Hd., 1 fol. [Slg. Technische Universität Berlin 494]

Stücke für zwei Klarinetten bzw. eine Klarinette (1967)

– Partitur: Kopistenschr. m. autogr. Eintr., 2 fol. [Slg. Technische Universität Berlin 477]

Ariadne. Duodram für zwei Sprecher und Elektronik (1968–1970)
(Johann Christian Brandes)
Elektronische Realisierung: Rüdiger Rüfer

– Text: Fotok. d. Dr. m. autogr. Eintr. u. m. Eintr. v. fr. Hd., 4 fol. [Slg. Bote & Bock 1.75.97]
– Skizze: Autogr., 1 fol. [Slg. Bote & Bock 1.75.98]
– Graphische Partitur: Autogr., 28 fol. [Slg. Bote & Bock 1.75.99]
– Graphische Partitur (unvollst.): 2 Fotok. d. Autogr. m. autogr. Eintr. u. m. Eintr. v. fr. Hd., 13 fol. + 10 fol., u. Fotok. d. Kopistenschr. u. d. Autogr., 1 fol. [Slg. Technische Universität Berlin 480]
– Erklärung d. Notation: Fotok. d. Autogr., 4 fol. [Slg. Bote & Bock 1.75.100]
– Erklärung d. Notation u. Notizen zur Textaufteilung: Fotok. d. Autogr., 4 fol., u. Autogr., 1 fol. [Slg. Technische Universität Berlin 481]

Konkatenation (1969)
Elektronische Realisierung: Rüdiger Rüfer

– Violin-Stimme sowie Zeitplan u.d.T. »Violin-Schlagzeugkomposition«: Fotok. d. Autogr., 2 fol., u. Fotok. d. Hs. v. Rüdiger Rüfer m. hs. Eintr. desselben, 4 fol. [Slg. Technische Universität Berlin 482]

Große Kugelkomposition. Musik für Osaka (1970)
Elektronische Realisierung: Rüdiger Rüfer

– Graphische Partitur: Autogr., 9 fol. [Slg. Technische Universität Berlin 483]
– Partitur des polyphonen Teils u. Zeitberechnungen: Autogr., 2 fol. [Slg. Technische Universität Berlin 484]
– Graphische Partitur des polyphonen Teils: Hs. v. Rüdiger Rüfer, 2 fol. [Slg. Technische Universität Berlin 486]
– Graphische Partitur m. Eintr. zur räumlichen Verteilung u. Partitur des polyphonen Teils: Fotok. d. Autogr. m. hs. Eintr. v. Rüdiger Rüfer u. Hs. v. Rüdiger Rüfer, 17 fol. [Slg. Technische Universität Berlin 487]
– Graphische Partitur u. Skizzen zur Ausarbeitung des polyphonen Teils: Fotok. d. Autogr. u. d. Hs. v. Rüdiger Rüfer, 16 fol. [Slg. Technische Universität Berlin 488]
– Graphische Partitur m. Eintr. zur Raumverteilung: 3 Fotok. d. Autogr. u. d. Hs. v. Rüdiger Rüfer m. hs. Eintr. v. Rüdiger Rüfer, 13 fol. + 10 fol. + 14 fol. [Slg. Technische Universität Berlin 489]
– Form- u. Materialbeschreibung: Ts.-Dg. m. hs. Eintr. v. Rüdiger Rüfer, 2 fol. [Slg. Technische Universität Berlin 485]
– Realisationsbeschreibung: Hs. v. Rüdiger Rüfer, 7 fol. [Slg. Technische Universität Berlin 490]
– Realisationsbeschreibung f. Schlußteil u. Lautsprecheranordnung: Hs. v. Rüdiger Rüfer, 2 fol. [Slg. Technische Universität Berlin 491]
– Zuordnung der Lautsprechergruppen zu den Bandspuren u. graphische Partitur des polyphonen Teils: Fotok. d. Dr., 2 fol. [Slg. Technische Universität Berlin 492]

Reihe im Zerrspiegel (1972)
Elektronische Realisierung: Rüdiger Rüfer

– Klavier- u. Cembalo-Stimme: Autogr. m. hs. Eintr. v. Gerty Herzog, 3 fol. [Slg. Bote & Bock 1.75.146]
– Klavier- u. Cembalo-Stimme m. Eintr. zur Tonband-Einspielung u. Live-Verfremdung: 2 Fotok. d. Autogr. m. hs. Eintr. v. Rüdiger Rüfer, 3 fol. + 2 fol. [Slg. Technische Universität Berlin 493]

13. BEARBEITUNGEN FREMDER WERKE

Isaac Albéniz: Córdoba [Cantos de España op. 232 Nr. 4] (um 1935) Orch

– Partitur: Autogr. m. Eintr. v. fr. Hd., 4 fol. [Slg. Bote & Bock 1.75.151.1]
– Stimmen: Autogr. u. Kopistenschr. m. Eintr. v. fr. Hd., 55 fol. [Slg. Bote & Bock 1.75.151.2]

Anonym: Hohenfriedberger Marsch. Ältere Form (um 1935) Orch

- Partitur: Autogr. m. Eintr. v. fr. Hd., 2 fol. [Slg. Bote & Bock 1.75.165.1]
- Stimmen: Autogr. u. Kopistenschr. m. Eintr. v. fr. Hd., 24 fol. [Slg. Bote & Bock 1.75.165.2]

Frédéric Chopin: Polonaise As-Dur op. 53 (um 1935) Orch

– Partitur: Autogr. m. Eintr. v. fr. Hd., 14 fol. [Slg. Bote & Bock 1.75.152.1]
– Stimmen: Autogr. u. Kopistenschr. m. Eintr. v. fr. Hd., 73 fol. [Slg. Bote & Bock 1.75.152.2]

Frédéric Chopin: Valse op. 34 Nr. 2 (um 1935) Orch

– Partitur: Autogr. m. Eintr. v. fr. Hd., 6 fol. [Slg. Bote & Bock 1.75.153.1]
– Stimmen: Autogr. u. Kopistenschr. m. Eintr. v. fr. Hd., 39 fol. [Slg. Bote & Bock 1.75.153.2]

Claude Debussy: Valse Romantique (um 1935) Orch

– Partitur: Autogr. m. Eintr. v. fr. Hd., 4 fol. [Slg. Bote & Bock 1.75.154.1]
– Stimmen: Autogr. u. Kopistenschr. m. Eintr. v. fr. Hd., 32 fol. [Slg. Bote & Bock 1.75.154.2]

Georg Friedrich Händel: Sarabande [aus der Klaviersuite Nr. 4 d-moll HWV 437] (um 1935) Streichorch

– Partitur: Autogr. m. Eintr. v. fr. Hd., 2 fol. [Slg. Bote & Bock 1.75.155.1]
– Stimmen: Autogr. u. Kopistenschr. m. Eintr. v. fr. Hd., 12 fol. [Slg. Bote & Bock 1.75.155.2]

Georg Friedrich Händel: Trauermarsch aus »Samson« [HWV 57] (um 1935) Orch

– Partitur: Autogr. m. Eintr. v. fr. Hd., 2 fol. [Slg. Bote & Bock 1.75.156.1]
– Stimmen: Autogr. u. Kopistenschr. m. Eintr. v. fr. Hd., 23 fol. [Slg. Bote & Bock 1.75.156.2]

Ulrich Kessler: Matrosentanz (um 1935) Orch

– Partitur: Autogr. m. Eintr. v. fr. Hd., 3 fol. [Slg. Bote & Bock 1.75.157.1]
– Stimmen: Autogr. u. Kopistenschr. m. Eintr. v. fr. Hd., 29 fol. [Slg. Bote & Bock 1.75.157.2]

Anatolij Ljadow: Valse-Badinage [Une tabatière à musique] op. 32 (um 1935) Picc, 2 Fl, 2 Klar, Hf, Glockenspiel

– Partitur: Autogr. m. Eintr. v. fr. Hd., 2 fol. [Slg. Bote & Bock 1.75.158.1]
– Stimmen: Autogr. u. Kopistenschr. m. Eintr. v. fr. Hd., 8 fol. [Slg. Bote & Bock 1.75.158.2]

Wolfgang Amadeus Mozart: Marsch [Alla Turca] aus der Sonate A-Dur KV 331 (um 1935) Orch

– Partitur: Autogr. m. Eintr. v. fr. Hd., 8 fol. [Slg. Bote & Bock 1.75.159.1]
– Stimmen: Autogr. u. Kopistenschr. m. Eintr. v. fr. Hd., 60 fol. [Slg. Bote & Bock 1.75.159.2]

Wolfgang Amadeus Mozart: Zwei Menuette [Allegro KV 15ᵃ und Minuetto KV 15ᶠᶠ] (um 1935) Streichorch

– Partitur: Autogr. m. Eintr. v. fr. Hd., 3 fol. [Slg. Bote & Bock 1.75.160.1]
– Stimmen: Autogr. m. Eintr. v. fr. Hd., 10 fol. [Slg. Bote & Bock 1.75.160.2]

Sergej Prokofjew: Getanzte Gedanken [Visions fugitives op. 22 Nr. 10 und Nr. 12] (um 1935) Orch

– Partitur: Autogr. m. Eintr. v. fr. Hd., 4 fol. [Slg. Bote & Bock 1.75.161.1]
– Stimmen: Autogr. u. Kopistenschr. m. Eintr. v. fr. Hd., 16 fol. [Slg. Bote & Bock 1.75.161.2]

Sergej Rachmaninow: Prélude op. 23 Nr. 5a (um 1935) Orch

– Partitur u. Vorlage: Autogr. m. Eintr. v. fr. Hd., 6 fol., u. Dr., 7 p. [Slg. Bote & Bock 1.75.162.1]
– Stimmen: Autogr. u. Kopistenschr. m. Eintr. v. fr. Hd., 45 fol. [Slg. Bote & Bock 1.75.162.2]

Franz Schubert: Marsch Nr. 2 aus »Deux Marches caractéristiques« C-Dur op. 121 [D 968 B] (um 1935) Orch

– Partitur: Fotok. d. Autogr. m. Eintr. v. fr. Hd., 23 fol. [Slg. Bote & Bock 1.75.163.1]
– Stimmen: Autogr. u. Kopistenschr. (teils Fotok.) m. Eintr. v. fr. Hd., 106 fol. [Slg. Bote & Bock 1.75.163.2]

Bedřich Smetana: Polka op. 7 Nr. 2 (um 1935) Orch

– Partitur: Autogr. m. Eintr. v. fr. Hd., 6 fol. [Slg. Bote & Bock 1.75.164.1]
– Stimmen: Autogr. u. Kopistenschr. m. Eintr. v. fr. Hd., 54 fol. [Slg. Bote & Bock 1.75.164.2]

Hanns Eisler: Einheitsfrontlied (1948) 2 Sax, Trp, Pos, Git, Kb, Kl, Schl
(Bertolt Brecht)

– Stimmen: Autogr. u. Kopistenschr. m. Eintr. v. fr. Hd., 16 fol. [Slg. Bote & Bock 1.75.141.1-8]
– Stimmen f. Saxophon u. Gitarre in [Slg. Bote & Bock 1.75.139.3 u. 9] *Hanns Eisler: Solidaritätslied*

Hanns Eisler: Solidaritätslied (um 1948) 2 Sax, 3 Trp, Pos, Git, Kb, Kl, Schl
(Bertolt Brecht)

– Stimmen: Autogr. u. Kopistenschr. m. Eintr. v. fr. Hd., 10 fol. [Slg. Bote & Bock 1.75.139.1-9]

Modest Mussorgski: Mephistos Flohlied (1949) Ges, Orch
(Johann Wolfgang von Goethe)

– Partitur: Fotok. des Autogr., 8 fol. [1.69.41]

Johann Sebastian Bach: Das musikalische Opfer BWV 1079 (1966) Orch
Gemeinschaftsarbeit mit Wilrich Hoffmann und Thomas Kessler

– Partitur: Lichtdr. m. autogr. Eintr. u. m. Eintr. v. fr. Hd., 96 p. [Slg. Bote & Bock 1.75.88]

Kadenz zu Wolfgang Amadeus Mozart: Konzert für Violine und Orchester G-Dur KV 216, 1. Satz (um 1970) Vl

– Entwurf: Autogr. m. Eintr. v. fr. Hd., 1 fol. [1.69.156]

Nicht identifizierte Fragmente

- Particell f. Chor: Autogr., 4 fol. [1.69.141]
- Partitur f. Orchester sowie Skizzen: Autogr., 5 fol. [1.69.143]
- Entwurf f. Gesang u. Instrumente: Autogr., 3 fol. [1.69.144]
- Partitur f. Jazz-Orchester: Autogr., 2 fol. [1.69.145]
- Partitur f. Gesang u. Klavier: Autogr., 2 fol. [1.69.146]
- Partitur f. Orchester sowie Skizzen: Autogr., 12 fol. [1.69.147]
- Partitur f. Violine u. Klavier sowie Violin-Stimme: Autogr., 6 fol., u. Hs. v. Kolja Blacher, 2 fol. [1.69.152]
- Violoncello-Stimme: Autogr. m. Eintr. v. fr. Hd., 2 fol. [1.69.153]
- Entwurf f. Streichtrio: Autogr., 8 fol. [1.69.154]
- Partitur f. Violine u. Violoncello (teils Entwurf): Autogr., 6 fol. [1.69.155]
- Partitur f. 2 Klaviere: Autogr., 4 fol. [1.69.163]
- Partitur f. Violine u. Orchester sowie Skizzen: Autogr., 6 fol. [1.69.172]
- Partitur f. Klavier: Autogr., 1 fol. [499]
- Particell f. Live-Klavier u. 3 Tonbandspuren (unvollst.): Autogr., 6 fol. [Slg. Technische Universität Berlin 465-466]

Nicht identifizierte Skizzen und Entwürfe

- Autogr., 13 fol. [1.69.150]
- Autogr., 85 fol. [1.69.164]
- Autogr., 60 fol. [1.69.165]
- Autogr., 87 fol. [1.69.166]
- Autogr., 15 fol. [1.69.167]
- Autogr., 107 fol. [1.69.168]
- Autogr., 21 fol. [1.69.169]
- Autogr., 87 fol. [1.69.170]
- Autogr., 25 fol. [1.69.171]
- Autogr., 2 fol. [510]
- Autogr., 1 fol. [Slg. Technische Universität Berlin 467]
- Fotok. d. Autogr., 4 fol. [500]

Studien

- Kontrapunkt- u. Harmonielehreübungen: Autogr., 2 Hefte, je 12 fol. [1.69.196]

Abkürzungen

ad lib.	ad libitum	*Lichtdr.*	Lichtdruck
Akk	Akkordeon	*Lichtp.*	Lichtpause
Autogr., autogr.	Autograph, autograph	*m.*	mit
Bar	Bariton	*masch.*	maschinenschriftlich
Blockfl	Blockflöte	*Mchor*	Männerchor
Cemb	Cembalo	*Mez*	Mezzosopran
d.	des, der	*Nr.*	Nummer
d.i.	das ist	*Ob*	Oboe
Dg.	Durchschlag	*Orch*	Orchester
Dr.	Druck	*p.*	pagina [numerierte Seite]
dt.	deutsch	*Picc*	Piccoloflöte
enth.	enthält	*Pk*	Pauke, -n
Eintr.	Eintragung, -en	*Pos*	Posaune
f.	für	*r*	recto
Fass.	Fassung	*Sax*	Saxophon
Fg	Fagott	*Sopr*	Sopran
Fl	Flöte	*Schl*	Schlagzeug
fol.	folio	*Slg.*	Sammlung
Fotogr.	Fotografie	*Spr*	Sprecher
Fotok.	Fotokopie	*Tb*	Tuba
fr. Hs.	fremde Handschrift	*Ten*	Tenor
geb.	gebunden	*Tr*	Trommel
geh.	geheftet	*Trp*	Trompete
Ges	Gesang	*Ts.*	Typoskript
Git	Gitarre	*u.*	und
Hektogr.	Hektografie	*u.d.T.*	unter dem Titel
Hf	Harfe	*unvollst.*	unvollständig
Hr	Horn	*v*	verso
Hs., hs.	Handschrift, handschriftlich	*v.*	von
jew.	jeweils	*v. fr. Hd.*	von fremder Hand
Kb	Kontrabass	*Vc*	Violoncello
Kl	Klavier	*Vib*	Vibraphon
kl.	klein	*Vl*	Violine
Klar	Klarinette	*Vla*	Viola
Kopistenschr.	Kopistenschrift	*Xyl*	Xylophon

Das Boris-Blacher-Archiv umfaßt neben dem Nachlaß die Blacher-Sammlungen des Verlags Boosey & Hawkes / Bote & Bock, der Technischen Universität Berlin sowie Manuskripte, die von der Stiftung Archiv der Akademie der Künste als Einzelstücke erworben wurden.

Findsignaturen werden in eckigen Klammern angegeben, wobei Signaturen mit dem Bestandteil 1.69. auf den Nachlaß verweisen.

Archive zur Musik des 20. Jahrhunderts

Bd. 1: Gösta Neuwirth
Herausgegeben von Werner Grünzweig, mit Beiträgen von György Kurtág, Claus-Henning Bachmann, Christine Mast, Isabel Mundry, Gösta Neuwirth, Helmut Satzinger, Jürg Stenzl und András Wilheim. Verzeichnis der musikalischen Schriften und Editionen, Inventar der Musikalien im Gösta-Neuwirth-Archiv.
Abbildungen, Notenbeispiele, 87 Seiten; Wolke Verlag 1997; ISBN 3-923997-81-7

Bd. 2: Frank Michael Beyer
Herausgegeben von Werner Grünzweig und Daniela Reinhold, mit Beiträgen von Peter Becker, Elmar Budde, Orm Finnendahl, Georg Katzer, Heinrich Poos, Frank Schneider, Peter Schwarz, Claudia Stahl, Habakuk Traber, André Werner und Gerd Witte. Inventar der Musikalien im Frank-Michael-Beyer-Archiv.
Abbildungen, Notenbeispiele, 107 Seiten; Wolke Verlag 1998; ISBN 3-923997-82-5

Bd. 3: Hanns Eisler. 's müßt dem Himmel Höllenangst werden
Herausgegeben von Maren Köster, mit Dokumenten aus den Materialien zu »Johann Faustus«, Beiträge von Joy Calico, Kersten Glandien, Heiner Goebbels, Eckhard John, Georg Knepler, Maren Köster, Lynn Matheson, Gerd Rienäcker, Peter Schweinhardt, Wolfgang Thiel und Klaus Völker. Inventar der Musikautographe im Hanns-Eisler-Archiv.
Abbildungen, Faksimile, Notenbeispiele, 302 Seiten; Wolke Verlag 1998; ISBN 3-923997-83-3

Bd. 4: Bernd Alois Zimmermann. Du und Ich und Ich und die Welt
Herausgegeben von Heribert Henrich, mit Dokumenten aus den Jahren 1940 bis 1950 (Briefe, Tagebuch »Du und Ich und Ich und die Welt«, Aufsätze und Kritiken). Inventar der Musikalien im Bernd-Alois-Zimmermann-Archiv.
Abbildungen, Faksimile, 152 Seiten; Wolke Verlag 1998; ISBN 3-923997-84-1

Bd. 5: Paul Dessau. »Let's Hope for the Best«
Herausgegeben von Daniela Reinhold, mit Briefen und Notizbüchern aus den Jahren 1948 bis 1978. Inventar der Musikautographe im Paul-Dessau-Archiv.
Abbildungen, Faksimile, 230 Seiten; Wolke Verlag 2000; ISBN 3-923997-89-2

Bd. 6.1.: Artur Schnabel. Bericht über das Internationale Symposion 2001
Herausgegeben von Werner Grünzweig mit Beiträgen von Mary Lou Chayes, Martin Elste, Claude Frank, David Goldberger, Werner Grünzweig, Matthias Henke, Martin Kapeller, Heinz von Loesch, Heinz-Klaus Metzger, Claude Mottier, Joan Rowland, Dietmar Schenk, Volker Scherliess, Matthias Schmidt, Felix Wörner, Walter Zimmermann.
Abbildungen, Notenbeispiele, 206 Seiten, Wolke Verlag, 2003; ISBN 3-923997-97-3

Bd. 6.2.: Artur Schnabel. Werkverzeichnis
Von Anouk Jeschke.
Abbildungen, Faksimile, 134 Seiten, Wolke Verlag 2003; ISBN 3-923997-99-X

Bd. 8: Peter Ronnefeld
Herausgegeben von Werner Grünzweig mit Beiträgen von Nikolaus Harnoncourt, Otto Tomek, Edith Urbanczyk, Herbert Feuerstein u.a. Inventar der Musikalien im Peter-Ronnefeld-Archiv. Abbildungen, Faksimile, Notenbeispiele, ca. 90 Seiten, Wolke Verlag, 2004; ISBN 3-936000-21-2

Weitere Veröffentlichungen der Stiftung Archiv der Akademie der Künste, Archivabteilung Musik

Hermann Scherchen. Musiker 1891–1966
Ein Lesebuch, zusammengestellt von Hansjörg Pauli und Dagmar Wünsche, mit einem Vorwort von Giselher Klebe.
30 s/w-Abbildungen, 152 Seiten; ISBN 3-926175-01-X / 1986

Boris Blacher 1903–1975. Dokumente zu Leben und Werk
Katalog zur Ausstellung. Zusammengestellt und kommentiert von Heribert Henrich, mit einem Geleitwort von Frank Michael Beyer sowie Beiträgen von Christopher Grafschmidt, Jürgen Hunkemöller, Christiane Theobald, Martin Willenbrink und Inventar der Werkmanuskripte.
52 s/w-Abbildungen, 192 Seiten; ISBN 3-89487-171-7 / 1993

Paul Dessau 1894–1979. Dokumente zu Leben und Werk
Katalog zur Ausstellung. Zusammengestellt und kommentiert von Daniela Reinhold, mit einem Geleitwort von Hans Werner Henze sowie einer Synopse zur Entstehung der Oper *Die Verurteilung des Lukullus*, Werk- und Schriftenverzeichnis, Filmographie.
51 s/w-Abbildungen, 256 Seiten; ISBN 3-89487-225-X / 1995

Klaus Ebbeke: Zeitschichtung
Gesammelte Aufsätze zum Werk von Bernd Alois Zimmermann. Im Auftrag der Stiftung Archiv der Akademie der Künste herausgegeben von Heribert Henrich. Mit einem Vorwort von Rudolf Stephan.
15 s/w-Abbildungen, 219 Seiten; ISBN 3-7957-0345-X / 1998

Artur Schnabel. Musiker Musician. 1882–1951
Katalog zur Ausstellung. Herausgegeben von Werner Grünzweig mit Beiträgen von Claudio Arrau, Carl Flesch, William Glock, David Goldberger, Harris Goldsmith, Ernst Krenek, Hugo Leichtentritt, Artur Schnabel. Korrespondenz Artur Schnabel an Therese Behr. Verzeichnis der Ausstellungsobjekte, Biographie, Werk- und Schriftenverzeichnis, Bibliographie.
92 s/w und 27 farbige Abbildungen, Notenbeispiele, 280 Seiten; ISBN 3-923997-95-7 / 2001

Artur Schnabel: Music – Its Function and Limitations
Vorlesungen an der Harvard University 1950. Herausgegeben von Werner Grünzweig und Ann Mottier. Engl. u. Dt., ca. 100 Seiten, erscheint 2005

Boris Blacher
(1903-1975)

„Ich rechne mich zu den Komponisten, die nicht nur einen Weg gehen, sondern je nachdem, wie es Vergnügen macht, bald auf diese und bald auf jene Art komponieren – leicht oder schwer, unterhaltend oder experimentell."
Boris Blacher

AUSGEWÄHLTE WERKE

Concertante Musik (1937)
für Orchester

Der Großinquisitor (1942)
Oratorium nach Dostojewski

Paganini-Variationen (1947)
für Orchester

Violinkonzert (1948)

Preußisches Märchen (1949/52)
Ballett-Oper in fünf Szenen

Ornamente (1950)
Sieben Studien über variable Metren für Klavier

Music for Cleveland (1957)
für Orchester

Tristan (1965)
Ballett in sieben Szenen

„Intelligenz und Phantasie, Charme und Humor, Nonchalance und Understatement prägten seine Persönlichkeit. Mit so sympathischen Wesenszügen ausgestattet, bleibt die Musik Boris Blachers zeitlos und gegenwärtig."
Harald Kunz

BOOSEY & HAWKES
BOTE & BOCK

Lützowufer 26, 10787 Berlin
Telefon 030 - 25 00 13 00   Fax 030 - 25 00 13 99
e-mail: musikverlag@boosey.com
www.boosey.com